경계선 지능 아동 · 청소년의
이해와 교육 지원

[한국아동·청소년상담학회 연구총서 14]

경계선 지능 아동·청소년의
이해와 교육 지원

김동일 저

CHILDREN AND ADOLESCENTS WITH
BORDERLINE INTELLECTUAL FUNCTIONING

학지사

머리말

경계선 지능, 즉 경계선 지적 기능성(Borderline Intellectual Functioning: BIF) 아동과 청소년은 약 13.6%의 위기 집단으로 평균보다 낮은 지적 기능을 보이나 지적장애 기준에는 부합하지 않아 그동안 여러 가지 교육적·정책적 지원에서 소외되어 왔습니다. 경계선 지능인이 보이는 인지적 취약성은 성인으로의 건전한 발달을 저해함은 물론 다양한 사회적·심리적 문제를 야기할 수 있습니다. 하지만 경계선 지능에 대한 보다 명확한 개념 정의와 진단을 통해 체계적 지원이 제공된다면, 이들의 위기 전조를 예방하여 성공적인 발달로 나아갈 수 있을 것입니다.

우리나라의 경우 학계 및 관련 기관 등에서 경계선 지능과 관련된 일부 연구를 진행해 왔으나, 개념 및 특성 파악 또는 치료방법과 같은 제한된 주제와 영역의 범위에서 이루어져 왔다는 한계를 가집니다. 경계선 지능인을 조기에 진단하고 개인의 독특한 요구에 맞는 지원을 제공하기 위해서는 이들의 생애주기별 요구와 기존 교육 지원 서비스의 공과를 파악하고 방향성을 설정하는 체계적인 고찰이 요구됩니다.

　2021년 '서울시 경계선 지능 청소년 실태 및 지원 방안 연구' 책임자로 경계선 지능인 당사자를 비롯하여 부모, 교사, 유관 기관 종사자들이 참여하는 포괄적 연구를 수행하면서 이들의 간절한 목소리를 우리 사회에 울림 있게 전하는 데 힘을 보태도록 부탁을 받아 이를 실행하고자 했습니다. 이 책의 내용과 구성에 여러 모자란 점이 있겠지만 넓은 마음으로 이해해 주시길 바라며 미리 양해를 구합니다. 지금까지 느린 학습자 교육 프로그램을 기획하고 사례 연구를 진행하는 과정에서, 좌절과 성취를 같이 맛보고 구르면서 유연한 낙관주의와 성장의 기록을 남기고자 했습니다. 앞으로도 많은 분이 경계선 지능에 대한 관심을 가지고 적극적으로 참여하는 것에 조금이라도 보탬이 되고자 이 책을 펴냅니다.

　이 책을 내기까지 매우 많은 분의 도움이 있었습니다. 경계선 지능 학생, 학습장애 위험군 학생, 학습 지원 대상 학생을 포함한 교육사각지대 아동과 청소년을 위한 상담사와 교사 연수 워크숍을 직접 참여하고 운영해 준 서울대학교 교육연구소와 특수교육연구소 연구원들, 정성 어린 손길로 책을 만들어 준 학지사 임직원 여러분께 진심으로 고마운 마음을 전합니다. 특히 교육부와 한국연구재단이 지원하는 SSK교육사각지대연구사업단에서 경계선 지능 연구를 같이 진행해 온 김은삼 박사와 연구원들을 기억하며, 이 책의 독자 여러분께도 깊은 감사를 드립니다.

관악산 연구실에서
김동일

powered by WITH Lab. (Widening InTellectual Horizon):
Education and Counseling for Children-Adolescents with Diverse Needs

제1장

경계선 지능 개관

경계선 지능 개관

1. 경계선 지능의 정의

학교 교실에는 다양한 학생이 존재한다. 이 중에는 특별한 교육적 요구를 지니고 있지만 일반교육에서나 특수교육에서 적절한 교육과 지원을 받지 못하여 학습과 생활에 어려움을 가지는 학생들이 있다. 즉 경계선 지적 기능성(Borderline Intellectual Functioning: BIF) 아동과 청소년이 있을 수 있다. 영화 '포레스트 검프'의 주인공이 경계선 지능의 한 가지 예시에 해당한다. 경계선 지능이란 용어는 우리나라에서 2000년대 초반부터 사용되기 시작하여 다소 생소할 수 있지만 낯선 개념은 아니다. 교실에서 흔히 느린 이해와 행동을 보이거나 학업적 성취가 상당히 저조한 학생 상당수가 경계선 지능으로 볼 수 있기 때문이다. 경계선 지능은 경계선 지적 기능성의 줄임말이며 앞으로 합의된 공식적 정의와 용어가 필요하다.

이에 대한 의학적, 학술적, 정책적 정의로 나누어 그 의미를 살펴보고자
한다.

1) 정신의학 분야에서의 정의

경계선 지능의 의학적 정의는 미국 정신의학회(American Psychiatrc
Association: APA)에서 공식적으로 사용하는 정신장애 진단 분류 체계인 정신
장애 진단 및 통계 편람(Diagnostic and Statistical Manual of Mental Disorders: DSM)
에서 찾아볼 수 있다. DSM-Ⅳ-TR(APA, 2000)에 따르면 경계선 지능(BIF)이
란 표준화된 지능 검사 결과 지능지수(IQ)가 71~84에 해당하며 지속적인
관심을 가지고 주의해야 할 발달장애군으로 지적장애에 해당하지 않지만
임상적 지원이 필요한 경우를 말한다. 즉, 경계선 지능은 말 그대로 지적 능
력이 평균 범위와 지적장애 범위의 경계에 있어 인지적인 제한을 가지는 것
을 가장 큰 특징으로 한다.

한편, 개정된 DSM-5(APA, 2013)에서는 경계선 지능을 임상적 주의를 요
하거나 개인의 치료에 영향을 주는 경우로 지칭하며, 이를 평가하기 위한
표준화된 검사도구와 구체적인 IQ 수치를 제시하지 않았다. 다만, 경도 지
적장애와 차이가 있는 개념으로 지적 기능과 적응 기능에 대한 주의 깊은
평가가 필요하며 조현증이나 ADHD가 공존장애로 나타날 때 감별에 주의
해야 함을 언급하였다. 이렇듯 업데이트된 경계선 지능에 대한 정의 및 진
단기준이 구체적이지 못하여 임상과 교육 현장에 많은 혼란을 초래하고 있
다(Wieland, 2016).

2) 교육 및 학술 분야 정의

학술 연구 분야에서 경계선 지능은 그동안 '느린 학습자' '경계선급 정신

지체' '저성취아' '일반적 학습장애' 등 다양한 용어로 사용되어 왔다(강옥려, 2016; Peltopuro et al., 2014). 관련 연구에서 이러한 용어에 대한 정의를 살펴보면 다음과 같다. 젠슨은 경계선 지능을 IQ 80~90 사이의 '둔한 정상' '느린 학습자'로 언급하였다(Jenson, 1980). 크노프는 경계선 지능 대부분이 IQ 77~90 사이로 교육가능급 정신지체는 아니나 학습 부진을 보이는 아동 혹은 청소년이라 언급하였다(Knoff, 1987).

미국 지적장애 및 발달장애 학회(AAIDD)의 진신인 미국정신결손학회(AAMD)에서 경계선 지능에 대한 가장 권위 있는 설명을 제공하고 있다(박윤희 외, 2022). 1959년, 1961년에 제시된 정신지체 정의에서는 경계선급, 경도, 중등도, 중도, 최중도 정신지체의 5가지 구분을 두었다. 그중 경계선급(borderline) 정신지체는 지능의 분포에서 −1 표준편차부터 −2 표준편차 사이에 해당한다고 정의하였다(Heber, 1961). 이후에 정의가 개정되면서 정신지체(지적장애)의 지능지수 절사 기준이 −2 표준편차 아래로 하향조정되면서 경계선 지능이 지적장애 범주에서 빠지게 되었지만(Grossman, 1983), 이러한 경계선 지능의 범주는 오늘날 일반적으로 사용되는 경계선 지능 기준이 될 수 있다. 즉, 경계선 지능은 표준화된 지능지수가 평균에서 −1 표준편차만큼 낮은 집단, 즉, 70에서 85 사이인 자를 지칭한다. 지능지수가 85 이상인 경우를 정상 지능으로, 70 이하인 경우를 기능적 지적장애 위험군으로 볼 수 있다는 점에서, 경계선 지능은 그 경계에 해당한다(김동일 외, 2021). 통계적으로 계산하였을 때, 경계선 지능의 비율은 전체 인구의 13.6% 정도일 것으로 추정된다.

경계선 지능이 지적 기능상의 어려움을 동반하기 때문에, 경계선 지능 학생이 건강한 사회 구성원으로 성장하기 위해서는 지속적인 관심이 요구된다. 그럼에도 DSM-5(2013)에서 경계선 지능에 대한 기준이 삭제되었는데, 이는 경계선 지능의 정의를 모호하게 만들었다(강옥려, 2016). 명확한 정의의 부재는 제도적, 법적 지원에도 제약을 초래하기 때문에 개선될 필요가 있다.

3) 정책적 정의

최근 경계선 지능 학생에 대한 관심이 증가하면서 이들을 지원하기 위한 법안과 정책들이 제안되고 있다. 대표적으로 '느린 학습자 지원법'이라 불리는 「초·중등교육법」 제28조(학습부진아 등에 대한 교육)는 느린 학습자(경계선 지능)의 정의를 제시하고 있으며 필요한 지원에 대한 근거를 마련하였다. 이 법에서 정의하는 경계선 지능 학생은 "성격장애나 지적(知的) 기능의 저하 등으로 인하여 학습에 제약을 받는 학생 중 「장애인 등에 대한 특수교육법」 제15조에 따른 학습장애를 지닌 특수교육대상자로 선정되지 아니한 학생" 또는 "학업 중단 학생"을 의미한다. 그러나 '지적 기능의 저하' 그리고 '학습에 제약을 받는 학생'에 대한 분명한 기준을 제시하고 있지 않다는 한계가 있다.

최근에는 비교적 활발하게 경계선 지능 학생 지원을 위한 자치법규가 제정되고 있다. 각 법규에서 제시하는 경계선 지능의 정의와 주요 법문을 간추린 내용은 다음의 〈표 1-1〉과 같다.

〈표 1-1〉 자치법규의 경계선 지능 정의 및 지원 내용

법규명	공포일자	경계선 지능의 정의	주요 지원 내용
전라남도교육청 〈천천히 배우는 학생 교육 지원 조례〉	2020. 7. 2.	"천천히 배우는 학생"이란 「초·중등교육법」제28조제1항제1호에 따른 "성격장애나 지적(知的) 기능의 저하 등으로 인하여 학습에 제약을 받는 학생 중 「장애인 등에 대한 특수교육법」 제15조에 따른 학습장애를 지닌 특수교육대상자로 선정되지 아니한 학생"을 말한다.	• 교육감은 천천히 배우는 학생들을 위해 교육과정을 탄력적으로 운영하는 등 교육상 필요한 시책을 마련해야 하고, 천천히 배우는 학생에게 필요한 각종 프로그램을 제공하여야 함 • 교육감은 천천히 배우는 학생을 위한 교육 지원계획을 매년 수립하여야 함 • 교육감은 매년 천천히 배우는 학생에 관한 실태조사를 실시해야 하며, 이 실태조사를 전문지식과 연구 경험이 풍부한 연구기관에 의뢰할 수 있음

			• 학교의 장은 천천히 배우는 학생을 선별하고, 체험학습 등 필요한 교육을 실시하거나 교육기관 등에 위탁하여 교육을 실시할 수 있음 • 교원은 천천히 배우는 학생들의 학습능력 향상을 위하여 관련 연수를 이수하여야 함 • 교육감 소속으로 전라남도 천천히 배우는 학생 교육 지원협의회를 두며, 13명 이내의 위원으로 구성함
서울특별시 〈경계선 지능인 평생교육 지원 조례〉	2020. 10. 5.	"경계선 지능인"이란 지적장애에 해당하지는 않지만 평균지능에 도달하지 못하는 인지능력으로 인해 소속되어 있는 사회에 적응하지 못하여 지원과 보호가 필요한 자를 말한다.	• 시장은 경계선 지능인 평생교육 지원을 위한 계획을 3년마다 수립·시행함 • 시장은 서울시 경계선 지능인 평생교육 지원센터를 설치·운영할 수 있으며, 이 센터의 운영을 전문성이 있는 법인 또는 단체 등에 위탁할 수 있음
인천광역시 〈경계선 지능 학생 지원 조례〉	2022. 4. 21.	"경계선 지능"이란 지적장애와 비장애 사이의 경계에 있는 인지능력을 말한다.	• 인천광역시교육감(이하 "교육감"이라 한다)은 경계선 지능 학생을 파악하여 각종 학습프로그램 지원 등 교육상 필요한 시책을 마련함 • 교육감은 경계선 지능 학생의 조기 발견과 적절한 지원을 위하여 다음 각 호의 사항이 포함된 지원계획을 수립·시행하여야 함 • 교육감은 경계선 지능 학생을 판별하기 위해 진단검사를 초등학교 입학 이후부터 실시할 수 있음 • 교육감은 제1항에 따른 진단검사 결과 경계선 지능이 의심되거나 경계선 지능으로 추정되는 경우 학부모에게 즉시 결과를 통보하여 상담을 실시하고, 전문가를 통한 전문검사 및 지원기관 등의 정보를 제공하여야 함

먼저, 전라남도교육청에서 천천히 배우는 학생을 위한 교육적 지원 방안을 법규에 포함하였다. 이어서 서울특별시에서는 경계선 지능인의 전생애적 지원을 위해 평생교육 지원에 대한 법규를 명시하였고, 2022년 인천광역시, 강원도에서 "경계선 지능 학생 지원 조례"를, 경기도에서 "경계선 지능인 평생교육 지원에 관한 조례"를 제정하였다.

경계선 지능은 인지적 능력의 제한으로 인하여 학업과 일상생활에 어려움을 가지는 경우를 말한다. 이들에게 적절한 교육이 주어지지 않는다면 지적 능력이 더 낮아지게 되어 지적장애가 될 수 있는 반면, 적절한 교육과 지원이 이루어진다면 지적 능력이 개발되어 생활에서 어려움을 줄여 나갈 수 있기에 이들에 대해 관심을 가지고 지원할 필요가 있다.

4) 제1차 기초학력 보장 종합계획(2023~2027)

교육부는 2022년 경계선 지능을 포함한 학습지원 대상 학생의 선정과 지원에 관한 정책을 발표하였다. 「기초학력보장법」에 따른 종합계획은 국가와 시도교육청에서 기초학력 미달 학습자의 책무성 확보를 통한 국가 교육 책임제를 실현할 수 있는 정책과제를 경계선 지능 진단, 지원, 기반 계획을 포함하여 진단, 지원, 예방, 기반의 네 가지 분류로 제시하였다.

(1) 정확한 진단을 통한 지원 대상 학생 선정

기초학력 진단검사 결과, 교사의 관찰과 면담을 바탕으로 지원 대상 학생을 선별할 수 있는 선별 절차를 체계화하고, 필요한 경우 '학습종합클리닉센터' 등 전문기관에 진단을 의뢰하여 경계선 지능 등 특수요인에 따른 진단을 지원한다.

(2) 지원

「기초학력 진단-보정 시스템」과 「맞춤형 학업성취도 자율 평가」 도구를 연계하여 단위 학교에서 표준화 진단을 할 수 있도록 지원하고, 진단검사 결과와 교사의 관찰·면담 등을 바탕으로 학교 내 협의회에서 지원 대상 학생을 확정할 수 있도록 선정 절차를 체계화한다.

필요한 경우 경계선 지능 등 특수요인에 의한 기초학력 문제를 해결하기 위해 '학습종합클리닉센터'의 전문역량 강화, '학습종합클리닉센터' '위(Wee) 센터' '지역다문화교육 지원센터' 등 전문기관 연계를 통한 학습자 통합 진단 및 지원 모델을 전국적으로 확대한다.

(3) 코로나 19 대응 교육결손 해소를 위한 집중 지원

방과후 소규모 교과 보충수업과 학습지원 튜터를 통한 '튜터링'을 지원하여 학습결손을 예방하고, 학생의 심리·정서 안정과 사회성 함양을 위한 단위학교 자율 프로그램 운영을 지원한다.

(4) 학습지원교육 기반 내실화

단계별 교원 역량 강화 연수를 신규 개발하여 시도별로 운영하도록 하며, 기초학력 담당업무가 편중되지 않도록 컨설팅과 지역 여건에 따른 혜택 제공을 시도교육청과 협의한다. 또한, 예비교사의 현장 경험과 기초학력 지도 역량을 위한 교직과목과 교육실습, 교육봉사 연계를 지원하고, 국가 및 시도 단위의 기초학력지원센터를 지정, 운영하여 기초학력의 현황조사, 성과 관리, 정책개발을 체계적으로 운영할 수 있도록 한다.

5) 경계선 지능 정의에 대한 탐색과 확장

경계선 지능의 선정기준과 정의가 모호하며 어떤 영역에서 정의하는지에 따라 다소간 차이가 있었다. 김동일 외(2021)는 각 영역에서 정의하는 경계선 지능의 개념을 종합하여 경계선 지능 청소년에 대한 대안적 정의를 다음과 같이 제시하였다. "경계선 지능 청소년은 지적 능력의 제한(IQ 71~85)으로 인해서 학업 수행이나 사회 적응에 어려움을 겪는 등 건강한 성장과 생활에 필요한 여건을 가지지 못하므로, 적절한 지원이 제공되면 성공적인 성인기 전환이 기대되는 9~24세 청소년을 말한다." 즉, 경계선 지능 청소년은 전반적으로 지능의 제한으로 인해 학업 및 적응에 어려움을 겪고 있긴 하지만, 적절한 지원이 제공된다면 성공적으로 기능할 수 있는 이들로 파악된다(김동일 외, 2021). 따라서 경계선 지능을 진단할 때는 지능점수보다는 학업적 어려움과 사회 적응의 어려움을 기준으로 해야 하며, 지원 필요 정도에 따라 적극적인 지원을 제공해야 한다. 이 정의에서 의미하는 '적절한 지원'이란 경계선 지능 청소년의 특성과 요구를 반영한 체계적인 맞춤형 지원이다.

학령기와 학령기를 넘어선 학업적 어려움이 경계선 지능, 특히 학습장애로 진단될 수 있는 집단에서 중요한 지원 대상이라는 구체적인 인식은 비교적 최근에 다시 확인되었다. 이전까지 '학습부진아'나 '학습지원대상학생'에 대한 교육은 특수교육대상으로 확인된 '학습장애'와 구분되어 왔으며 법적으로 일반교육 체계 내에서 제공할 것을 명시하고 있었다(박윤희 외, 2022). 그러나 국내와 국외의 연구에서도 학습장애와 난독증, 학습부진, 학습지원대상학생에 대한 정의와 법적 근거를 제시하며, '학습부진'에 '경계선 지능'을 포함하였다(김동일 외, 2022).

2. 경계선 지능의 역사적 배경

경계선 지능은 일차적으로 지적인 능력으로 판별되기에 지적장애와 밀접한 관련이 있으며 지적장애 개념의 변화 과정에서 파생되었다. 미국 지적장애협회(AAIDD)에서는 1970년대 초까지 IQ 85 이하를 지적장애로 분류하였다. 따라서 경계선 지능 학생들은 지적장애에 해당하여 특수학급에 배치되어 특수교육과 관련 서비스를 받았다. 그러나 1973년 미국 지적장애협회가 지적장애 진단기준을 IQ 70으로 하향 조정하면서 결과적으로 지적장애와 경계선 지능의 개념이 분리되게 되었다. 이로써 특수교육을 받는 지적장애 학생의 수는 대폭 감소하게 되었고 여전히 학업적 어려움이 있는 경계선 지능 학생들은 특수교육대상에서 제외되어 특수교육 서비스를 받지 못하게 되었다. 이후 경계선 지능 학생들은 학습장애로 분류되어 특수교육을 받거나 일반학급의 학습부진학생(Slow Learner)이란 이름으로 분류되어 일반교육을 받게 되었다(Luick & Senf, 1979).

이후 미국에서는 1983년 "기본으로 돌아가자(Back to basics)"는 일반교육에서의 운동과 국가표준 운동의 영향, 「낙오 아동 방지법」(No Child Left Behind Act, 2002)의 시행으로 경계선 지능 학생들의 학업성취 수준의 향상에 대해 관심을 가지고 되었다. 그러면서 경계선 지능 학생을 특수교육대상자 범주에 포함시키는 것에 대한 재검토의 필요성이 논의로 제기되기도 하였다.

한편, 국내에서는 김재은 등(1973)이 학업에 어려움이 있는 경계선 지능을 가진 중학생을 연구하며 '학습지진'이라는 용어를 처음 사용하였다. 우리나라 역시 2000년대 들어서면서 학생들의 기초학력에 관심을 가지기 시작하였으며 학습에 어려움이 있는 집단으로서 경계선 지능이 주목받게 되었다. 따라서 최근 연구에서 '학습지진'이라는 용어보다 '경계선 지능'이라는 용어가 많이 사용되고 있으며 관련 법, 정책, 지원이 마련되고 있는 상황이다.

3. 경계선 지능의 원인과 출현율

1) 경계선 지능의 원인

경계선 지능을 초래하는 원인은 다양하며 하나 이상의 요인이 직접적으로 작용하거나 선천적 요인과 후천적 요인 간의 상호작용으로 유발된다. 경계선 지능의 주요한 원인으로는 사회 경제적 어려움(빈곤), 문화적 박탈, 신체적 원인, 가정환경(가족 구성원의 지능, 상호작용, 지원 등), 학교환경(부적절한 지도와 교육), 정서적 요인(불안, 동기 부족) 등이 있다(김근하, 2006; Lokanadha Reddy et al., 2008). 가정의 사회경제적 위치가 낮은 경우, 즉 빈곤은 학생의 신체적 건강뿐만 아니라 학습 능력에도 영향을 미치게 된다. 지능에 영향을 주는 또 다른 요인은 유전적 요소나 환경 요소로서 가족 구성원의 지적 능력이다. 부모의 낮은 지능은 자녀에게 유전될 수 있으며 그렇지 않더라도 지적 능력이 낮은 부모는 자녀들의 성장과 교육에 관심을 가지고 적극적인 지원을 하기 어렵다. 한편, 저조한 지적 기능으로 인한 잦은 실패의 경험, 또 그로 인한 낮은 자존감 등은 학습을 방해하고 회피하게 하는, 지적 발달을 저해하는 정서적 요인으로서 작용할 수 있다.

이러한 원인을 파악한다면 경계선 지능을 식별하거나 예방하고 조기에 교육적 지원을 제공할 수 있다.

2) 경계선 지능의 출현율

경계선 지능은 1973년 지적장애에서 분리된 이후 큰 관심을 받지 못하였기에 이 집단에 대한 연구가 많이 이루어지지 않았다. 따라서 그 출현율에 대한 정확한 통계자료는 없지만, 지능의 정규분포를 가정하였을 때 경계선 지능은 전체 인구의 약 13.59% 정도이며 이는 전체 인구의 2.3%를 차지하

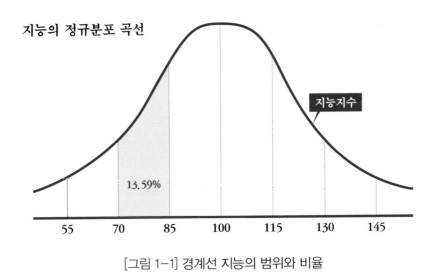

[그림 1-1] 경계선 지능의 범위와 비율

는 지적장애의 약 6배에 해당한다(강옥려, 2016). 이를 기준으로 할 때 우리나라 학령기 경계선 지능 학생은 약 80만 명에 달하며 학급당 약 3명 정도로 추정된다(EBS, 2014).

4. 경계선 지능과 유사 개념

경계선 지능은 일차적으로 낮은 인지 기능으로 인한 인지, 언어, 학습, 적응상의 어려움을 가진다. 경계선 지능은 지적장애, 특정학습장애, ADHD, 고기능자폐 등과 함께 느린 학습자 범주에 포함될 수 있으며 이들은 모두 학교 교육과정의 핵심 영역인 학업 영역, 특히 읽기, 쓰기, 수학과 같은 기초 학업 영역에서 상당한 어려움을 겪는다는 공통점이 있다. 그러나 이들은 분명히 구분되는 개념이다.

1) 지적장애

우리나라 「장애인 등에 대한 특수교육법」에서는 지적장애(Intellectual Disabilities)를 "지적 기능과 적응행동상의 어려움이 함께 존재하여 교육적 성취에 어려움이 있는 사람"으로 정의한다. 이보다 구체적인 정의로는 미국 지적장애 및 발달장애협회(AAIDD, 2010)의 정의를 들 수 있다.

> 지적장애는 지적 기능과 개념적, 사회적, 실제적 적응 기술로 표현되는 적응 행동에 있어서의 심각한 제한으로 특징지어지며, 18세 이전에 나타난다.
>
> 이러한 정의를 적용하기 위해서는 다음의 다섯 가지 가정이 반드시(필수적) 전제되어야 한다.
>
> ① 현재 기능상의 제한은 나이가 같은 또래 및 문화의 전형적인 지역사회 환경의 맥락 내에서 고려되어야 한다.
> ② 타당한 진단을 통해 의사소통 및 감각, 운동기능, 행동적인 요소들에서의 차이뿐만 아니라 문화적, 언어적 다양성도 함께 고려되어야 한다.
> ③ 개인 내적으로 한 개인은 제한점과 강점을 함께 가지고 있다.
> ④ 제한점을 기술하는 가장 중요한 목적은 필요한 지원을 파악하기 위해서이다.
> ⑤ 적절한 개별 지원이 지속적으로 제공된다면 지적장애인의 삶의 기능은 일반적으로 향상될 수 있다.

일반적으로 지적장애는 표준화된 지능검사 결과 평균에서 −2 표준편차(IQ 70) 이하인 경우이며, 적응 행동 측면에서도 상당히 제한이 있을 때 진단된다. 지적장애와 경계선 지적장애의 차이는 이들이 가지는 어려움의 정도 차라고 할 수 있으며 지적장애는 지적 능력과 적응행동상의 제한이 경계선 지능에 비해 상당하여 그러한 특성이 겉으로 두드러지게 표현된다. 따라서 지적장애 학생은 특수교육대상자로 분류되어 특수학급이나 특수학교에서 특수교육 및 관련 서비스를 받는 반면, 경계선 지능 학생은 그 어려움이 분명하게 드러나지 않아 일반교육과 특수교육의 사각지대에서 놓여 적절한 교육과 지원을 받지 못하고 있다.

2) 특정학습장애

학습장애(Specific Learning Disabilities: SLD)는 아직 합의된 정의가 없으며 계속 변화하고 있다. 우리나라는 「장애인 등에 대한 특수교육법」에서 학습장애를 다음과 같이 정의하고 있다.

> 개인의 내적 요인으로 인하여 듣기, 말하기, 주의집중, 지각, 기억, 문제해결 등의 학습기능이나 읽기, 쓰기, 수학 등 학업성취 영역에서 현저하게 어려움이 있는 사람

미국 장애인교육법(IDEA, 2004)에서는 학습장애를 다음과 같이 정의하였다.

> 특정학습장애(Specific Learning Disorder)란 듣기, 사고하기, 말하기, 읽기, 쓰기, 철자, 혹은 산수, 셈하기에서 능력상의 결함으로 나타나는 언어를 이해하고 사용하는 것과 관련된 기본적인 심리과정들의 하나 혹은 그 이상에서의 장애를 지칭한다. 이 용어는 지각장애, 뇌손상, 미세뇌기능장애, 난독증 그리고 발달상의 실어증 등의 상태들을 포함한다. 그러나 이 용어는 시각, 청각, 운동장애, 정신지체, 행동/정서장애, 또는 환경적, 문화적, 사회경제적 불리함에서 초래된 결과가 일차적으로 작용함으로 인해 학습상의 어려움을 갖는 개인들을 포함시키지 않는다.

이들 법에서 공통적으로 제시하고 있는 학습장애의 속성은 학습장애의

어려움은 개인의 내적 요인인 기본적인 심리과정에서 비롯된 것이며 이러한 어려움은 구체적인 학업 기술(듣기, 말하기 등)과 학업 영역(읽기, 쓰기, 수학 등)에서 나타난다는 것이다. 일반적으로 표준화된 지능검사 결과 IQ 70 이상이며, 읽기, 쓰기, 수학 등의 학업 성취 영역에서 어려움이 또래와 비교하여 −1 표준편차 이상일 때 학습장애라 한다(한국학습장애학회, 2013). 학습장애는 읽기장애, 쓰기장애, 수학장애 등으로 진단될 수 있으며, 읽기장애는 단어인지 읽기장애, 유창성 읽기장애, 이해 읽기장애로, 쓰기장애는 철자 쓰기장애, 작문 쓰기장애로, 수학장애는 연산장애, 문제해결 수학장애로 분류된다(김동일 외, 2013). 최근 많은 관심을 받고 있는 난독증은 학습장애 중 읽기장애를 달리 표현한 것으로 볼 수 있다.

DSM-5에서는 학습장애의 명칭을 특정학습장애로 변경하였다. 그리고 정상 수준의 지능을 가지고 있지만 학업 기술을 사용하고 학습하는 데 어려움을 보이는 상태로, 어려움이 있는 영역에 대한 중재를 제공하였음에도 불구하고 읽기, 쓰기, 수학 영역 중 적어도 한 가지 이상의 영역에서 6개월 이상 지속적으로 어려움을 보이는 경우 특정학습장애로 진단할 수 있다고 하였다. 이 정의는 중재에 대한 반응 정도를 기준으로 하여 학습장애를 진단한다는 점에서 기존 정의와 구별된다.

앞에서 살펴본 바와 같이 학습장애와 경계선 지능의 차이는 우선 지적 기능의 제한 여부이다. 학습장애 진단기준에 제시된 것과 같이 대다수 학습장애 학생은 정상 범주의 지적 능력을 보인다. 다음으로 학습장애와 경계선 지능은 전반적인 이해력과 추상적 사고에서 차이를 보인다(박찬선, 장세희, 2015). 학습장애 학생의 경우 대다수가 기본적인 문자 학습이나 수학 연산 과정에서 큰 어려움을 보이며 들은 내용을 기억하거나 이후의 이야기를 추론하는 등 전반적인 이해력에서는 어려움을 보이지 않는다. 반면, 경계선 지능 학생의 경우 인지능력의 제한으로 인하여 주의, 집중, 기억 등의 기본적인 정보처리 과정에서의 어려움뿐만 아니라 논리적 사고, 비판적 사고와 같은 추상적 사고 능력에도 제한을 가진다.

3) 주의력결핍 과잉행동장애

주의력결핍 과잉행동장애(Attention Deficit Hyperactivity Disorder: ADHD)는 아동기 흔히 볼 수 있는 행동장애의 하나로, 주의집중력 부족, 충동적 행동, 과잉활동성을 주요 특징으로 한다. 이러한 일차적인 특성으로 인하여 학업에서의 어려움, 사회생활에서 부적응, 정서적 문제 등 이차적인 문제를 가지게 된다. DSM-5에 따르면 주의산만 증상과 과잉행동 증상 각각에서 6개 이상의 증상이 6개월 이상 지속적으로 나타날 때 ADHD로 진단하게 된다. 주의산만과 과잉행동의 증상 기준은 〈표 1-2〉와 같다. 이러한 증상은 12세 이전에 나타나며 심각한 부주의나 과잉행동-충동성이 학교, 가정 중 두 가지 이상의 장면에서 나타날 때, 학업적, 사회적 기능을 저하한다는 명백한 증거가 있을 때 진단한다.

〈표 1-2〉 ADHD 증상 기준

	주의산만	과잉행동
1	학업, 일, 기타활동에 세심한 주의를 기울이지 못하거나 부주의한 실수를 저지른다.	흔히 손발을 가만히 두지 못하거나 의자에 앉아서도 몸을 꼼지락거린다.
2	과제 수행이나 놀이 중 지속적으로 주의를 집중하는 데 어려움이 자주 있다.	가만히 있어야 하는 상황에서(교실이나 다른 상황)에서 자리를 뜬다.
3	대놓고 이야기하는데도 경청하지 않는 것으로 보인다.	흔히 부적절한 상황에서 지나치게 뛰어다니거나 기어오른다.
4	지시를 완수하지 못하고 학업, 심부름, 업무를 끝내지 못하는 수가 자주 있다(반항적 행동이나 지시를 이해하지 못해서가 아님).	조용하게 놀거나 레저활동에 참여하거나 놀지 못한다.
5	과제나 활동을 조직적, 체계화하는 데 곤란을 자주 겪는다.	"끊임없이 활동하거나" "마치 모터가 달린 것 같이" 행동할 때가 자주 있다.

6	지속적인 정신적 노력을 요구하는 과업(학업 또는 숙제 같은)에 참여하기를 피하고, 싫어하며, 거부하는 것이 자주 있다.	지나치게 수다스럽게 말을 자주 한다.
7	활동하거나 숙제하는 데 필요한 물건들(예: 학습과제, 연필, 책 또는 도구)을 자주 잃어버린다.	흔히 질문이 채 끝나기 전에 성급하게 대답한다.
8	흔히 외부의 자극에 의해 쉽게 산만해진다.	차례를 기다리지 못하는 경우가 자주 있다.
9	흔히 일상적인 일을 자주 잊어버린다.	자주 다른 사람의 활동을 방해하고 무턱대고 끼어든다.

경계선 지능 학생들이 지속적으로 집중하는 데 어려움을 보인다는 점에서 외적으로 ADHD와 유사하게 보일 수 있지만 ADHD는 기본적으로 지능이 낮은 것에 기인하지 않으며 조절에 관한 뇌 부위의 활성이 떨어지는 것으로 보고되고 있다(박찬선, 장세희, 2018). 이는 유전적 원인이나 환경적 원인이 영향을 미칠 수 있다.

4) 자폐 스펙트럼 장애

자폐 스펙트럼 장애는 아동기에 사회적 상호작용, 언어성 및 비언어성 의사소통에서의 어려움을 지니며 상동행동이나 특정 대상에 대한 관심을 특징으로 하는 장애이다(김동일 외, 2019). 대개 3세 이전 다른 또래들과 발달에서 차이점이 발견되며 언어 발달이 늦기도 하다. 일반적인 지능이나 자조기능이 양호한 경우도 있어 뒤늦게 자폐 스펙트럼 장애로 진단되기도 한다. 자폐 스펙트럼 장애는 지능의 분포가 다양하여 경계선 지능을 보이는 경우도 있으며 기능 수준이 뛰어난 고기능 자폐로 나타나기도 한다. 그러자 자폐 스펙트럼 장애는 지능보다는 사회적 상호작용, 의사소통 수준, 상동행동이라는 측면에서 진단되기에 경계선 지능과는 구별된다.

5) 학습부진

학습부진의 개념적 정의는 연구자마다 상이하여 명확한 기준은 없지만 대체로 지능은 정상 수준이나 또래에 비해 학업 성취가 현저하게 낮은 경우를 의미한다(김동일 외, 2016). 즉, 학습부진은 말 그대로 일반적인 인지적 기능은 정상이나 학업 성취가 저조한 현상을 전반적으로 일컫는 용어로, 학습장애, 경계선 지능을 모두 포함할 수 있으며 지능과 관계없이 불우한 환경이나 학업 부족에 기인하여 학습부진을 보일 수도 있다.

학습부진은 특정학습장애와 자주 혼동되는데, 이 둘 모두 지능이 정상 수준인 것은 공통점이나 학습장애는 신경정보처리 과정에서 어려움이 있다는 점에서 차이가 있다. 즉, 특정학습장애는 신경정보처리 과정에서 보이는 어려움에 대한 지원, 경계선 지능은 인지 능력 향상을 위한 지원이 필요하다는 점에서 학습부진과 차이가 있다. 학습부진은 지능이 정상 수준에 속하므로 경계선 지능과 구별된다고 할 수 있으나 경계선 지능 학생 중 지능 수준이 IQ 85와 가까운 학생의 경우는 엄밀하게 학습부진으로 볼 수 있으므로 그 구분이 명확하지 않다. 학습장애 역시 지능이 정상범주라고 하나 이들 중 다수가 경계선 지능을 보인다는 여러 연구에 따르면(박찬선, 장세희, 2018) 학습장애와 경계선 지능 간의 교집합이 존재한다고 볼 수 있다.(김동일 외, 2021)

5. 경계선 지능 선별 척도

경계선 지능 학생을 위한 선별 척도가 다양하게 소개되고 있고, 그중에서 한국교육과정평가원에서 개발한 "느린 학습자 선별 체크리스트"가 가장 널리 알려져 있다. 이 체크리스트는 언어, 기억력, 지각, 집중, 처리속도 5영역으로 구성되어 있고 총 문항 수는 23문항이다. 이 선별 체크리스트는 학생을 잘 아는 담당 교사가 응답하는 것이며, 세부 내용은 〈표 1-3〉과 같다.

〈표 1-3〉 느린 학습자(경계선 지능) 선별 체크리스트

영역	번호	문항	문항 수
언어	1	단순한 질문에는 대답하지만, 생각해야 하는 질문에는 논리적으로 표현하지 못한다.	5
	2	상대방이 말한 의도를 제대로 파악하지 못한다.	5
	3	말을 할 때 적절한 단어를 떠올리지 못해 머뭇거린다.	5
	4	구체적으로 지시하지 않으면 엉뚱한 행동을 한다.	5
	5	또래보다 어휘력이 부족하다.	5
기억력	6	오늘 배운 내용을 다음날 물어보면 기억하지 못한다.	6
	7	여러 번 반복해도 잘 기억하지 못한다.	6
	8	방금 알려 주었는데 돌아서면 잊어버린다.	6
	9	연속적인 순서를 기억하지 못한다.	6
	10	수업시간에 손을 들지만 물어보면 대답을 잊어버린다.	6
	11	순서가 있는 활동에서 자신의 차례를 잊어버린다.	6
지각	12	비슷한 글자나 숫자를 읽을 때 자주 혼동한다.	4
	13	상하좌우 등 방향을 혼동한다.	4
	14	비슷하게 발음되는 단어들을 듣고 구별하는 데 어려움이 있다.	4
	15	간단한 그림이나 도형을 보고 그대로 따라 그리기 어려워한다.	4
집중	16	과제를 할 때 주의가 산만해진다.	5
	17	과제를 할 때 주의집중 시간이 짧다.	5
	18	교사의 안내나 지시에 집중하지 못하고 관련 없는 행동을 한다.	5
	19	수업시간에 과제에 집중하지 못하고 멍하니 앉아 있다.	5
	20	주의집중을 필요로 하는 활동에서 또래보다 쉽게 지친다.	5

처리 속도	21	또래보다 학습속도가 느리다.	3
	22	정해진 시간 내에 과제를 마치지 못한다.	3
	23	칠판이나 책에 쓰여 있는 단어나 문장을 노트에 옮겨 적는 데 오래 걸린다.	3

* 출처: 김동일, 신재현, 김은삼, 장세영(2022)., 김태은, 오상철, 노원경, 강옥려, 이민선, 김호영(2020).

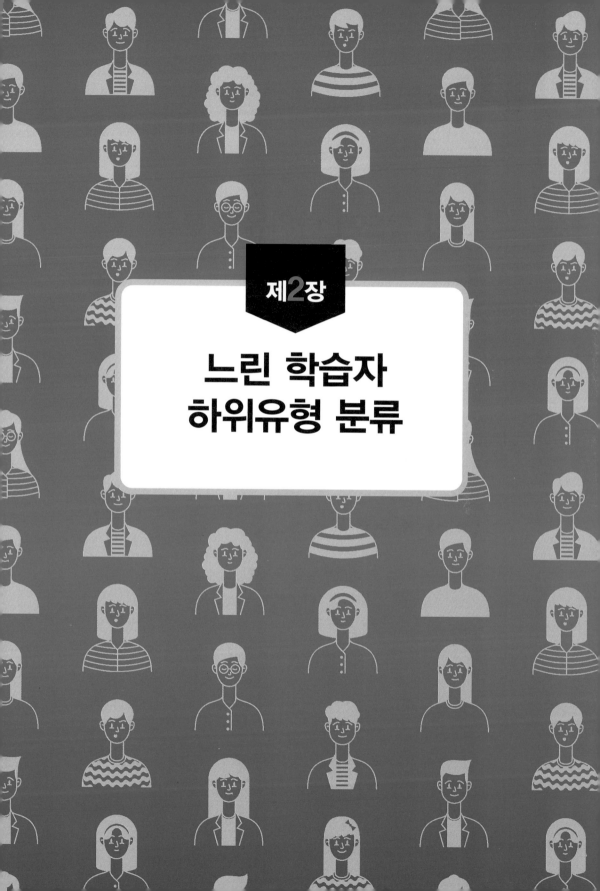

제2장

느린 학습자
하위유형 분류

느린 학습자 하위유형 분류

1. 학령기 느린 학습자: 지능과 학업성취 준거에 따른 하위 분류

'느린 학습자'와 '경계선 지능'은 유사한 개념으로 여겨져 혼용되는 경우가 종종 나타난다. 그러나 개념이 분명하지 않으면 그에 따른 적절한 지원이 이어지기 어려우므로 정의 혹은 진단을 내릴 때는 현상을 면밀히 들여다보고 명확하게 하는 것이 매우 중요하다. 이와 관련하여 김동일 등(2022)은 느린 학습자와 경계선 지능을 구분하여 제시하고 있는데, 경계선 지능은 지적 기능의 제한이라는 취약성으로 위기 전조에 해당하고, 느린 학습자는 결과로서 나타나는 증상 또는 위기 상황으로 두 개념을 구분하였다. 이는 경계선 지능 학생이라고 해서 모두 느린 학습자로 볼 수 없다는 것을 뜻한다. 아울러 느린 학습자가 지적장애와 평균 지능 사이에 위치한다는 점, 기본적으로 학습상의 어려움을 보이는 집단이라는 점에서 지적장애와 학습장애 진단 모델을 살펴보고, 이를 근거로 그동안의 느린 학습자 및 경계선 지능 정의가 근거로 삼은 지능지수 범위에 학업성취 기준을 추가하여 기존의 진단 기준이 가지는 한계를 보완하고자 하였다. 이러한 과정을 통하여 느린 학습자의 개념을 재점검하고 하위 유형을 구분한 연구 결과를 제시하고자 한다.

1) 이론적 배경

김동일 등(2022)은 느린 학습자 분류에 앞서 이들이 지적장애 진단 범위의 경계에 위치한다는 점, 낮은 학업성취로 인한 한계가 학습부진 및 학습장애와 유사하다는 점에 근거를 두고 지적장애와 학습장애 진단 모델을 살펴보았다.

(1) 지적장애 진단기준

대부분의 경우 지능과 적응행동이 지적장애 진단의 주요 평가 영역이 된다. DSM-Ⅳ-TR에서 제시하는 지적장애 분류는 지능지수를 기준으로 이루어졌으나, DSM-5로 개정되면서 지능지수보다 적응기능의 하위 영역에 따라 장애 정도를 분류하고 있다. 이는 지능지수보다 적응행동의 수준이 지적장애인이 필요로 하는 환경적 지원을 더 잘 설명하기 때문이며, 장애를 바라보는 관점이 개인의 기능성에 초점을 맞추는 패러다임의 변화를 반영한 것으로 볼 수 있다(APA, 2013). 적응행동은 개념적 적응행동, 사회적 적응행동, 실제적 적응행동의 세 가지 하위 영역으로 나뉘며 각각에 대한 설명은 〈표 2-1〉과 같다.

〈표 2-1〉 적응행동의 하위 영역

개념적 적응행동	사회적 적응행동	실제적 적응행동
읽기, 쓰기, 계산 등 학업기술 시간, 돈 개념 추상적 사고	사회적 상호작용 사회적 의사소통 사회적 판단력 감정 및 행동 조절	자기관리 일상생활 기능 직업적 기능 여가 기술

출처· 김동일 외(2022)., APA (2013).

국내 경우를 살펴보면, 장애인복지법상의 지적장애 정의는 '정신 발육이 항구적으로 지체되어 지적 능력의 발달이 불충분하거나 불완전하고 자신의 일을 처리하는 것과 사회생활에 적응하는 것이 상당히 곤란한 사람'으로(보건복지부, 2021), 지적장애 등급을 판정하는 기준은 지능지수이다(권회연, 전병운, 2016). 이때 지적장애 정도를 파악하기 위하여 적응행동을 평가할 수 있는 표준화 검사도구가 요구되나 현재로서는 개념적, 사회적, 실제적 적응행동을 측정할 수 있는 검사도구가 한정적이므로 타당성을 갖춘 적응행동 검사도구의 개발 및 활용이 요구된다(권회연, 전병운, 2016).

(2) 학습장애 진단기준

느린 학습자는 낮은 학업성취를 보인다는 측면에서 학습장애와 유사성을 띤다. 학습장애 진단과 관련하여 국내 특수교육대상자 중 학습장애 비율을 살펴보면 상대적으로 매우 낮고 심지어 그 출현율이 점차 감소하는 추세임을 알 수 있다. 예로 미국의 학습장애 출현율이 전체 학령인구의 3.5%, 특수교육대상학생의 38%를 차지하는 데 비하여, 우리나라는 전체 학령인구의 0.018%, 특수교육대상학생의 1.3%를 차지하며 그 현저한 차이를 확인할 수 있다(신재현, 정평강, 2021). 김애화 등(2018)에 의하면 국내에서 학습장애와 유사한 개념으로 사용되는 용어로 학습부진, 난독증, 경계선 지능 등을 소개하였다. 학습장애에 포함되거나 이와 중복되는 난독증 비율만 보더라도 1~4%로 집계되고(김윤옥 외, 2015), 학습장애 중 경계선 지능(전체 인구의 13.6%)을 지닌 비율이 40% 정도라는 점을 감안할 때 지나치게 낮은 국내 학습장애 비율은 잠재적인 학습장애 대상 학생들이 아직 진단되지 않았음을 의미한다. 즉, 학습장애, 학습부진, 경계선 지능 등 학업적인 어려움을 보이는 학생들이 지원의 사각지대에 놓여 있다고 해석할 수 있다. 이에 학습장애 진단 모형을 살펴보는 것이 느린 학습자 집단을 분류하는 과정에 중요한 정보를 제공할 수 있을 것이라 보았다.

학습장애 진단 및 판별을 위한 대표적인 모형으로는 능력-성취 불일치 모형, 중재반응(Response to Intervention: RTI) 모형, 인지처리과정 결함(Intrinsic Processing Deficits) 모형이 있다. 각 모형에 대한 설명은 〈표 2-2〉에 제시하였다.

〈표 2-2〉 학습장애 진단 모형

학습장애 진단 모형	기준	진단 절차
능력-성취 불일치 모형	지적 잠재능력에서 기대되는 학업성취와 실제 성취수준 간 차이 지능검사와 학업성취검사 점수 차가 -1에서 -2 표준편차 이상일 때 학습장애로 간주	지능검사 실시 및 학업 성취검사 실시 불일치 수준 산출 배제 요인 확인(필요시 추가검사 실시)
중재반응 모형(RTI)	증거 기반의 효과적인 수업에 얼마나 반응하는가 여부 또래보다 효과적인 중재에 반응하는 정도가 심각하게 낮을 경우 학습장애로 간주	교육과정중심측정(CBM) 실시→또래보다 심각하게 낮은 성적 소지자 선별 소집단중심의 효과적이고 집중적인 수업 실시→반응도 확인 특수교육대상자 여부 확인을 위한 정밀 판별 절차 의뢰
인지처리과정 결함 모형	개인 내적 인지처리과정 상의 특징을 분석하여 개인 내, 개인 간 특징과 비교 분석	인지처리과정 변인 또는 해당 교과의 기본 학습 수행 확인 개인 내 또는 개인 간 수행 정도와 비교 분석

출처: 김동일 외(2016).

2) 연구 절차

학령기 느린 학습자의 유형을 살펴보고자 학생을 선정하였다. 먼저, 느린 학습자 학생을 대상으로 지능검사와 기초학습기능검사를 실시하여 자료를 수집한 후 결과를 분석하였다.

(1) 연구 참여자

연구 참여자는 초등학교와 중학교 과정의 학생으로 병원 또는 센터에서 경계선 지능으로 진단되거나 의심 소견을 받은 학생이며, 특수교육대상자로 선정된 경우는 배제하였다. 47명의 검사 결과가 최종적으로 분석에 사용되었다.

이어서 진행한 보호자 면담 참여자는 느린 학습자의 학부모와 관련 기관 담당자로 총 9명이 참여하였다. 학부모 참여자는 8명으로 3명은 초등학생 자녀를, 4명은 중학생 자녀를 둔 부모였으며 1명은 느린 학습자인 초등학생과 중학생 자녀를 양육 중인 부모였다. 기관 담당자는 1명이 참여하였다.

(2) 연구 도구 및 자료 분석 방법

느린 학습자의 지능과 학업성취를 측정하기 위하여 표준화 지능검사(BLCT)와 기초학습기능 수행평가체제(BASA)를 사용되었다. 각 검사 도구의 특징은 〈표 2-3〉과 같다.

〈표 2-3〉 학령기 느린 학습자 대상 검사도구

영역	검사도구	검사 내용	예시
지능	BLCT 검사	• Gardner(2019)의 다중지능 모형 기반 • 총 126개 객관식 문항 • 약 30분 소요 • 측정영역: 언어, 논리수학, 공간	
학업성취	BASA 읽기이해 검사	• 초등학교 3-6학년 읽기이해력 측정 (필요 시 중학교 이상 적용 가능) • 약 15분 소요 • 하위척도: 사실적 이해, 추론적 이해, 평가적 이해	
	BASA 수학문장제 검사	• 초등학교 3학년 이상 수학 문제해결 능력 측정 • 약 10분 소요 • 연산, 전략사용, 추론 등	

출처: 김동일 외(2021).

　검사 후 채점 결과에 따른 원점수를 T점수(평균 50, 표준편차 10)로 환산하여 대상자의 상대적인 수준을 파악하였다. 이때 BLCT 지능 검사 결과인 T점수에 따라 경계선 지능 여부를 확인하였는데, 경계선 지능 범위인 −2SD~−1SD에 해당하는 T점수 30~40을 절사 기준으로 적용하였다. 또한, 학습장애 모델에 근거하여 능력-성취 불일치 및 내적 처리과정 상의 결함 여부를 확인하여 하위 집단을 분류하고자 하였다.

2) 연구 결과

지능과 학업성취 측정 결과에 따라 분류한 느린 학습자 하위 유형은 [그림 2-1]과 같다.

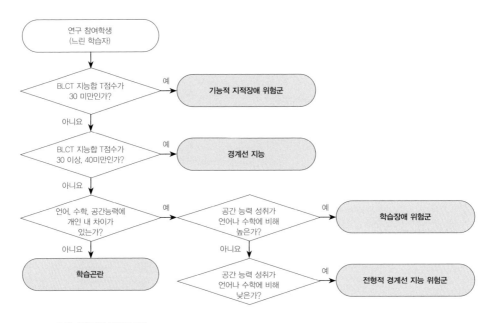

출처: 김동일 외(2022).

[그림 2-1] 느린 학습자의 기초학습능력 특성에 따른 분류 흐름도

느린 학습자 하위 유형 분류는 BLCT 지능 합 T점수가 경계선 지능 범위(30~40)에 해당하는지 여부를 확인하는 것으로 시작된다. T점수가 30 미만으로 나타날 때는 IQ 70 미만에 해당하여 지적장애 진단기준에 포함되므로 이러한 특성을 보이는 집단을 '기능적(functional) 지적장애 위험군'으로 명명

하였다. 이어 BLCT 지능 합 T점수가 30~39인 경우 경계선 지능 범위인 IQ 70~84에 해당하므로 '경계선 지능' 군으로 분류하였다.

BLCT 지능 합 T점수가 40 이상에 해당하여 기능적 지적장애 위험군이나 경계선 지능군에 해당하지 않는 경우는 영역별 차이 분석을 추가 적용하였다. 영역별 검사 결과에 따라 개인 내 불일치 유무를 확인하였는데, 언어와 논리수학, 공간 영역의 T점수 차이가 15점 이상일 때 개인 내 불일치가 존재하는 것으로 보았다. 또한, BASA 검사 결과를 통하여 읽기이해와 수학 영역의 학업성취 수준을 확인하였다. 이를 통하여 '학습곤란' '학습장애 위험군', '전형적 경계선 지능 위험군'의 분류가 추가되어 총 5개의 느린 학습자 하위 집단이 도출되었다. 지능과 학업성취 검사 결과에 따른 느린 학습자 집단 분류 기준과 특징은 〈표 2-4〉와 같다.

〈표 2-4〉 느린 학습자 집단 분류 기준 및 특징

분류	빈도 (n)	기준		특성
		BLCT 지능 T점수	영역별 개인 내 차이	
기능적 지적장애 위험군	5	30 미만	해당 없음	경계선 지능 범주보다 낮은 수준의 인지적 능력을 지님
경계선 지능	14	30 이상, 40 미만	해당 없음	전반적으로 모든 영역에서 낮은 성취를 보임
학습곤란	4	40 이상	개인 내 차이 없음/ 전반적인 성취도가 낮음	지적 능력에 비해 추론, 학습 성취가 모두 낮음
학습장애 위험군	16		개인 내 차이 있음	지적 능력 및 추론능력에 비해 학습 성취가 낮음
전형적 경계선 지능 위험군	8	40 이상	개인 내 차이 있음 (언어, 수학 성취가 공간 능력보다 높음)	지적 능력 및 추론능력에 비해 학습 성취가 높음
계	47			

출처: 김동일 외(2022).

(1) 기능적 지적장애 위험군

기능적 지적장애 위험군은 지능검사 결과가 정규분포 평균보다 2SD 이상 낮은 집단이다. 연구에 사용된 BLCT 지능검사에서 지능 합 T점수가 30 이하인 경우에 해당한다. 원래 지적장애 진단 시 원래 지적 기능과 더불어 적응행동 상의 결함을 함께 고려해야 함에도 해당 연구가 진행될 때 적응행동 측정이 이루어지지 않았기 때문에 위험군이라는 명칭을 사용하게 되었다. 또한, 국제장애분류(ICF)에서 제시한 기능적 장애의 관점에 따라 다양한 지원 요구를 반영하는 개념을 적용하였다. 김동일 등(2022)은 기능적 지적장애 위험군으로 분류된 학생들은 적응행동 관련 검사를 통하여 특수교육대상자 선정 여부를 확인할 수 있음을 제안하였다. 기능적 지적장애 위험군으로 분류된 느린 학습자의 검사 결과 및 부모 면담에서 도출된 내용은 다음과 같다.

〈표 2-5〉 기능적 지적장애 위험군 검사 결과(예시)

초 · 중등 느린 학습자 검사 결과			
BLCT 기초학습역량검사			
능력 합	T점수	백분위	수준
	24	1	부족
	원점수	T점수	백분위	수준
언어	5	23	1	부족
논리수학	3	23	1	부족
공간	2	26	1	부족
BASA 수학문장제 검사			
	원점수	T점수	백분위	백분위 단계
식-자릿수	0	24	1	5
식-답	0	24	1	5

답	0	26	1	5
BASA 읽기이해 검사				

원점수	T점수	백분위	백분위 단계
1	16	0	5

잠재적 유형		기능적 지적장애 위험군
관찰 및 면담 결과	부모 보고	• 말수가 적은 편임 • 사회성에 있어서는 특별한 문제는 없는 듯 하나, 전반적으로 내성적이고 자신감이 없는 편임
	검사자 보고	• 다문화 가정 학생으로 의사소통 시 어눌한 말투가 나타남. • 검사과정 중에 주의가 산만하고, 옆에 있는 사물을 계속해서 만지작거리거나 소극적인 태도를 보였음. • 학생이 문제가 어렵다는 이야기를 하였으며, 전반적으로 모든 영역 검사에서 학습된 무기력감이 심각하게 높은 것으로 보임
	기타 (의학적 진단 결과 등)	• 경계선 지능 청소년 선별체크리스트(BIFCL) 검사 결과, 총점 97점으로 경계선 지능이 의심되는 수준은 아니나, 수업 소화능력과 학업 성취가 부진하며, 경계선 지능의 대표적인 특성인 주의력 부족, 작업기억부진, 언어발달부진 지표 점수들이 특히 위험 수준으로 나타났음. 결과를 종합해 보았을 때 '순한 기질의 경계선 지능 청소년 또는 경도 지적장애'가 의심됨.

출처: 김동일 외(2021).

[부모 면담 사례 – 기능적 지적장애 위험군]

'쟤가 또 경계선 지능인데 지적장애 진단도 받아버렸어요. 하여튼 68인가로 받았어요. 근데 70부터는 정상이고 68은…….' (부모)

'그니까 IQ를 모르겠어요. 70 초반도 나왔다가 60 후반도 나왔다가. 왔다 갔다 뭐……. 근데 뭐 경계선 중에서도 낮은 편에 속하니까.' (부모)

출처: 김동일 외(2021).

(2) 경계선 지능

경계선 지능군은 IQ 71~84로 BLCT 지능 검사 결과로 보면 지능 합 T점수가 30~39 사이로, 김동일 등(2022)은 지적 기능상의 취약성을 지닌 집단으로 보았다. 경계선 지능의 정의에 대한 합의는 아직 명확히 도출되지 않았으나 이들을 정의하는 과정에 지원을 위한 범위 및 포함기준을 명시하여야 한다는 필요성은 많은 이가 느끼는 바이다. 이와 관련하여 김동일 등(2021)은 '경계선 지능 위기 청소년'이라는 개념을 제시하였으며 '지적 능력의 제한(IQ 71~84)으로 인하여, 학업 수행이나 사회적응에 어려움을 겪는 등 건강한 성장과 생활에 필요한 여건을 갖추지 못하였으나, 적절한 지원이 제공되면 성공적인 성인기 전환이 기대되는 청소년'이라 정의하였다. 추후 경계선 지능으로 인하여 발생하는 다양한 영역에서의 어려움을 파악하고 생애주기에 적합한 실질적인 지원방안을 모색해야 할 것이다. 경계선 지능 집단의 검사 결과 예시 및 부모 면담 내용은 다음과 같다.

〈표 2-6〉 경계선 지능군 검사 결과(예시)

초·중등 느린 학습자 검사 결과			
BLCT 기초학습역량검사			
능력 합	T점수	백분위	수준
	33	4	매우낮음
	원점수	T점수	백분위	수준
언어	15	30	3	부족
논리수학	7	31	3	매우낮음
공간	7	37	10	낮음
BASA 수학문장제 검사			
	원점수	T점수	백분위	백분위 단계
식-자릿수	4	26	1	5

식-답	0	24	1	5
답	0	24	1	5

BASA 읽기이해 검사			
원점수	T점수	백분위	백분위 단계
10	31	8	4

잠재적 유형		경계선 지능(BIF)
관찰 및 면담 결과	부모 보고	• 초등학생 때 친구들과 잘 어울렸으나, 특정 질환 등으로 말하고 듣는 데 어려움이 있다 보니 점차 원활한 관계 맺기가 어려움. 현재는 어울려 노는 친구가 많지 않음. • 눈치를 많이 보고, 처음 보는 사람에게 겁을 먹는 경향이 있음. • 자매와는 활발하게 잘 어울리는 등 친해지면 말을 곧잘 하고 장난스러움.
관찰 및 면담 결과	검사자 보고	• 의욕이 다소 낮고, 검사 참여에 다소 어려움을 표했음. • 문제풀이 시도 횟수는 비교적 많으나, 집중하여 풀지 않는 듯함. • BASA 수학문장제 식을 대부분 적지 못했고, 임의의 숫자로 답을 적는 듯함. • 의상, 행동 등 겉으로 보기에는 또래 중학생 친구들과 전혀 다른 점이 없고, 슬리퍼, 크로스백 등 또래 학교 문화에 잘 동화되고 적응한 것으로 느껴졌음.
	기타 (의학적 진단결과 등)	• 선천적으로 몸이 약함. • 지능검사를 꾸준히 받았으나, 초등학교 1학년 때 79, 3학년 때 109(간편검사 기준), 5학년 때 71, 6학년에 66, 중학교 3학년 때 60 등 검사 실시 시기에 따라 점수 편차가 큰 경향이 있음. 지적장애로 진단받지는 않음.

출처: 김동일 외(2021).

[부모 면담 사례 – 경계선 지능]

'눈치도 없고 또 빠릿빠릿하지도 않고 하니까, 다양한 얘기를 하는 것도 아니고.' (부모)

'친구들 관계가 조금…… 아이가 또 내성적이라서 먼저 이렇게 다가가지 못하고 하고, 상처도 받고, 그런 면이 좀 더 어려웠던 것 같아요.' (부모)

출처: 김동일 외(2022).

(3) 학습곤란

느린 학습자 중 읽기 및 수학 영역에서 수행 수준이 낮은 경우 학습곤란으로 분류하였다. BLCT 지능검사 결과 지적장애나 경계선 지능에 해당하지 않지만, 여전히 학업적 어려움이 존재하므로 느린 학습자에 포함될 수 있다. 김동일 등(2022)은 학습곤란 집단이 보이는 낮은 학업성취는 경계선 지능과 같이 평균 미만의 지적 기능으로 인한 것이 아니므로, 꾸준한 학업적 지원과 재구조화된 환경이 제공되어야 하는 십난임을 밝혔다. 실제로 학습곤란에 해당하는 느린 학습자들은 경계선 지능 집단과는 달리 검사에 대한 집중도와 지시 이해도가 높은 반면, 환경적 결손이 보고되었다. 이러한 점으로 미루어 보아 학습곤란 집단에 대한 환경 개선과 체계적인 지원이 뒤따른다면 학업성취에서도 향상을 보일 것으로 예상된다.

〈표 2-7〉 학습곤란군 검사 결과(예시)

초 · 중등 경계선 지능 청소년 검사 결과			
BLCT 기초학습역량검사			
능력 합	T점수	백분위	수준
	54	67	보통
	원점수	T점수	백분위	수준
언어	16	49	45	보통
논리수학	15	61	87	우수
공간	7	51	53	보통
BASA 수학문장제 검사			
	원점수	T점수	백분위	백분위 단계
식―자릿수	11	38	12	4
식―답	9	38	12	4
답	1	34	6	4

BASA 읽기이해 검사			
원점수	T점수	백분위	백분위 단계
8	29	3	5

잠재적 유형		학습곤란
관찰 및 면담 결과	부모 보고	• 자기주장이 강하고, 타인의 말을 수용하는 데 어려움이 다소 있음. • 또래 관계를 형성하는 데 어려움이 있으며, 또래와의 갈등이 잦음.
	검사자 보고	• 전반적으로 성실한 태도로 검사에 참여함. 옆 친구의 방해에도 불구하고 집중을 잘 유지함. • 수학 문장제 검사에서 식을 쓴 것에 비해 오답이 많음. 곱셈, 나눗셈 등 다소 높은 수준의 연산에 어려움이 있는 듯함. • BLCT 논리수학의 여러 문제 유형에서 골고루 오답을 보임 • 복지관의 신청으로 검사에 참여하게 되었고, 복지관에 다니는 학생들 중 환경적 결손이 있는 경우가 많다고 함.

출처: 김동일 외(2021).

[부모 면담 사례 – 학습곤란]

'이 친구들이 아무래도 경계선이고 저소득이다 보니까 가정에서 방임되는 친구들도 있어서…….' (기관)

'이 친구들이 정규교육과정 자체를 따라 갈 수 가 없는 수준이거든요. 그러다 보니까 학습부진인 경우가 거의 대부분이고. (중략) 학업에서는 거의 대부분 포기하는 경우가 많아요.' (기관)

'학교 선생님들도 경계선에 대한 인식이 많이 없으시다 보니까 이 친구들을 그냥 단순 학습부진으로 치부를 하시는 경우들이 있는 거죠. 그래서 학교에서는 그냥 쟤는 공부 못하는데 굉장히 조용하게 학교생활 하는 친구로 있는 것 같아요.' (기관)

출처: 김동일 외(2022).

(4) 학습장애 위험군

학습장애 위험군은 BLCT 지능검사 하위 영역을 비교하였을 때 언어와 논리수학 영역에 비하여 공간능력이 상대적으로 높게 나타난 집단으로 구분 지었다. 공간능력에 대한 수행은 고차원적 인지 능력을 반영하므로 학습장애 위험군은 평균보다 높은 고차원적 사고가 가능한 반면, 교과학습에서 낮은 수행을 보이는 특징을 지녔음을 알 수 있다(Cattell, 1963). 또한, 학습장애 진단 모델에 비추어보았을 때, 이 집단은 BLCT 지능검사 점수는 평균 수준이지만 기초학습기능 수행검사에서 개인 내 차이가 크게 나타났다. 즉, 잠재능력에 비하여 학업성취가 매우 낮으므로 능력-성취 불일치 모델에 해당하였다. 아울러 BLCT 지능검사의 언어 영역과 논리수학, BASA 읽기이해 검사와 수학문장제 검사를 각각 비교하였을 때 서로 예측이 가능하였고, 이에 따라 언어와 수학, 공간능력 간 개인 내 차를 확인하였다. 이는 개인 내적 처리과정 결함 모델의 관점에 부합하는 결과이다. 이렇듯 학습장애 진단 모델을 설명하는 특징을 보이므로 학습장애 위험군이라는 명칭을 사용하였다. 이 집단에 속하는 학생은 이질적인 인지적 특성을 보이므로 개별 수준에 맞는 접근이 요구되는 것으로 나타난다(김동일 외, 2016).

〈표 2-8〉 학습장애 위험군 검사 결과(예시)

초·중등 경계선 지능 청소년 검사 결과			
BLCT 기초학습역량검사			
능력 합	T점수	백분위	수준
	45	43	낮음
	원점수	T점수	백분위	수준
언어	14	28	2	부족
논리수학	10	40	17	낮음
공간	18	68	95	매우 우수

BASA 수학문장제 검사				
	원점수	T점수	백분위	백분위 단계
식—자릿수	7	28	2	5
식—답	5	28	2	5
답	3	33	4	5

BASA 읽기이해 검사			
원점수	T점수	백분위	백분위 단계
10	31	8	4

잠재적 유형		학습장애 위험군 (수학 · 읽기 학습장애 위험군)
관찰 및 면담 결과	부모 보고	• 공부를 싫어하고 학교 수업을 따라가는 것을 힘들어함. • 자존감이 비교적 낮은 편이고 자신보다 어린 아이들과 주로 어울림.
	검사자 보고	• 전반적으로 수행이 느리고, 검사자의 질문에 '네, 아니요'로만 대답하는 등 조용한 편임. • 검사지가 깨끗한 것을 보아 고등사고기술을 활용하여 암산 또는 복잡한 사고를 하는 경향이 있는 듯함. • 읽기이해, 수학문장제 점수가 특히 낮은데, 풀이 시도를 한 문제가 각각 12문제, 4문제로 비교적 적고, 문제를 꼼꼼하게 푸는 편임. • 상호작용에 다소 어려움이 있어 보임.
	기타 (의학적 진단 결과 등)	• 기질적 장애를 알아보는 BGT 검사에서 뚜렷한 기질적 징후를 추정하게 하는 반응을 드러내지 않음. • K—WISC—Ⅳ 실시 결과, 전체IQ 77로 경계선 수준임. 언어성 지능과 작업 기억에 비해 동작성 지능이 유의하게 높음.

출처: 김동일 외(2021).

[부모 면담 사례 – 학습장애 위험군]

'언어 쪽에서는 괜찮은데 수학이 힘들죠. 보드 게임할 때 한 칸 가면서 하나인데 제자리부터 하나, 둘, 셋. 그러니까 아까 6 더하기 3도 하나, 둘, 셋. 그 부분들이 좀 힘들었지.' (부모)
'반에서는 학습 못한다고 도태되고 도움반(특수학급) 가서는 또 너무 잘한다고 배제되고. 그리고

도움반(특수학급)은 거의 지적장애 친구들이 많이 있다 보니까 못 가고.' (부모)

출처: 김동일 외(2022).

(5) 전형적 경계선 지능 위험군

BLCT 검사 결과 언어와 논리수학 영역에 비하여 공간능력이 상대적으로 낮게 나타난 집단을 전형적 경계선 지능 위험군으로 구분하였다. 피검자별 언어 지능과 논리수학 지능, 공간 지능 영역의 T점수를 비교하였을 때 공간 지능 T점수가 현저히 낮은 공통된 특성을 보였으며, 앞서 언급한 학습장애 위험군과는 반대 양상으로 나타났다. 이때 공간 지능은 유동성 지능으로 선천적으로 타고난 인지 영역인 반면, 언어와 수학은 결정성 지능으로 후천적 학습에 의하여 형성되는 인지 능력이다(Cattell, 1963). 전형적 경계선 지능 위험군은 후천적인 개입에 의하여 학업수행 결과가 개선된 모습을 보였다는 점에서 의미가 있으나, 유동성 지능에 해당하는 문제해결, 추론 등의 고차원적 사고는 어려움이 지속될 수 있으므로 이러한 측면에 대한 꾸준한 지원이 필요할 것으로 보인다.

〈표 2-9〉 전형적 경계선 지능 위험군 검사 결과(예시)

초 · 중등 경계선 지능 청소년 검사 결과			
BLCT 기초학습역량검사			
능력 합	T점수	백분위	수준
	50	51	보통
	원점수	T점수	백분위	수준
언어	19	53	62	보통
논리수학	13	57	76	보통
공간	3	40	17	낮음

BASA 수학문장제 검사				
	원점수	T점수	백분위	백분위 단계
식—자릿수	9	36	8	4
식—답	2	33	4	5
답	0	36	8	4

BASA 읽기이해 검사			
원점수	T점수	백분위	백분위 단계
7	29	5	5

잠재적 유형		전형적 경계선 지능 위험군
관찰 및 면담 결과	부모 보고	학생이 활발하고 순진한 성격을 지님. 어렸을 때부터 언어 발달이 다소 느렸고, 평소 화용언어에서 어려움을 보이는 편임.
	검사자 보고	수학문장제 검사에서 덧셈을 곱셈으로 문제를 해결하였음. 분수에 대한 개념을 인지하고 있으나 식을 작성하고 풀이하는 데 어려움을 나타냄. 문제해결 과정에서 소수점을 사용하는 것으로 보아 수학영역에서 학습적 노력이 엿보임. 또한, 주어진 시간 동안 모든 문제를 읽고 해결하려고 노력하는 모습이 보였음. 읽기이해 검사에서도 끝까지 적극적인 태도를 보였음. 기초 수학이나 읽기영역에서 교육적 개입이 있어 온 것으로 보이나 수학 문장제나 읽기이해와 같은 보다 고차원적인 개념을 인식하는 데 제한이 있는 것으로 보임.
	기타 (의학적 진단 결과 등)	WISC 검사 결과, 전체 IQ 지수가 75로 나타남. 영역별로 살펴보면, 언어이해 74, 지각추론 84, 작업기억 86, 처리속도 82로 언어이해에서 특히 낮은 점수를 보였음.

출처: 김동일 외(2021).

2. 후기 느린 학습자

1) 연구 절차

후기 느린 학습자의 유형을 살펴보고자 학교 및 기관을 통하여 검사대상 학생을 선정하였다. 느린 학습자 학생을 대상으로 고용서비스 다양성 검사와 BLCT 검사를 실시하고 자료를 수집한 후 결과를 분석하였다.

(1) 연구 참여자

연구 참여자는 고등학생 및 만 24세 이하의 청소년으로서 47명의 검사 결과가 최종적으로 분석에 사용되었다.

(2) 연구 도구 및 자료 분석 방법

느린 학습자의 지능과 학업성취를 측정하기 위하여 장애인 고용서비스 다양성 검사와 표준화 지능검사(BLCT)가 사용되었다. 각 검사 도구의 특징은 〈표 2-10〉과 같다.

〈표 2-10〉 학령기 느린 학습자 대상 검사도구

영역	검사도구	검사 내용	예시
지능	BLCT 검사	• Gardner(2019)의 다중지능 모형 기반 • 총 126개 객관식 문항 • 약 30분 소요 • 측정영역: 언어, 논리수학, 공간	BLCT Basic Learning Competence Test 청소년 기초학습역량검사

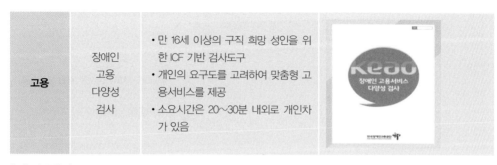

출처: 김동일 외(2021).

　　검사 후 채점 결과에 따른 원점수를 T점수(평균 50, 표준편차 10)로 환산하여 대상자의 상대적인 수준을 파악하였다. 이때 BLCT 지능 검사 결과인 T점수에 따라 경계선 지능 여부를 확인하였는데, 경계선 지능 범위인 −2SD∼ −1SD에 해당하는 T점수 30∼40을 절사 기준으로 적용하였다. 또한, 학습장애 모델에 근거하여 능력−성취 불일치 및 내적 처리과정상의 결함 여부를 확인하여 하위 집단을 분류하고자 하였다. 장애인고용다양성 검사는 구직상황에서 예상되는 다양한 요구도를 살펴볼 수 있다는 장점이 있다. 1차 고용기초능력에서는 인지적 어려움으로 인한 지원요구도를 확인할 수 있고, 2차 고용준비태도에서는 자기관리, 사회관계, 정서 영역의 어려움을 파악할 수 있다. 이는 피검자에 따라 인지적 영역의 지원이 우선적으로 요구되는지, 사회·정서적 영역의 지원이 우선되는지를 확인하여 서비스를 제공하는 데 있어 기초자료를 제공할 수 있다는 장점이 있다.

2) 연구 결과

　　지능과 학업성취 측정 결과에 따라 분류한 후기 느린 학습자 하위유형은 [그림 2-2]와 같다.

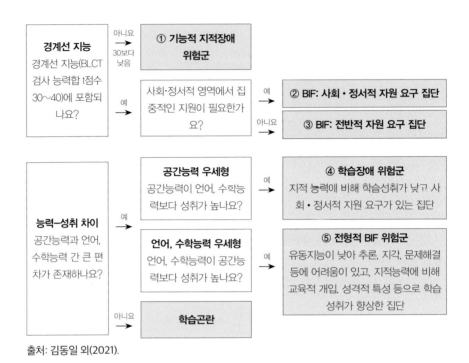

출처: 김동일 외(2021).

[그림 2-2] 느린 학습자의 기초학습능력 특성에 따른 분류 흐름도

　느린 학습자 하위 유형 분류는 BLCT 지능 합 T점수가 경계선 지능 범위 (30~40)에 해당하는지 여부를 확인하는 것으로 시작된다. 이때 T점수가 30 미만으로 나타날 때는 IQ 70 미만에 해당하여 지적장애 진단기준에 포함되므로 이러한 특성을 보이는 집단을 '기능적(functional) 지적장애 위험군'으로 명명하였다. 이어 고용서비스 다양성 검사를 통해 수집된 개별적 지원 요구에 따라 '경계선 지능 청소년(BIF): 사회·정서적 지원 요구 집단'과 '경계선 지능 청소년(BIF): 전반적 지원 요구집단'으로 분류하였다. 초·중등 청소년과는 달리 구직상황에서 예상되는 요구도를 살펴보고자 하였다.

　'경계선 지능 청소년(BIF): 사회·정서적 지원 요구 집단'은 고용 다양성 검사 1차 고용기초능력(신체, 인지)과 2차 고용준비태도(자기관리, 정서, 사회관계) 간의 지원 요구도 차이가 크고, 2차 고용준비태도의 능력이 상대적으로 부족한 이들의 집단이다. '경계선 지능 청소년(BIF): 전반적 지원 요구 집단'의 경우 1차 고용기초능력과 2차 고용준비태도 간의 점수 편차가 크지 않고, 전반적으로 어려움을 겪는 청소년이 포함되었다.

　BLCT 지능 합 T점수가 40 이상에 해당하여 '기능적 지적장애 위험군'이나 '경계선 지능 청소년(BIF): 사회·정서적 지원 요구 집단' '경계선 지능 청소년(BIF): 전반적 지원 요구 집단'에 해당하지 않는 경우는 영역별 차이 분석을 추가 적용하였다. 영역별 검사 결과에 따라 개인 내 불일치 유무를 확인하였는데, 언어와 논리수학, 공간 영역의 T점수 차이가 15점 이상일 때 개인 내 불일치가 존재하는 것으로 보았다. 공간능력이 언어, 수학능력보다 우세한 경우 '학습장애 위험군'이라 명명하였고, 이는 지적 능력에 비해 학습성취가 낮고 사회·정서적 지원 요구가 있는 집단을 의미한다. 언어, 수학 능력이 공간 능력보다 성취가 높은 경우 '전형적 BIF 위험군'이라 명명하며 유동지능이 낮아 추론, 지각, 문제해결 등에 어려움이 있고, 지적 능력에 비해 교육적 개입, 성격적 특성으로 인해 학업성취가 향상한 집단을 의미한다. 마지막으로 편차가 존재하지 않은 집단의 경우 '학습 곤란' 집단으로 구분하였다. 다음에 대한 분류 및 특징은 〈표 2-11〉에서 확인할 수 있다.

〈표 2-11〉 후기 느린 학습자 집단 분류 기준 및 특징

분류	기준		특성
	BLCT 지능 T점수	영역별 개인 내 차이	
기능적 지적장애 위험군	30 미만	해당 없음	경계선 지능 범주보다 낮은 수준의 인지적 능력을 지님
경계선 지능: 사회·정서적 지원요구 집단	30 이상, 40 미만	해당 없음	신체/인지 능력은 비교적 양호하나 자기관리, 정서, 사회관계 능력이 상대적으로 부족함

경계선 지능: 전반적 지원요구 집단	30 이상, 40 미만	해당 없음	신체/인지 능력, 자기관리, 정서, 사회관계 능력 간의 점수 편차가 크지 않아 전반적 인 지원이 필요함
학습장애 위험군		개인 내 차이 있음	지적 능력 및 유추능력에 비해 학습 성취 가 낮고 사회 · 정서적 지원요구가 있음
전형적 경계선 지능 위험군	40 이상	개인 내 차이 있음 (언어, 수학 성취가 공 간 능력보다 높음) 개인 내 차이 없음/	유동지능이 낮아 추론, 지각, 문제해결 등 에 어려움이 있고, 지적 능력에 비해 교육 적 개임, 선격적 특성
학습곤란		전반적인 성취도가 낮 음	지적 능력에 비해 추론, 학습 성취가 모두 낮음

출처: 김동일 외(2022).

(1) 기능적 지적장애 위험군

기능적 지적장애 위험군은 지능검사 결과가 정규분포 평균보다 2SD 이상 낮은 집단이다. 연구에 사용된 BLCT 지능검사에서 지능 합 T점수가 30 이하인 경우에 해당한다. 다만 지적장애 진단 시 지적 기능과 함께 적응행동상의 결함이 같이 고려해야 하나 적응행동에 대한 측정이 이루어지지 않았기 때문에 위험군이라는 명칭을 사용하였다. 김동일 등(2021)의 연구에서는 기능적 지적장애 위험군으로 분류된 학생들은 적응행동 관련 검사를 통하여 특수교육대상자 선정 여부를 확인할 것을 제안하였다. 기능적 지적장애 위험군으로 분류된 대표적인 경계선 지능 학습자의 검사 결과는 다음과 같다.

〈표 2-12〉 기능적 지적장애 위험군 검사 결과 예시

고등 · 후기 경계선 지능 청소년 검사 결과			
BLCT 기초학습역량검사			
능력 합	T점수	백분위	수준
	27	1	부족
	원점수	T점수	백분위	수준
언어	12	26	1	부족
논리수학	6	29	2	부족
공간	3	27	1	부족

고용다양성 검사			
	원점수	T점수	백분위
신체	3	46	34.46
인지	7	49	46.02
자기관리	4	56	72.57
사회관계	9	51	53.98
정서	5	50	50.00
잠재적 유형	기능적 지적장애 위험군		
관찰 및 면담 결과	부모 보고	• 학령기에 친구들로부터 따돌림을 당한 경험을 가지고 있음. • 고등학교 졸업 후, 생산직으로 근무한 경험이 있으나 몸이 좋지 않아 2주 정도 근무 후 퇴사하였음.	
	검사자 보고	• 의사소통을 할 때 자신이 하고자 하는 바를 조리있게 말로 표현할 수 있으며, 질문에 적절한 대답을 하는 모습을 보임. • 부끄러움이 많아 눈 맞춤을 피하는 경향이 있으나 사교적이고, 검사에 적극적으로 참여하였음.	
	기타 (의학적 진단 결과 등)	• 강박증이 있어서 월 2회 정신건강의학과에서 진료를 받고 있음.	

출처: 김동일 외(2022).

(2) 경계선 지능: 사회·정서적 지원요구 집단

'경계선 지능: 사회·정서적 지원요구 집단'은 BLCT 검사 결과 T점수 30~40 사이이며, 1차 고용기초능력(신체, 인지)과 2차 고용준비태도(자기관리, 정서, 사회관계) 간의 지원요구도 차이가 큰 집단이다. 이들은 취업에 필요한 기초 능력인 신체, 인지 능력은 비교적 양호하지만 이후 고용 유지에 요구되는 자기관리, 정서, 사회관계 능력에 있어 지원이 필요하다. 경계선 지능 청소년은 공격성, 비행 등의 외현화된 문제보다 우울, 위축 등의 내면화된 문제에서 더욱 어려움을 호소하기 때문에(정희정, 이재연, 2005) 이들의 사회·정서적인 문제에 지속적인 관심을 두는 것이 필요하다. '경계선 지능: 사회·정서적 지원요구 집단'으로 분류된 대표적인 경계선 지능 학생의 검사 결과는 다음과 같다.

〈표 2-13〉 사회정서적 지원요구 집단 검사 결과 예시

고등 · 후기 경계선 지능 청소년 검사 결과			
BLCT 기초학습역량검사			
능력 합	T점수	백분위	수준
	37	10	낮음
	원점수	T점수	백분위	수준
언어	24	41	19	낮음
논리수학	13	44	28	낮음
공간	2	25	1	부족
고용다양성 검사			
	원점수	T점수	백분위
신체	8	55	69.15
인지	0	20	0.13

자기관리	2	48	42.07
사회관계	11	54	65.54
정서	4	47	38.21
잠재적 유형	BIF: 사회 · 정서적 지원 요구 집단		
관찰 및 면담 결과	부모 보고	• 또래에 비해 이해 속도가 늦은 편이나, 옆에서 속도에 맞춰 자세히 설명해 주면 곧잘 따라함. • 체력이 약한 편임. • 심리적으로 위축이 많이 되어 있어, 심리, 상담치료를 꾸준히 받았음. 심성이 착하나, 사회적 관계 맺기에 어려움을 느낌.	
	검사자 보고	• 전반적으로 검사에 성실히 임했음. 문항을 끝까지 풀었으나, 전반적으로 오답률이 높음. • 말을 유창하게 잘 했으며, 의사소통에 특별히 어려움이 없었음. • 신체적으로 다소 성숙해 보였음. • 또래와 함께 검사에 참여하였는데, 또래와의 상호작용에서 다소 어린 듯한 모습이 보였고, 밖에서 기다리는 어머니를 의식하는 모습을 보이기도 하였음. • 고용다양성검사에서 지원 요구를 묻는 문항에 다소 낮은 수준의 어려움을 느껴도 '힘들다'고 체크하는 듯하였음.	
	기타 (의학적 진단 결과 등)	• 유아기에 신체적으로 약한 편이었음. • 초등학교 입학 전 검사에서 운동 기능이 매우 낮게 나타남. 어렸을 때부터 대근육 발달에 어려움이 있어 자주 넘어짐. • 초등학교 때 ADHD 진단을 받았고, 자폐 성향도 있는 것으로 나타남. • 초등학교 때 실시한 지능검사에서 지능이 평균 수준으로 나옴. 검사 시기의 심리적 상태에 따라 편차가 큼.	

출처: 김동일 외(2022).

(3) 경계선 지능: 전반적 지원요구 집단

전반적 지원요구 집단은 BLCT 검사 결과 T점수 30~40 사이며, 1차 고용기초능력(신체, 인지)과 2차 고용준비태도(자기관리, 정서, 사회관계) 간의 지원요구도 편차가 비교적 크지 않으며 전반적으로 어려움을 겪는 집단이다. 이들은 고용기초능력의 부족으로 취업 및 취업 후 고용 유지에 있어 지속적인 지원이 필요한 집단으로 볼 수 있다. 경계선 지능 청소년은 졸업 이후 취업을 시작하는 데 보다 취업 후 직장 동료와의 관계, 직업 환경 등에 어려움을 겪기 때문에 장기적으로 관심을 두는 것이 필요하다. 전반적 지원요구 집단으로 분류된 대표적인 경계선 지능 학생의 검사 결과는 다음과 같다.

〈표 2-14〉 전반적 지원요구 집단 검사 결과 예시

고등·후기 경계선 지능 청소년 검사 결과			
BLCT 기초학습역량검사			
능력 합	T점수	백분위	수준
	36	8	낮음
	원점수	T점수	백분위	수준
언어	16	31	3	매우 낮음
논리수학	7	31	3	매우 낮음
공간	10	45	31	낮음
고용다양성 검사			
	원점수	T점수	백분위
신체	3	46	34.46
인지	3	44	27.43
자기관리	2	48	42.07
사회관계	3	43	24.20
정서	2	42	21.19
잠재적 유형	BIF: 전반적 지원 요구 집단		

관찰 및 면담 결과	부모 보고	• 검사에서 잘하려는 부담감이 다소 있는 듯함. • K—WISC—V 검사 결과에서도 검사 참여 당시의 정서적 상태에 따라 결과에 편차가 다소 있었음.
	검사자 보고	• 전반적으로 검사에 성실히 참여하였음. • 검사자의 질문에 대답을 또렷하게 하였으나, 대답 내용이 자연스럽지 않은 듯하였음. • 고용다양성검사 초기면접지에서 스스로 객관화를 잘하며 대답을 하였음. 다만 인지영역 검사에서 문제해결 관련 문항들을 푸는 데 어려움을 보였는데, 스스로에 대한 판단은 잘하나 전체적인 상황을 유연하게 조망하는 것에 비교적 어려움을 느끼는 듯하였음.
	기타 (의학적 진단 결과 등)	• 작년에 실시한 K—WISC—V 검사에서 전체 지능점수가 70이 나옴. • 올해 초에 실시한 K—WISC—V 검사에서는 전체 지능점수가 73이 나옴. • 검사 결과 해석 상담 시 피검자의 심리적 불안정으로 인해 지능점수가 다소 낮게 나왔을 수 있다고 하였음. • 지능검사에서 공간 관련 능력이 상대적으로 높게 나오는 편임.

출처: 김동일 외(2022).

(4) 학습장애 위험군

학습장애 위험군은 BLCT 지능검사 하위 영역을 비교하였을 때 언어와 논리수학 영역에 비하여 공간능력이 상대적으로 높게 나타난 집단이다. 공간능력은 인지 능력을 반영하므로 고차원적 사고가 가능한 반면, 교과학습에서 낮은 수행을 보이는 특징을 지니고 있었다. 또한, 학습장애 진단 모델에 비추어 보았을 때, 이 집단은 BLCT 지능검사 점수는 평균 수준이지만 고용다양성 검사에서 2차 고용준비태도(자기관리, 사회관계, 정서) 영역에서 높은 수준의 요구도를 보였다. 이는 사회·정서적으로 어려움을 겪고 있는지 함께 관심을 두는 것이 필요하다. 학습장애 위험군 집단으로 분류된 대표적인 경계선 지능 학생의 검사 결과는 다음과 같다.

〈표 2-15〉 학습장애 위험군 검사 결과 예시

고등 · 후기 경계선 지능 청소년 검사 결과

BLCT 기초학습역량검사			
능력 합	T점수	백분위	수준
	46	36	보통
	원점수	T점수	백분위	수준
언어	35	54	66	보통
논리수학	17	53	62	보통
공간	5	32	4	매우낮음

고용다양성 검사			
	원점수	T점수	백분위
신체	0	20	0.13
인지	4	46	34.46
자기관리	1	44	27.43
사회관계	1	40	15.87
정서	2	42	21.19
잠재적 유형	전형적 BIF 위험군		

관찰 및 면담 결과	부모 보고	• 일생생활에서 체계적으로 계획을 수행하고 실행하는 것이 어려움. • 또래관계에서 자신감 부족하여 자신의 의견을 잘 말하지 못하고, 친구들이 하자는 대로 따르는 편임. • 학령기에 교우관계에 어려움이 있었으며 주변 또래로부터 '느리다' '어리다'라는 말을 많이 들었음. • 어렸을 때부터 가정에서 정서적 · 학업적 지원을 적극적으로 제공하였으며, 사회성, 미술, 심리 치료를 받은 경험이 있음. 그러나 유의미한 효과가 있지는 않았으며, 여전히 관계형성에 어려움을 지님. • 대안학교로 옮기면서 친구들과 원만하게 지내는 편임. • 낙천적인 성격을 지니고 있어서 자신이 처한 상황을 잘 받아들이고, 스트레스를 크게 받지 않는 편임.

관찰 및 면담 결과	검사자 보고	• 대인관계를 형성하고자 하는 의욕이 높음. 계속해서 검사자에게 대화를 시도하는 모습을 보임. • 대화 도중 대화의 주제가 갑자기 바뀌는 등 일관성 있는 대화를 풀어 나 가는 데 어려움을 가지는 것으로 보임 • 함께 검사를 실시한 학생과 친하다고 하였으나 인사를 하지 않고, 대화를 잘 이어 가지 못하는 것으로 미루어 보아 대인관계 형성 기술에 어려움이 있을 것으로 보임.
	기타 (의학적 진단 결과 등)	• 초등학생 시기에 소아정신과에서 조용한 ADHD로 진단받고, 현재까지 ADHD 약을 복용하고 있음.

출처: 김동일 외(2022).

(5) 전형적 경계선 지능 위험군

BLCT 검사 결과 언어와 논리수학 영역에 비하여 공간능력이 상대적으로 낮게 나타난 집단을 전형적 경계선 지능 위험군으로 구분하였다. 학습장애 위험군과는 반대의 검사 결과를 보이는 것이 특징이다. 유동지능이 낮아 추론, 지각, 문제해결 등에 어려움은 있지만 교육적 개입, 성격적 특성으로 인해 학습성취를 향상한 집단이라고 볼 수 있다. 전형적 경계선 지능 위험군은 중재에 반응한다는 점, 학업수행 결과가 가시적으로 드러난다는 점에서 의미가 있으나, 고차원적 사고에서 지속해서 어려움을 겪고 있을 확률이 있기 때문에 계속적인 모니터링과 지원이 필요하다. 전형적 경계선 지능 위험군 집단으로 분류된 대표적 경계선 지능 학생의 검사 결과는 다음과 같다.

〈표 2-16〉 전형적 경계선 지능 위험군 검사 결과 예시

고등 · 후기 경계선 지능 청소년 검사 결과			
BLCT 기초학습역량검사			
능력 합	T점수	백분위	수준
	41	19	낮음

	원점수	T점수	백분위	수준
언어	16	31	3	매우 낮음
논리수학	11	40	17	낮음
공간	13	52	58	보통

고용다양성 검사			
	원점수	T점수	백분위
신체	0	20	0.13
인지	0	20	0.13
자기관리	3	52	57.93
사회관계	4	44	27.43
정서	7	55	69.15
잠재적 유형	학습장애 위험군		
관찰 및 면담 결과	부모 보고	• 처음에 낯가리는 성향이 있음. 사람들이 많은 곳에서 말을 하는 등 나서 는 것을 어려워함. • 친한 사람들과는 활발하게 어울리는 편임.	
	검사자 보고	• 전반적으로 검사에 성실히 임하였음. BLCT 검사는 열심히 했으나 오답률 이 다소 높은 편임. • 고용다양성 검사 초기면접지에서 연기, 제과제빵 등을 배운 경험을 자세 히 적는 것을 보아 스스로에 대해 잘 알고 있고, 직업 관련 경험을 다양하 게 해 온 듯함. • 앞으로의 직업생활과 관련된 사항에서는 다소 비현실적으로 이야기하는 경향이 있었는데, 아직 취업에 대한 현실적인 감각은 부족한 듯함. • 스스로 소심하고 눈치를 많이 보며 낯을 가린다고 생각하고 있음.	
	기타 (의학적 진단 결과 등)	• 아주 어렸을 때 지능검사를 실시한 이후로 추가적으로 참여한 경험 없음. • 특별한 의학적 진단 결과 없음.	

출처: 김동일 외(2022).

(6) 학습곤란

학습곤란 학생은 공간능력과 언어, 수학 능력 간의 큰 차이가 없는 학생들의 집단이다. 이들은 지적장애나 경계선 지능에 해당하지는 않지만 학업적인 지원과 환경 조성이 되지 않아 후천적 결손이 일어난 학생들을 의미한다. 이들은 학습 장면에서 이해력 및 일반화의 어려움을 겪고 있을 확률이 높다. 따라서 학습곤란 집단에게는 환경 개선과 체계적인 지원이 뒤따른다면 학업성취에서도 향상을 보일 것으로 예상된다.

〈표 2-17〉 학습곤란 검사 결과 예시

고등 · 후기 경계선 지능 청소년 검사 결과			
BLCT 기초학습역량검사			
능력 합	T점수	백분위	수준
	47	40	보통
	원점수	T점수	백분위	수준
언어	36	55	70	보통
논리수학	10	38	12	낮음
공간	11	47	39	보통
고용다양성 검사			
	원점수	T점수	백분위
신체	0	20	0.13
인지	1	42	21.19
자기관리	2	48	42.07
사회관계	7	49	46.02
정서	2	42	21.19
잠재적 유형	학습곤란		

관찰 및 면담 결과	부모 보고	• 일상생활을 영위하는 데 전혀 문제가 없으며, 스스로 알아서 잘하는 편임. 예컨대, 병원, 주민센터 등 혼자 가서 업무를 처리하고 옴. 가르쳐주면 큰 실수 없이 일을 잘 해내는 편임. • 학습 장면에서 이해력이 부족하고, 응용하여 문제를 해결하는 데 어려움을 겪음. • 내성적인 성격으로 인간관계의 폭이 넓지는 않지만 학령기부터 한두 명의 또래관계를 형성 및 유지하고 있음. • 또래 아동에 비해 학업성취와 신체기능이 부족하였으나 일상생활에 영향을 미칠 정도는 아님.
	검사자 보고	• 전반적으로 검사에 차분하고 성실하게 참여하였음. • 검사 결과지를 확인한 뒤 검사자에게 추가적인 연락을 하는 등 검사 결과에 대한 관심이 높았고, 기대보다 낮은 결과에 아쉬워하였음. • 대화 시 눈맞춤은 적은 편이나 의사표현을 정확하게 하며 질문 및 지시사항을 잘 파악하였음.
	기타 (의학적 진단 결과 등)	—

출처: 김동일 외(2022).

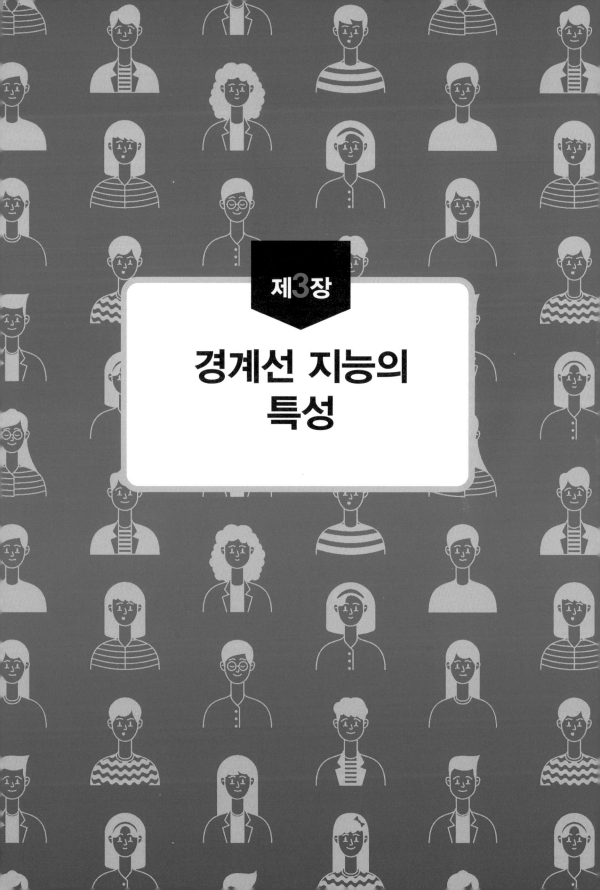

제3장

경계선 지능의 특성

경계선 지능의 특성

1. 영 · 유아기

경계선 지능을 지닌 영·유아는 매우 순하거나 까다로운 기질로 보고된다 (Gabriele et al., 1998). 순한 기질을 보이는 아이는 주변에 무관심하고 감각적으로 둔한 것처럼 보이나, 성장하면서 학업, 대인관계, 사회 적응상의 실패 경험이 쌓이면서 낮은 자존감과 위축, 우울 등의 심리적 어려움을 겪는 경향이 나타나는 것으로 보인다. 반면, 까다로운 기질을 보이는 아이는 주의 집중을 잘 못하고 과잉행동이나 충동적인 성향을 보이는데, 학교 입학 후에 학습뿐만 아니라 감정 및 행동 조절에서 어려움을 겪고 적대적인 행동까지 함께 나타날 수 있다고 보고된다. 이렇듯 발달 초기에 보이는 기질적인 특징은 이후 자라면서 나타나는 행동적 양상과 밀접한 관련이 있는 것을 알 수 있다.

　김동일 등의 연구(2021)에 참여한 경계선 지능 청소년의 부모와 교사, 기관 종사자들이 보고한 바에 따르면 경계선 지능을 지닌 영·유아는 언어, 신체, 인지, 정서 등의 전반적인 영역에서 또래보다 느린 발달을 보이는 것을 알 수 있다. 영·유아 시기의 경계선 지능 특성은 〈표 3-1〉과 같다.

〈표 3-1〉 영 · 유아기 특성

생애주기	영역	특성
영 · 유아기	언어	느린 언어발달
	신체	느린 운동발달, 출산 시 어려움
	인지 · 학습	느린 학습과 행동
	정서 · 행동	불안정한 심리, (ADHD 관련) 주의력 부족 및 산만함, 자조기술 부족
	사회성	또래와 어울리지 못함

출처: 김동일 외(2021).

　미취학 시기의 특성상 부모에 의한 보고가 대부분을 차지하였고, 교사는 경계선 지능 영·유아기의 특성을 잘 알지 못하는 것으로 드러났다. 부모 중에서도 아이가 보이는 느린 특성이 크게 두드러지지 않아 특별하게 인식하지 않고 조금 느린 아이라고 생각하여 어떠한 진단이나 개입 없이 그 시기를 넘어가는 경우도 종종 있었다.

> "영 · 유아기 때는 잘 몰랐어요. 어리니까. 그 차이가 크게 드러나지 않고 '조금 늦게 될 거야.' 이 정도 선에서 생각했어요."(부모)

　그러나 영·유아기에도 경계선 지능으로 인한 특성이 나타났다는 경우가 많았으며, 그중 가장 두드러지게 나타나는 특성은 느린 언어발달로 나타났다. 상당수의 부모가 자녀의 언어 지연과 어휘력 부족을 보고하였다. 이로 인해 자녀의 발달이 느리다는 점을 알아차리거나 정확한 진단을 위하여 기관에 방문하였다는 보고가 다수 나타났다.

> "다른 아이들은 그 시기에 맞는 단어도 나오고 문장도 나오는데, 저희 아이는 거의 엄마, 아빠 정도밖에 하지 못했거든요. 그래서 언어 치료실을 다니면서 좋아지긴 했지만, 지금도 그렇게 유창하지가 않아요. 단순한 어휘만 사용하는 거예요. 열심히 치료를 받긴 했는데 그게 확장되지는 않더라고요."(부모)
>
> "미취학 시기에는 사실 언어 지연이 가장 두드러지게 나타나고, 저희 쪽으로 미취학 아이들이 오게 되는 경로도 영역 발달 검사에서 언어 지연으로 나와서 '초등학교 가기 전에 기관에서 도움을 받을 수 없을까?' 하는 경우에요. 지능검사를 해 보면 거의 다 경계선 지능으로 나오거든요. 그래서 이 친구들 언어 지연, 그리고 학교 가기 전에 학교 준비에 대한 부분들이 되게 커요."(기관)

신체 발달에서는 주로 운동발달이 느리다는 의견이 많았으나 평균적인 발달을 보였다는 의견도 일부 나타났다. 출산 과정에서의 어려움을 언급하는 경우도 있었다.

> "다른 애들에 비해서 뛰는 것도 좀 느리고, 약간 행동적인 면에서 조금 더 느리다고 해야 하나, 그런 느낌을 많이 받았거든요."(부모)

정서 및 행동적인 특성으로는 특정 환경에 대한 심리적 불안감이 높고 사물이나 활동에 오래 집중하지 못하고 산만한 모습을 보이며, 또래에 비해 일상생활에 필요한 자조기술이 덜 갖춰져 있다는 의견 등이 도출되었다.

"낯선 공간에 대한 불안감이 좀 많이 있었던 것 같아요. 아기 때는 소리에 되게 민감했어요. TV 소리는 괜찮았는데, 라디오나 CD플레이어처럼 형체가 없는 거에서 소리가 나면 막 울었어요."(부모)

"제가 조금 다르게 느꼈던 게 집중도가 좀 떨어지는 부분. 처음 느낀 건 6개월 때였는데요. 문화센터에 가서 아기 체육활동을 하는데, 다른 아이들은 음악이 나오고 선생님들이 물방울 같은 것을 보여 주면 집중을 하는데, 우리 아이는 집중력이 떨어지니까 딴짓을 하고 그랬어요."(부모)

"3~4세 때 (어린이집) 다녔는데, 항상 보내오는 사진을 보면 침 잔뜩 흘리고, 뭔가 우리 아이가 치이고 있다는 느낌을 많이 받았어요."(부모)

사회성 측면에서는 유치원이나 어린이집과 같은 기관에 들어갔을 때 특별히 눈에 띄는 점 없이 잘 적응하였다는 의견과 또래들과 잘 어울려 놀지 못하고 겉도는 모습이 보였다는 의견이 동시에 나타났다.

"어린이집을 보냈는데, 애들이랑 역시나 못 어울리는 거에요. 계속 테이블만 훑고 다니는 거예요. 그래서 '자폐인가?' 그런 생각이 들었어요. 아이들 안으로 들어가는 게 아니어서요. 새로운 환경에 적응을 너무 못했어요."(부모)

앞서 살펴보았듯이 경계선 지능을 지닌 영·유아는 전반적인 영역에서 느린 발달을 보이며 유아 관련 기관에 들어가면서 또래와 다른 특성이 드러나는 것을 알 수 있다. 이는 여러 선행연구 결과와 일치하는데, 정희정, 이재연(2005)에 따르면 경계선 지능을 지닌 유아는 의사소통할 때 자신의 의견을 표현하는 데 어려움을 보이고 복잡하고 추상적인 용어를 잘 이해하지 못한다. 또한, 이들은 또래보다 정서적으로 어리고 미성숙하며, 상황을 파악하

고 적절히 대처하는 능력이 부족하다. 이로 인해 때로는 옳지 않은 대우에
도 대항하지 못하고 양보하는 것처럼 보이는 순한 아이로 인식되거나, 자신
의 욕구를 해소하지 못하여 감정적으로 조절이 어렵고 까다로운 아이로 인
식되기도 한다. 보통 유아교육 기관에 입학한 후부터 또래에 비해 미숙한
모습이 보이며 사회성 측면에서 어려움을 겪게 되는데, 결국 단체생활에 적
응하기 어려워지고 원활한 또래관계를 형성하지 못하는 것으로 나타났다.
그 밖에도 박찬선, 장세희(2018)에 의하면 경계선 지능 영·유아는 식사, 위
생, 신변처리 등의 일상생활에 필요한 기술을 습득하는 데 오랜 시간이 걸
리고, 던지고 잡기, 걷기, 뛰기 등의 대근육 운동능력과 단추 채우기나 지퍼
잠그기, 연필이나 가위 등의 도구 사용하기 등의 소근육 운동능력에서 미숙
한 모습을 보이는 것으로 나타났다. 이렇게 더딘 일상생활능력 발달은 경계
선 지능 영·유아의 사회적응을 더욱 어렵게 만드는 요인으로 볼 수 있다.

그러나 경계선 지능의 특성과 양상은 개인마다 매우 편차가 크므로(김동
일 외, 2021; Mardis et al., 2000) 부모 등의 주변인이 조기에 경계선 지능을 인식
하는 일은 쉽지 않다(Karande et al., 2005). 경계선 지능 자녀를 둔 부모의 대부
분은 자녀가 단지 느릴 뿐이므로 점차 나아질 것이라는 낙관적인 생각을 하
지만, 현실은 자녀가 성장할수록 전반적인 영역에서 또래보다 뒤처지는 양
상이 나타나므로 절망하는 경우가 많다(Trimble, 2001). 경계선 지능의 조기
발견은 한 개인의 생애에 걸쳐 심화될 수 있는 위험 요소를 찾고 이에 대한
적절한 대처방안을 모색, 예방할 수 있는 시작점이므로, 영·유아기에 보이
는 특성을 주의 깊게 관찰하고 접근하는 것은 매우 중요한 일일 것이다.

2. 초등학교 시기

초등학교에 입학하면서 미취학 시기와 가장 크게 구별되어 드러나는 점

은 낮은 학업성취와 교우관계 및 학교적응에서의 어려움을 꼽을 수 있다. 먼저, 학령기 경계선 지능 아동의 주된 어려움은 학습문제로, 전반적인 교과목에서 낮은 수행을 보이는 것으로 알려져 있다. 강옥려(2016)에 따르면 이들은 특히 추상적으로 사고하고 체계적으로 이해하는 데 어려움을 겪는데, 자료의 내용이 추상적일수록 이해하는 데 한계가 있어 수학이나 사회 과목 같이 추론적인 수행이 요구될 때 큰 어려움을 겪는다. 따라서 작업기억이 요구되는 사고과정에 따른 과제보다는 물리적으로 조작이 가능한 구체적인 과제가 주어질 때 더 잘 수행하는 것으로 보인다. 또한, 경계선 지능 아동은 새롭게 배운 내용을 이전에 익힌 내용과 연계하여 이해하고 기억하는 데 어려움을 보이고(Verguts & Deboeck, 2001), 수동적으로 기억할 뿐 학습한 개념을 유연하게 응용하거나 일반화하지 못한다(정희정, 이재연, 2005; Cooter & Cooter, 2004). 만약 교사가 학생들이 자동으로 기존 정보와 새로운 정보를 통합하여 다른 학습 또는 상황에 적용할 수 있을 것이라 여기고 지도하면 경계선 지능을 지닌 아동은 학교 학습을 따라가기 힘들 수밖에 없다.

　이러한 낮은 상위인지기능과 함께 경계선 지능 아동은 주의집중능력 및 기억력 부족의 문제도 지닌다. 이들은 주의집중하는 지속시간이 짧고 집중의 강도도 약하며, 다른 자극에 쉽게 주의를 빼앗기는 양상을 보인다(Shaw, 2010). 따라서 강의식 수업일 경우, 지속적인 주의를 기울이기 어렵고, 멍하게 있거나 수업과 관련 없는 행동을 하기 쉽다. 또한, 경계선 지능 아동은 기억력에서도 결함을 보이는데, 기억할 수 있는 용량도 적은 편이고 정보를 저장하거나 인출할 때 효과적인 기억 전략을 사용하지 못한다(박찬선, 장세희, 2018). 학습할 때도 주로 기계적인 암기가 이루어지기 때문에 쉽게 잊어버리게 되고, 결국 기본적으로 갖추어야 할 배경지식이 부족하여 다른 학습상황에 적용하지 못하는 악순환으로 이어진다(박현숙, 2018).

　앞서 언급한 인지적 어려움은 언어능력에도 영향을 미치게 되는데, 경계선 지능 아동의 미흡한 주의력과 기억력은 성장하면서 자연스럽게 접하게

되는 수많은 어휘 습득의 과정을 어렵게 만든다(박찬선, 장세희, 2018). 어휘력
은 사고하는 과정과 밀접한 관계로 발달하기 때문에(유승미, 2015) 낮은 어휘
력은 곧 경험한 것을 이해하고 정보를 받아들이며 처리하는 과정이 더디거
나 부족하다는 것을 의미한다. 또한, 이들은 표현언어와 수용언어, 내적언
어 모두 발달이 미숙하여 다른 사람과의 소통에서 어려움을 겪게 된다(박현
숙, 2018). 상황에 적절한 단어를 찾아 사용하고 상대방의 말을 이해하는 데
어려움을 보이는데, 이러한 미숙함으로 인해 의사소통에서 위축되는 경향
이 있어 더더욱 자기 의견을 분명하게 표현하기 힘들다(강옥려, 2016).

한편, 앞서 언급한 인지, 언어능력의 부족과 여기에 뒤따르는 낮은 학업
성취는 경계선 지능 아동의 정서 발달에도 영향을 미쳐 결국 심리적 불안정
과 학교 적응상의 어려움을 가져오게 된다. 이들은 초등학교에 입학할 때만
해도 특별히 학습 동기가 낮다고 보이지 않으나(Hihi & Harachiewicz, 2000), 노
력해도 반복되는 학업 실패로 인해 우울 및 불안 등의 심리적 불안정을 겪
게 되고, 점차 학년이 올라갈수록 좌절감과 열등감, 무능력감을 느껴 더 이
상의 시도를 하지 않는 학습된 무기력으로 이어질 수 있다(강옥려, 2016; 정희
정, 이재연, 2005). 따라서 경계선 지능 아동의 학업적 실패 경험은 부차적으로
정서, 행동 문제를 일으키는 원인 중 하나로 볼 수 있다(정희정, 2006).

더욱이 경계선 지능 아동의 인지적 어려움은 미성숙한 사회성 발달로 연
결되고(박현숙, 2018) 또래들과 잘 어울리지 못하고 소외당하는 경우가 많아
정서적으로 더욱 위축되는 경향을 보인다(Kavale & Forness, 1996). 앞서 다뤘
듯이 이들은 언어표현력이 부족하여 자기 생각을 조리 있게 전달하지 못하
고, 친구들이 하는 말과 행동의 의도를 정확히 파악하지 못한다. 이 때문에
상황에 적절하지 않은 말과 행동을 보일 수 있는데, 특히 집단 내 여러 사람
사이의 분위기나 상황을 파악하는 데 어려움이 있어 '눈치가 없다'는 인상을
주게 된다(박찬선, 장세희, 2018). 이들은 또래와 관계를 맺는 것뿐만 아니라 관
계를 유지하는 사회적 기술이 미흡하여 배척당하기 쉬운데(Gabriele et al.,

1998), 심하면 '왕따'를 당하거나 학교폭력에 노출되는 위험에 노출되어 우울, 불안 등의 심리적 불안정을 겪을 수 있다(김동일 외, 2021; 박현숙, 2018).

그 밖에도 경계선 지능 아동은 운동·감각 능력을 요하는 활동에서 서툰 모습을 보이고, 입학 후 학교적응에 필요한 기본적인 기술을 익히는 데 미숙한 양상을 보인다. 박찬선, 장세희(2018)에 의하면 이들은 수업에 필요한 준비물 챙기기, 자리에 앉기, 교사의 지시 따르기 등이 원활하게 이루어지지 않고, 가위 사용하기나 색칠하기 등의 정교한 활동에 능숙하지 않다. 또한, 경계선 지능 아동 중 운동능력의 발달이 더딘 경우가 많은데(변우식, 2015), 줄넘기, 달리기 등의 체육활동에서 또래아동에 비해 낮은 수행을 보여 점차 신체활동을 피하려 하고 소극적인 태도를 보이는 것으로 나타났다(신남철, 박정화, 2005).

선행연구에서 보고한 경계선 지능 아동의 특성은 서울시 경계선 지능 청소년 실태조사 및 지원방안 연구(김동일 외, 2021)에도 나타난다. 경계선 지능 청소년의 부모, 교사, 관련 기관 종사자를 대상으로 한 면담에서 도출된 초등학교 시기의 경계선 지능 아동의 특성은 〈표 3-2〉와 같다.

〈표 3-2〉 초등학교 시기 특성

생애주기	영역	특성
초등학생 시기	인지·학습	국어/언어영역에서의 어려움, 수학 연산 및 문장제 문제를 어려워함, 집중력 부족, 낮은 기억력, 학년이 오를수록 어려움이 심화될 것으로 예상됨, 반복된 실패 경험으로 인한 학습된 무기력
	신체	대근육, 소근육 발달 지연
	정서·행동	감정 조절의 어려움, 상황인지능력 부족, 사춘기 및 자신의 어려움을 인식하면서 정신적 고민이 많아짐
	사회성	또래관계 맺기의 어려움, 사회성 기술 부족
	학교적응	담임교사 역할의 중요성

출처: 김동일 외(2021).

경계선 지능 아동은 학령기가 되면서 학교에서 이루어지는 전반적인 교과 학습에서 어려움을 보이는 것으로 나타났다. 특히 국어와 같은 언어영역에서 낮은 성취를 보인다는 의견이 가장 많았는데, 초기문해부터 추론적 이해까지 어려움을 나타내는 수준이 다양하게 나타났다. 또한, 수학 과목에서도 연산 과정이 복잡해지거나 문장제 문제일 때 잘 수행하지 못한다는 의견이 다수 나타났다. 이러한 어려움은 독해 능력의 부족에서 연결되는 경우도 있었다.

> "이제 3, 4학년 되면서 읽기는 하는데 이해가 안 되는 거죠. 내용이 이해가 안 가고 딱 보이는 것만 이해를 하더라고요."(부모)
>
> "초등 저학년의 경우에는 한글학습이 부족해서 발견되는 경우가 많아요"(기관)
>
> "서술형은 더더욱 어려워서 아예 안 보려고 하는 것 같아요. 단답형 곱셈, 나눗셈 이런 건 할 수 있는데, (서술형은) 이해를 잘 못하는 것 같아요. 그래서 옛날에는 수학이 문제인 줄 알았는데 지금 보면 국어가 문제인 같아요."(부모)

연구에 참여한 일부 학부모의 경우, 자녀가 저학년까지는 사교육 등의 추가적인 개입으로 학습에서의 어려움을 어느 정도 보완할 수 있었다고 하였으나, 학년이 올라가면서 점차 심화되는 교과 내용을 따라가기 어렵다고 보고하였다.

> "저학년까지는 학습이 쉬워서 낮은 단계였으니까. 따라간 것 같은데. 고학년 올라가면 어려워지잖아요. 그래서 학습을 못 따라갈 게 걱정이 되고. 초등학교 때까지는 그래도 어떻게 다닐 것 같은데 중학교는 정말 걱정이 돼요. 그래서 중학교를 일반학교로 가면 애가 너무 힘들지 않을까? 걱정하고 있어요."(부모)

이러한 어려움이 누적되면 실패가 반복되는 것으로 여겨져 학습된 무기력이 나타나는 경우도 종종 드러났다. 그 밖에도 집중력 부족과 낮은 기억력이 공통적인 인지적, 학습적인 어려움으로 언급되었는데, 주의집중 문제로 ADHD 또는 ADD가 의심되거나 이미 진단을 받아 약을 복용하고 있다는 경우가 상당수 발견되었다.

"학년이 올라갈수록 이미 많은 실패 경험을 했거니와 스스로 자기가 잘 못한다는 것을 이미 알고 있는 경우가 많아요. 그래서 학년이 올라갈수록 그렇게 열심히 하지 않아요. 고학년이 되면 많은 실패의 경험과 다른 친구들의 조롱, 그런 여러 경험이 누적돼서 노력하지 않아요."(교사)

"집중력이 떨어져서 2학년 때부터 ADHD약을 먹이고 있어요."(부모)

"주의집중이 잘 안 되다 보니 기초적인 학습 태도, 이런 부분도 좀 어려웠던 것 같아요."(교사)

"초등학교 1학년 때부터 셈이 너무 안 되는 거예요. 한글 떼는 거에 비해서. 단기기억은 좋은데. 작업기억이라는 부분에서 너무 어려워하고. 애한테는 수학이 너무 추상적인거에요."(부모)

정서·행동 측면에서 살펴보면 부정적인 감정을 잘 조절하지 못하는 경우가 언급되었고, 사춘기와 겹쳐 자기 인식을 하기 시작하며 정신적으로 힘들어하는 경우도 나타났다.

"어렸을 때는 정말 순둥이 소리를 듣고 살았는데 지금은 약간 분노? 감정 조절을 좀 못해요. 특히 분노."(부모)

"감정에 대한 인식 부족이 누적되어 있다가 고학년 정도 됐을 때 감정처리가 안

되어서, 특히 남아의 같은 경우 보호자들이 "갑자기 얘가 분노 폭발을 해요."라며 저희 쪽에 도움을 요청하시는 경우들이 있는데, 그게 절대 갑자기 생긴 문제는 아니라고 생각해요. 이미 저학년 시기부터 감정에 대한 인식이 부족했던 부분들이 있는데, 지원이 이루어지지 않아서 부정적인 감정들이 쌓인 경우가 많습니다."(기관)

"자기한테 나타나는 상태가 있으니까 자신에 대해서 의문을 가지고, '나는 뭐지? 왜지? 나는 자폐인가? 뭔가?' 이렇게 생각하면서 마음이 더 힘들어지더라고요."(부모)

사회성 측면에서는 상대방의 의도나 상황을 잘 파악하지 못하는 점과 사회성 부족으로 또래와 어울리지 못하는 점이 가장 빈번하게 언급되었다. 사회적 관계 맺기에 필요한 기술이 부족하여 또래 사이에서 소외되고 최악의 경우 학교폭력이나 성 문제에 노출될 위험성도 함께 제기되었다. 이러한 사회성 및 대인관계에서의 어려움이 경계선 지능 아동을 정서적으로 더욱 힘든 상황에 놓이게 하는 것으로 드러났다.

"의도 파악이 힘들었어요. 자기를 놀린다고 생각을 했어요. 친구들은 장난이라고 계속 얘가 좋아하나 보다 하고 그런 장난을 했고, 얘는 그게 진짜 웃는 게 아니었고, 자기는 굉장히 속으로는 불쾌한데 밖으로 어떻게 표현을 해야 할지 몰라서 겉으로만 가짜 웃음을 짓고 있었던 거죠."(부모)

"자기는 친구들이랑 잘 지내고 싶은데 같이 하는 놀이의 규칙을 이해하지 못하니까 잘 못 끼고, 다른 친구들도 이 친구랑 하면 계속 양보를 해야 한다는 걸 알고 있기 때문에 이 친구를 자꾸 피하게 됐어요."(교사)

"사회성이 좀 많이 부족해서 또래와의 관계가 너무 힘들었어요. 또래 아이들도 잘 이해하지 못 했고, 많이 배척하고, 욕하는 애도 있고, 때리는 애도 있고, 따돌리는 애들도 있었어요. 그래서 트라우마 때문에 또래를 보면 애가 욱해서 어려워요."
(부모)

"친구들에게 관심은 많은데 기술이 부족해서 그런 것 같아요. 이 아이들은 일반
화가 어렵기 때문에 다른 사람들이 그 부분을 좀 악용해서 폭력 문제라든지 성 관
련한 문제 같은 부분에 쉽게 노출되지 않을까 하는 생각이 듭니다."(교사)

신체적인 측면에서도 경계선 지능 아동은 대근육 및 소근육 기능 발달이
다소 느리다는 언급도 있다. 이로 인해 수업에서 이루어지는 다양한 활동에
서 낮은 수행을 보이며 또래들과 구분되고 아동 스스로 위축되는 경험이 되
는 것으로 나타났다.

"손가락 운동, 우리 모든 게 다 손가락을 쓰는 거잖아요. 초등학교 1학년 때 종이
접기에서부터 막혀서 어려워했어요."(부모)

"이 친구들이 사실 대근육 발달, 소근육 발달도 좀 늦거든요. 줄넘기 같은 거 잘
못하고, 대체적으로 그래요. 저도 희한하다고 느끼는데, 운동신경이 떨어지는 경우
가 많아요. 제가 가르쳤던 경계선 아이들은 대부분 운동신경이 다소 떨어졌어요.
왜 그런지는 잘 모르겠는데 협응이 잘 안 되는 경우가 많아요. 종이접기도 반듯하
게 못 접고 숟가락질, 젓가락질도……. 많이 흘리면서 먹어요."(교사)

"초등 같은 경우에는 확실히 협응력이 많이 부족해서 저희 기관은 체육 놀이나
놀이 활동에 많이 배정을 하고요."(기관)

그 밖에도 경계선 지능 아동은 인지적 특성에 따른 학습, 정서·행동, 사
회성 측면의 문제로 인해 학교적응에서 어려움이 있으나 담임교사 역할에
따라 그 정도에 차이가 있다는 점이 언급되었다. 이에 연구에 참여한 교사

들은 교사 양성 과정이나 교사 연수를 통해 경계선 지능에 관하여 접한 적
이 없었기 때문에, 상당수의 교사가 경계선 지능의 개념과 특성, 지원 방향
을 잘 알지 못한다고 덧붙였다.

> "어떤 담임선생님을 만나느냐에 따라서 힘든 1년이 될 수 있고, 힘들기는 하지만
> 그래도 이느 정도 지나갈 수 있는 한 해가 될 수 있고, 그 차이가 좀 심한 아이들인
> 것 같아요. 어떤 선생님을 만나느냐, 대처를 어떻게 해 주느냐에 따라서."(부모)
>
> "지능이 낮을 때 학습적인 부분이 문제가 되기보다, 제가 봤을 때 제일 큰 문제
> 는 학교폭력이더라고요. 그래서 담임교사도 그 부분에 집중하는 경우가 있고. 근데
> 저도 교사지만 일반교사들이 경계선 지능에 대한 이해도가 높지 않아요."(교사)

3. 중 · 고등학교 시기

경계선 지능 청소년이 중·고등학교 시기에 들어서면 초등학교에서 겪은
어려움이 더욱 심각한 양상으로 발전되어 나타난다. 이 시기는 정신, 신체,
학습, 대인관계, 학교적응 등 전반적인 영역의 변화가 큰 시기인데, 경계선
지능 청소년은 이러한 변화에 상당히 취약한 것으로 나타났다(Masi et al.,
1998). 여전히 주의력 결핍과 기억력 부진, 전략적 사고의 어려움 등의 인지
적인 제한이 따르고, 또래관계 및 학교생활에서의 부적응 문제와 정서적 불
안정이 더욱 심해지는 시기인 것으로 보인다(이재경, 2018). 이로 인해 학업을
포기하거나 비행 행동을 보일 위험에 노출되기 쉬운 것으로 나타났다
(Karande et al., 200).

구체적으로 살펴보면, 학년이 올라갈수록 학교에서 소화해야 할 교과 내
용이 전보다 훨씬 어렵고 복잡해지므로 경계선 지능 학생과 평균적인 학생

집단 간 학업성취 격차는 더욱 커질 수밖에 없다(강옥려, 2016; 김근하, 2007). 정희정, 이재연(2005)에 의하면 경계선 지능 청소년은 주로 일반학교에 다니면서 학년 수준의 학습을 따라가지 못하고 학업 실패가 누적되어 학습된 무기력과 열등감, 낮은 자아존중감을 겪게 된다, 이때 이들에 대한 이해가 부족한 부모와 교사는 어려움의 원인을 능력이 아닌 태도에서 찾으며 자녀 또는 학생에게 과도한 학습을 시키거나 감정적으로 대하는 경우가 많아 갈등을 빚는 요소로 작용하는 것으로 나타났다. 이 경우, 주변인들과의 갈등은 사춘기를 지나는 경계선 지능 청소년의 어려움을 더욱 가중할 것으로 예상된다.

중·고등학교 시기에 가장 크게 드러나는 경계선 지능 청소년의 문제는 사회성이다(김태은, 2016). 이들이 지닌 제한적인 인지기능은 결국 사회 부적응으로 이어지는 악순환을 보인다. 주의력 및 기억력 결핍은 주변 정보를 받아들이고 어휘를 습득하는 데 걸림돌로 작용하므로 자신의 의견을 표현하거나 또래와 의사소통하는 데 어려움을 보이는데(김태은, 2016), 무엇을 말해야 할지, 어떻게 전달해야 할지 잘 알지 못하는 것으로 나타났다(김성길, 김채안, 2016). 또한, 유연하지 못한 사고과정으로 인해 종합적인 상황 파악이 어렵고 적절한 대처 행동을 보이지 못하여 점차 주변인들과 원활한 상호작용을 하기 어려워진다(정희정, 이재연, 2005). 이는 박현숙(2018)의 연구에서도 찾아볼 수 있는데, 경계선 지능 청소년은 또래에게 다가가기 어렵거나 지속적인 관계를 맺지 못하여 소외되는 경우가 많고, 때로는 관계에 집착하는 것으로 나타났다. 이로 인해 대인관계에서의 무력감과 외로움을 느끼게 되는데, 스스로 고립되기를 선택하거나 심하면 왕따나 학교폭력에 노출될 위험성이 높은 것으로 나타났다. 이처럼 청소년기에는 또래들과 생활하며 자신의 감정과 욕구를 조절해 가는 방법을 배워야 함에도 오히려 관계가 악화되는 상황을 겪게 된다(최윤미, 2016).

앞서 언급한 학업적 실패의 누적과 또래관계 및 학교적응상의 어려움은 경계선 지능 청소년에게 심각한 정신적 고통을 야기한다. 우울/불안과 같은 정신병리적 문제로 이어질 수 있으며, 경계선 지능 청소년 집단이 일반 청소년 집단보다 자살을 시도하는 비율이 훨씬 높다는 연구 결과도 보고되었다(Hassiotis et al., 2011). 이처럼 청소년기에 겪는 다양한 문제로 인해 부정적인 자아개념과 낮은 수준의 자아존중감을 지니게 되는데(박찬선, 장세희, 2015), 앞으로 다가올 미래를 받아들이는 데 갖추어야 할 자신감에 부정적인 영향을 미친다(이재경, 2018). 실제로 사회성 부족과 정서적 불안정은 성인이 되어 사회에 진출하고 적응하는 데 장애 요소로 작용할 수 있다(이바름, 2019).

한편, 김동일 외(2021)의 연구에서 제시하는 중·고등학교 시기 경계선 지능 청소년의 특성 역시 앞서 살펴본 선행연구 결과와 맥락이 일치한다. 연구 참여자들이 언급한 중·고등학교 시기 경계선 지능 청소년의 특성은 〈표 3-3〉과 같다.

〈표 3-3〉 중 · 고등학교 시기 특성

생애주기	영역	특성
중 · 고등학생 시기	인지 · 학습	국어/언어영역에서의 어려움, 일반화의 어려움, 대안학교가 학력 인정이 안 되는 경우 검정고시/온라인 학습을 함
	정서 · 행동	상황인지능력 부족, 정서적 불안정
	사회성	또래관계 맺기의 어려움
	학교적응	학교 부적응
	전환	졸업 이후 갈 곳이 없음, 복지카드가 없어 지원받는 부분이 없음

출처: 김동일 외(2021).

먼저, 인지·학습 측면의 경우, 경계선 지능 청소년은 초등학교 때부터 보인 전반적인 영역에서의 학습문제가 이어지는 가운데 특히 언어영역에서의 한계가 많이 언급되었다. 특히, 구두 표현의 어려움이 가장 많이 도출되었고, 이해 부족 문제도 함께 언급되었다.

> "언어에서 이해는 하는데 표현을……. 단어로 말하거나, 단답형으로 말하는거죠. 아니면 뭔가를 빼먹는? 주어를 빼먹고 얘기한다던가"(부모)

> "무슨 말을 하는지 말귀를 못 알아듣는다는 거죠. 아니면 내용상에서의 핵심 질문이나, 핵심적이지 않더라도 스토리 자체도 이해하지 못하는 경우도 많고요."(기관)

학교 부적응으로 인해 대안학교로 전학을 가는 사례도 종종 있었는데, 해당 대안학교가 학력 인정이 안 되는 경우 검정고시를 준비해야 하는 이중적인 어려움도 보고되었다. 동시에 검정고시를 준비하는 과정에서 성취감을 느끼고 자존감을 회복하는 경험을 할 수 있다는 긍정적인 측면도 언급되었다.

> "검정고시는 초등학교 6학년 생일 지나야 볼 수 있더라고요. 그때부터 시작해서……. 도덕 하나가 우연찮게 통과가 됐어요. 그러면서 아이도 거기에 대한 성취감이 되게 컸던 것 같아요. 오히려 검정고시 기준으로 공부를 가르치다 보니까 저도 쉽게 가르치고 아이도 엄마랑 공부하는 게 괴롭지 않고……. 그러면서 조금 변화가 있었던 것 같아요."(부모)

무엇보다 중·고등학교 시기에 가장 심각하게 드러나는 부분은 사회성 및 정서·행동 측면이었는데, 그중에서도 또래관계에서의 어려움이 가장 큰 문제로 대두되었다. 고학년이 될수록 또래와의 거리가 더욱 멀어지고 관심을 공유하기 힘들어지는데, 저학년 시기와 비교하여 교우관계에 대한 교사나 부모의 개입이 더 어렵다는 의견이 많았다. 심한 경우, 왕따 문제나 학교폭력에 노출될 확률이 높아 사회적응이나 정서적으로 더욱 악화되는 것으로 나타났다.

> "중학교 가니까 그때부터……. 전에는 아이들도 잘해 줬는데 이제 관심거리가 완전히 달라지니까. 고등학생 돼서는 거의 대화도 안 하고 만나도 어색한 거예요." (부모)
>
> "경계선 지능 학생들이 교우관계에서 가장 크게 어려움을 겪는다고 생각해요. 경계선에 있는 친구들은 학습에 관계적인 게 같이 어우러지기 때문에 어느 것부터 손을 대야 할지 모르겠어요."(교사)
>
> "초등학교 고학년부터 중등으로 넘어갔을 때, 특히 남자애들 같은 경우는 성적인 부분에 이용당하는 양상이 많이 보였어요. 또래관계가 어렵기 때문에 친구가 많지 않고 다른 아이들도 '애가 뭔가 부족하구나.'라는 인식을 해서 애를 이용하더라고요. 그런데 경계선 지능인 아이는 그건 싫지만 친구랑 같이 있으려고 계속 시키는 대로 하는 거예요. 그것들이 계속 중학교 때까지 반복됐던 거 같아요."(기관)

또한, 경계선 지능 청소년의 사회성 측면에서 가장 많이 언급된 부분은 상황과 분위기를 잘 파악하지 못하여 적절치 않은 행동을 보인다는 의견이었다. 이로 인해 '눈치가 없다'는 표현이 자주 등장하였는데, 이는 또래 사이에서의 소외나 사회부적응으로 이어지고 결국 큰 좌절감을 겪게 된다고 언급되었다.

> "중학생 정도 되면 아이들이 어느 정도 눈치가 생기기 시작하고 또래 관계에 더 집중을 많이 하거든요. 교사와의, 어른과의 관계보다는, 다른 아이들이 나를 어떻게 볼지에 굉장히 더 신경을 쓰는 경우가 많은데 그렇지 않은 경향을 보이고요. 특히 대부분 또래 관계 소통에 많은 어려움을 겪는 친구였던 것 같아요."(교사)

> "요즘 특성화 고등학교에서는 아이들이 실제 사업장으로 많이 실습을 나가더라
> 고요. 근데 그곳을 다녀오고 나서 아이가 굉장히 절망감을 많이 느끼는 거예요. 직
> 장 안에서의 상호작용 방식과 같은 것들은 절대 친절하게 이야기해 주지 않고 눈
> 치로 익혀야 하는 부분인데, 우리 아이들은 그런 눈치나 적응이 굉장히 어렵고, 그
> 런 부분 때문에 큰 절망감, 좌절감을 호소하고 있어요."(기관)

또래관계, 학교적응에서 겪는 문제는 정서적 불안정을 심화시키고, 이는
사춘기 시기와 맞물려 다양한 형태로 드러나는 것으로 보인다. 경계선 지능
청소년들은 분노감을 공격적인 행동으로 표출하거나, 불안 또는 위축, 회피
등 겉으로 잘 드러나지 않는 심리적 어려움을 겪는 것으로 나타났다.

> "화가 나면……. 제가 얼마 전에도 혼냈는데 뭘 좀 부숴야 한대요. 순간 화가 나
> 면 자기도 모르게 자꾸 그런다고……."(부모)
>
> "다른 아이들에 비해서 상당히 위축되어 있고, 뭔가 불안해하고 그런 경우가 많
> 았어요."(기관)

앞서 살펴본 학습 및 또래관계 문제, 정서적 어려움은 학교에서의 적응
또한 매우 어렵게 만든다. 학년이 올라갈수록 점차 교과학습을 따라가기 힘
들어 결국 포기하게 되고, 또래관계 문제(소외, 왕따, 학교폭력 등)에서 오는 상
처로 심리적으로 위축되어 학교생활에 더욱 적응하지 못하는 경우가 다반
사인 것으로 나타났다. 그러나 교사 개인이 지원할 수 있는 범위는 한계가
있다고 언급되는 것으로 보아 경계선 지능 청소년의 학교적응은 접근이 매
우 어려운 문제라고 볼 수 있다.

"초등학교는 선생님이 지원해 주고 이야기해 주고 하는 부분이 조금 영향력이 있다고 하지만, 중학교, 고등학교는 조금 어렵지 않을까 싶어요."(교사)

"고등학생 같은 경우는 아이들이 학업, 학력이 확 떨어지고 학교 공부에 흥미를 너무 많이 잃기 때문에 학교를 그만두거나 아니면 그냥 고등학교를 졸업하는 정도, 이렇게 가는 거 같아요"(기관)

진로, 전환에 대한 고민도 상당수 도출되었는데, 경계선 지능 청소년을 자녀로 둔 부모뿐만 아니라 교사, 기관 전문가 모두 고등학교 졸업 이후 대학교 진학이나 취업 모두 어려운 실정을 토로하였다. 가장 많이 언급되는 이유는 비장애인과의 경쟁에서는 뒤처질 수밖에 없는 상황에서 장애인으로 분류된 것은 아니므로 국가나 지역으로부터 지원받을 수 있는 부분이 전무하다는 점이었다. 이러한 점 때문에 장애 등록을 고민하는 부모가 많은 것으로 나타났다.

"성인기에 이르면 이들은 갈 데가 없어요. 장애인은 아니고, 일반 학생들과는 경쟁이 안 되잖아요. 갈 데가 없는 거예요. 대학도 마찬가지고, 장애 등급을 받는 애들하고 차이가 크지도 않거든요."(부모)

"경계선이라 등급을 받을 수 없어서 갈 곳이 없어요. 하지만 우리 아이하고 같이 (경계선 대안학교) 다녔던 애들은 대부분 장애등급을 갖고 있는 애들이 많아서 취업을 다 시켜 주거든요. 그래서 고3 때 '장애 등급을 원한 게 아닌데 이제는 그걸 억지로라도 받았어야 했나?' 하는 고민을 많이 했어요."(부모)

"3학년이 되면서 진로문제 때문에……. 전공과 진학이나 취업, 현장실습 이런 것도 다 복지카드가 있어야만 참여할 수 있는 사업들인데, 이 학생이 계속 제외되다 보니까 점점 자존감도 낮아지고 학교 다닐 의욕도 낮아지고."(교사)

4. 성인기

경계선 지능 청소년이 성인기에 이르면 학령기에 겪은 다양한 문제가 심화되거나 어떤 부분에서는 새로운 양상으로 발전하고, 때로는 예상치 못했던 문제 상황에 놓일 수도 있다. 맞춤형 교육의 미비와 대인관계의 어려움, 낮은 자존감 등은 성장과 자립에 부정적인 영향을 미친다(주은미, 2017). 그러나 경계선 지능을 지닌 이들은 비장애인과 장애인의 경계에서 어떠한 지원을 받지 못하고 비장애인보다 더욱 복합적인 문제에 놓이는 것으로 알려졌다(진현정, 2016).

박찬선, 장세희(2018)에 의하면 경계선 지능 청소년이 성인이 되어 부딪히는 가장 큰 문제는 직업과 사회 부적응이다. 학령기에 거듭되는 학업 실패로 중도에 학교를 그만두거나 대학에 진학하기 어렵고, 직업 교육의 기회도 얻지 못하는 경우가 많다. 이는 생계를 위한 취업을 하기 어렵게 하여 경제적으로 어려운 상황에 놓이는데, 직장생활을 하더라도 일반 성인과 비교하여 소득수준이 낮은 것으로 나타났다(Peltopuro et al., 2014). 또한, 타인과 소통할 기회가 적기 때문에 감정적으로 불안정한 상태가 되기 쉬우며, 스트레스 조절이 어려운 수준일 경우 나타날 수 있는 문제행동은 범죄로 이어질 수 있다고 보고된다(Dekker & Koot, 2003).

이렇듯 경계선 지능은 사회적 문제로 이어질 수 있다. 인지적 제한은 알코올 남용이나 흡연과 같이 건강에 해로운 행동과 연관이 있다고 보고되었고(Weiser et al., 2010), 폭력 및 범죄와 연결될 가능성도 제기되었다(Hassiotis et al., 2011; Husemann et al., 2002). 특히 우리나라는 남자인 경우, 군대 문제가 성인기의 가장 큰 고민거리로 부각되는데, 2014년도에 EBS에서 보도한 바에 따르면, 경계선 지능을 지닌 남성의 대부분이 군 생활에 적응하지 못하고 관심병사로 분류되는 것으로 나타났다. 만약 사회복무요원으로 배치된다 하더라도 업무를 잘 수행하지 못하고 대인관계에 서툰 모습이 드러나면서 집단 내에서 배척당하거나 가혹 행위를 겪을 위험성이 높은 것으로 나타났다. 이로 인해 경계선 지능 남자 자녀를 둔 부모의 대다수가 군대와 관련한 위험으로부터 자녀를 보호하고자 장애 등록을 고민하는 것으로 나타났다.

이와 같은 측면은 김동일 등(2021)의 연구에서도 그대로 드러난다. 서울시 경계선 지능 청소년 실태 및 지원방안 연구에 참여한 부모, 교사, 기관 전문가들이 언급한 성인기 경계선 지능 청소년의 특성은 〈표 3-4〉와 같다.

〈표 3-4〉 성인기 특성

생애주기	영역	특성
성인기	신체	기초체력 부족
	인지 · 학습	여전히 느린 학습
	정서 · 행동	여전히 느린 행동, 정서적 불안정
	사회성	대인관계 맺기 및 유지의 어려움
	학교적응	대학생활 적응상의 어려움
	취업 · 자립	자립능력의 다양함(부모에 의존하는 생활, 자립 준비, 직업적 강점 등), 복지카드가 없어 참여하는 곳이나 지원받는 부분이 없음

출처: 김동일 외(2021).

이 연구에서는 경계선 지능 청소년의 성인기에 나타나는 신체적 특징을 보고하였는데, 운동신경이 부족하고 기초체력이 충분하지 않다는 의견이 나타났다. 한 관련 기관 종사자는 경계선 지능 청년이 체력이 약한 이유로 평소 생활 습관을 꼽기도 하였다.

> "운동신경이 없어요. 그래서 정말 많이 고민했어요. 전공이나 졸업 후에 어떻게 하나 해서."(부모)

"경계선 청년들의 특징은 체력이 매우 약하다는 것입니다. 그래서 저희도 '체력 증진 코스를 진행해 볼까?' 싶을 정도로 체력이 약한 분들이 많았어요. 아마 생활 패턴이 많이 무너져 있어서 그렇지 않을까? 하는 생각은 들어요. 딱히 어디를 나가서 뭘 하거나 어울리거나 규칙적으로 뭔가 할 수 있는 게 없으니까 집에서 누워 있거나 핸드폰을 본다거나 계속 집에만 있다 보니 체력이 좀 부족해지지 않았나 추측해 봅니다."(기관)

인지·학습적인 측면에서는 대학교에 진학한 사례가 언급되며 학교적응이 어렵다는 의견이 도출되었다. 대학에서 배우는 학습 내용을 바로 받아들이지 못하는 어려움을 겪는데, 대인관계에서의 미숙함으로 인해 다른 사람에게 도움을 요청하지 못하거나 조별 과제 시 적절한 역할을 수행하지 못하는 등의 문제가 겹치면서 학교적응이 더욱 어려운 것으로 나타났다. 학령기에 이어 대학교에서도 왕따나 괴롭힘의 문제가 불거지는 것으로 드러났다.

"중·고등학교에서 교과학습은 시간이 지나면서 어느 정도 성취했는데, 대학교에 가서 학과 공부를 못 따라가더라고요. 그래서 경계선 지능 친구 중에 4년제 대학교에 간 경우는 없었고요. 2년제 대학교에 진학한 친구들이 몇 명 있었는데. 1학기 한두 달쯤 지나고 나면 "수행평가가 있는데 어떻게 해야 할지 잘 모르겠어요." 이렇게 전화가 와요. 저희가 계속 도와주는데, 문제는 1학기를 넘기지 못하고 학교를 그만두겠다는 고민을 많이 토로하더라고요."(기관)

"대학생인 경우에도 학교적응에 어려움이 있습니다. 학과 공부를 못 따라가거나 과제 수행을 못해서, 심지어 대학에서도 왕따나 괴롭힘의 경험들 때문에 포기하는 경우도 많아서 그 시기에도 여전히 또래 관계가 문제가 됩니다."(기관)

이와 함께 사회성 측면에서는 더욱 큰 어려움에 봉착하는 것으로 드러났

는데, 대인관계를 맺는 것뿐만 아니라 유지하는 것도 힘들다는 의견이 많았
다. 또래와 다르다는 이유로 이상한 시선을 받거나 소외당하고, 소통의 문
제를 겪게 된다. 성인기에는 특히 집단이나 조직생활에 적응하지 못하는 문
제가 불거지고 이성과의 관계에서 서툰 모습이 드러나며 더욱 좌절하는 경
험을 하게 되는 것으로 나타났다.

> "아무 데도 못 끼어요. 속으로 위축되고 움츠러드니까 자신감이 없어지고 자존
> 감이 없어지고 사회에 들어가지를 못해요. 이제 누가 뭐라고 할까 봐. 그리고 "쟤
> 왜 저래?" 하는 한마디에 무너지는 거예요. '난 어떻게 하면 되지, 난 뭐가 잘못이
> 지?'라고 자기 잘못을 찾기 시작하는 거예요. 그래서 지금 사회생활을 못하고 있는
> 데……."(부모)
>
> "(성인기에는) 각 분야에서 조금 더 심층적인 문제들이 나올 것 같아요. 소통, 또
> 래 친구들이나 집단생활, 조직에 소속되는 어려움, 그런 것들이 가장 큰 문제가 될
> 것 같고요. 그것들이 계속 누적이 된다면 사회적으로 소외될 가능성이 매우 커지
> 지 않을까 생각합니다."(교사)
>
> "성인이 되어서도 계속 얘기해요. 그때는 또래 관계보다는 이성 친구의 문제가
> 됩니다. 연인이 생기지 않는 그런 문제로 인해 굉장히 좌절하게 되는 경우가 있습
> 니다."(기관)

정서·행동적인 측면에서는 그동안 쌓인 여러 좌절의 경험으로 인해 날카
로워지거나 분노, 또는 회피 등의 심리적 불안정을 심하게 겪는 것으로 나
타났는데, 스스로 조절하기 어려운 수준의 감정으로 힘들어하는 상황이 드
러났다. 이러한 불안정한 심리 상태는 경계선 지능 성인이 사회에 적응하기
더욱 어렵게 만드는 원인이라는 의견도 나타났다.

"대부분 정서적인 문제가 많죠. 학교에서 겪은 여러 상처가 해소되지 않고, 그게 분노나 우울감, 이런 것들로 가득 쌓여 있어서, 이후에 적응의 어려움을 겪는 사례를 많이 만나요."(기관)

성인기에서 가장 중요한 이슈 중 하나인 취업 및 자립 측면에서는 다양한 의견이 도출되었는데, 개인의 능력 및 특성, 생활환경, 기회 등에 따라 그 양상이 다르게 나타났다. 여전히 미숙한 일상생활 기능이나 문제해결력 등으로 인해 부모에게 의존하는 사례도 많았으나, 자립에 대한 긍정적인 시선도 나타났다. 한 가지 주목할 점은, 이들의 직업적 강점으로 '성실성'이 여러 번 언급되며 이러한 점을 강화하고 드러낼 기회가 많아져야 한다는 긍정적인 관점이었다.

"그 나이에 운동화 끈도 차분히 하면 되는데 자기가 하기 싫고, 그래서 아직까지 혼자 잘 못 묶어요. 묶어 줘야 하고."(부모)

"독립적으로 살아가는 부분은 잘할 것 같아요. 일상생활에서 무슨 문제가 생기거나 하지 않거든요. 사실."(교사)

"오히려 경계선 지능 청소년들이 성실함을 요구하는 일자리에서는 적응도가 높은 것 같아요. 학교 밖 청소년들, 특히 취약계층인 학교 밖 청소년의 어려움이 성실성 문제 때문에 아르바이트할 때도 신뢰를 잃는 경우가 많거든요. 그런데 경계선 지능 청소년은 성실하기 때문에 아르바이트 일자리에서 인정받는 경우가 많아요. 대신 그 경험에 있어 범위나 직종은 좀 한정된 것 같은데요. 아직은. 그래서 그런 직종이 개발되면 조금은 해소될 수 있지 않을까 싶어요. 일자리나 아르바이트에서는 오히려 핸디캡은 크지 않을 수 있고요."(기관)

그러나 경계선 지능 성인은 비장애인보다 복합적인 어려움을 가지고 있음에도 국가나 기관의 지원을 받을 수가 없어 장애인 복지카드를 고민하는 경우가 상당수 도출되었는데, 현실적으로는 장애인 등록을 하고 싶어도 매우 어렵다는 의견이 많았다. 제도적인 지원이 전무한 상황에서 이들이 취업하거나 자립할 수 있는 방법은 거의 없으며, 사회적으로 보호받지 못한다고 느끼고 있었다.

> "아이는 복지 대상도 아니고 일반인도 아니라는 점이에요. 왜냐하면 장애인 복지카드가 있어야 혜택이 많은데. 안 나오거든요."(부모)
>
> "너무 안타깝고 제일 말씀드리고 싶었던 건 진로 부분에 있어서 제일 잘하는 학생인데도 불구하고 복지카드가 없다는 이유만으로 아무것도 못한다는 점이에요. 지금 가정에 있는 것으로 알고 있어요."(교사)
>
> "어찌 보면 복지카드가 있는 장애인보다 현실적으로는 더 보호받을 수 없는, 제도권 안에 살아갈 수밖에 없는 친구들이라는 생각이 들면서, 저도 지금 이런 자리(연구)가 굉장히 필요하다고 생각이 들었거든요."(기관)

종합해 보면 경계선 지능 성인은 학령기보다 더욱 심각한 정서·행동 문제를 보이며 사회·경제적으로 낮은 지위를 갖게 되고 범죄에 연루되기 쉬운 집단임에도, 복지나 고용에 대한 국가적인 지원을 받기가 어려워 이들의 성인기 생활은 더욱 힘든 과정이 이어질 수밖에 없는 것으로 보인다(심정민, 2016; 정희정, 2006). 따라서 이들이 삶을 보다 건강하게 영위해 나갈 수 있도록 국가적인 관심과 사회적 인식 개선이 시급하다.

5. 경계선 지능 특성에 따른 교육 지원

박윤희 외(2022)는 국내 경계선 지능 문헌(2010~2022) 분석을 통해 경계선 지능 학생의 특성과 교육 지원 방안에 대한 내용을 체계적으로 정리하였고, 본 절에서 연구 내용의 일부를 소개하고자 한다. 경계선 지능의 인지 및 학업 특성, 언어적 특성, 사회적 및 정서적 특성, 운동기능적 특성과 그에 따른 지원은 다음과 같다.

1) 인지 및 학업 특성에 따른 교육 지원

〈표 3-5〉는 경계선 지능 학생의 인지와 학업 특성을 읽기, 쓰기, 수학, 인지, 작업기억, 상위인지의 여섯 가지 영역으로 구분하고 이에 따른 교육 지원을 기존 문헌에서 인용하여 제시하였다.

〈표 3-5〉 경계선 지능 학생의 인지 및 학업 특성과 교육 지원

영역	세부특성 묘사	교육 지원
읽기	• 자소-음소 대응규칙, 음운인식 등 읽기 선수기술 습득 속도 느림(김주영, 김자경 2016; 임재현 외, 2016; 손성민 외, 2018).	• 자음-음소 대응규칙 알기, 음운인식, 단어 읽기 등 읽기 정확성 증진에 초점 둔 읽기 교수전략 적용(김주영, 김자경 2016; 손성민 외, 2018).
	• 초등 저학년: 어휘력 부족, 낱말을 서로 의미 있게 연관시키는 능력 부족(김주영, 김자경 2016; 하정숙, 김자경, 2017).	• 단어재인을 위한 해독기술 습득, 어휘 지식 확장에 초점(김주영, 김자경 2016).
	• 초등 고학년: 다양한 형태의 구와 절이 포함된 복잡한 문장, 단락 글 이해는 또래 수준만큼 성취 어려움(김주영, 김자경 2016; 이수덕 외, 2017; 김애화 외, 2020).	• 다양한 형태의 문장 구조, 문장 의미 이해와 문장과 문장 사이 관계 이해에 초점(김주영, 김자경 2016). • 전체 단락 내용 이해 위해 텍스트 내용 도식화 지도: 글 구조 파악 위한 명시적 교수 (예: 이야기글-이야기 문법 지도; 설명글-그래픽 조직자 등 시각적 수단 통한 읽기 지도)(김주영, 김자경 2016).

영역	세부특성 묘사	교육 지원
읽기	• 읽기이해 어려움(김주영, 2018; 김애화 외, 2020). • 읽기이해 유형 중 추론적 이해 보다 사실적 이해가 더 뛰어남(이수덕 외, 2017).	• 설명글 읽기: 의미주석, 의미예문주석 제공(이수덕 외, 2017). • 의미예문주석을 보조 교재로 제공(이수덕 외, 2017). • 독해력 향상에 초점 둔 읽기 중재(김주영, 2018; 김애화 외, 2020).
읽기	• 음운인식 수준 낮음(이수덕 외, 2017; 하정숙, 김자경, 2017; 하정숙, 김자경, 2018). • 목표어휘가 정확하게 습득 안 된 상태에서는 음운적으로 유사하나 목표어휘는 아닌 다른 어휘를 선택하는 경향(이수덕 외, 2017; 하정숙, 김자경, 2018).	• 동화 활용 읽기중재(예: 동화 속 음소와 음절을 활용한 게임, 신체활동, 노래 등 다양한 음운인식 활동)(이수덕 외, 2017; 하정숙, 김자경, 2017). • 학습한 어휘와 유사한 어휘를 변별하는 훈련 중재(하정숙, 김자경, 2018).
읽기	• 읽기 유창성 낮음(하정숙, 김자경, 2018).	• 함께읽기 전략(매 차시 선정한 동화를 교사가 주도, 교사와 학생 함께, 학생주도로 읽기) 반복 활용(하정숙, 김자경, 2018). • 저학년부터 장기적, 집중적 읽기 유창성 중재(하정숙, 김자경, 2018).
읽기	• 읽기능력이 학습지체 수준(KNISE-BATT 검사 70~84점): 낱말이해, 어휘선택, 어휘배열, 문장완성, 짧은 글 이해(손성민 외, 2018).	• 교수매체로 전자매체(태블릿pc) 적극 활용(손성민 외, 2018). • 그림책 읽기활동에서 읽기 학습 5단계를 구성하여 적용 및 반복 훈련(손성민 외, 2018).
읽기	• 단어인지 수준 낮음(하정숙, 김자경, 2018; 김애화 외, 2020). • 단어인지, 읽기이해 모두 수준 낮으면, 모든 인지처리(특히 음운인식, 문장 따라 말하기)에서 낮은 수행(김애화 외, 2020).	• 동화 활용 읽기 중재 중 동화 속 모르는 단어는 문맥을 이용해 뜻을 예상하고, 사전으로 정확한 뜻을 확인해 단어장 만들기, 음절 활용한 의미 없는 단어를 만드는 단어인지 활동(하정숙, 김자경, 2018).
쓰기	• 쓰기능력(문장 유형(복/단문), 문장/글의 길이, 문장 구성성분) 지체(박미정, 박경란, 2019).	• 일상생활 중심 대화식 저널 쓰기(학생이 글 쓰고, 내용에 대해 교사가 답 써서 돌려줌)(박미정, 박경란, 2019).
쓰기	• 문장 간 인과관계 성립 안 됨(이기정, 2016). • 글쓰기 주제 찾기 힘듦, 글감 논리적 배열 힘듦(이기정, 2016). • 쓰기 유창성 낮음(글자 수 많으나, 내용 이해 어렵게 씀)(이기정, 2016).	• 마인드맵 활용하여 일기 쓰기(이기정, 2016). • 교사와 함께 일기 쓰기, 일기 글감 직접 평가하기(이기정, 2016). • 인지적 특성에 맞게 집중적, 장기간 교수(이기정, 2016).

영역	세부특성 묘사	교육 지원
수학	• 기초학습기능검사 셈하기에서 학년 규준 수준이 현 학년 수준보다 이하임(하정숙, 2018, 2020). • 수학 자신감 부족(하정숙, 2018, 2020).	• 소집단 직접교수 제공(교사 시범 따라 과제 해결, 눈높이 맞는 질문, 적극적 피드백, 독립적 활동 기회)(하정숙, 2018). • 와 연산 단원에 이질적 수준의 소집단 구성하여 직접 교수(하정숙, 2018). • 방학 기간 중 장기적, 집중 중재(하정숙, 2018).
	—	• 수, 연산 단원: 다양한 구체물 조작 기회(하정숙, 2020). • 수 감각 수업에 수 인식, 수 의미, 순서대로 및 거꾸로 수 세기, 빠진 수 넣기, 수량 변별, 뛰어세기, 모으기와 가르기, 덧셈, 뺄셈 내용 구성(하정숙, 2020). • 강화물 제시로 끝까지 적극 참여 유도(하정숙, 2020).
인지	• 인지영역(감각지각, 주의집중, 작업기억, 추론/지식) 점수 낮음(류수린 외, 2018).	• 언어 기반(음소–단어–문장–담화) 인지 강화 기능성 게임 장기간 실행(류수린 외, 2018, 최인경, 2020).
	• 낮은 추론능력으로 배경지식을 상황, 맥락에 통합하여 이해 힘듦(박은미, 임성미, 2021).	• 학업수행 시 추가 정보를 지속적, 반복적 제시 및 지원(박은미, 임성미, 2021).
	• 동작을 배우고 기억하기 어려움.(유영은, 박영애, 2019)	• 인지적, 정서적, 행동적, 사회적 특성 고려한 무용/움직임 프로그램 활성화(유영은, 박영애, 2019).
	• 핵심 파악 힘듦, 성급함, 부주의함(김주영, 김자경, 2016).	• 게임 중재 활용: 중재 단계 세분화, 정서적 중재(동기부여), 상담시간 내 놀이시간/중재시간 배분을 단계별로 다르게 하기(최인경, 2020).
상위 인지	• 다양한 개념을 융통성 있게 적용이 힘듦(김주영, 2018). • 반응억제 및 자기조절, 주의집중, 조직화 및 시간관리 어려움(박은미, 임성미, 2021). • 조직화된 활동 시 환경 자극의 반응을 억제하며, 자기조절과 주의집중하여 활동 완수 힘듦(박은미, 임성미, 2021).	• 언어 중재 필수 제공(김주영, 2018). • 학생들 인지 특성 고려한 교육 지원(박은미, 임성미, 2021). • 인지적 중재, 상위인지전략 활용–자신 행동 점검, 통제하는 기회 제공(박은미, 임성미, 2021). • 가정 연계 활동으로 부모참여도 높혀 중재가 일상생활로 연결되게 하기(박은미, 임성미, 2021).

영역	세부특성 묘사	교육 지원
작업 기억	• 작업기억 수행능력 낮음(이새별, 강옥려, 2020). • 작업기억 용량은 나이 들어도 일반아동과 여전히 차이 남(김주영, 2018; 이새별, 강옥려, 2020). • 작업기억 관련된 정보처리 양상이 일반아동과 다름(이새별, 강옥려, 2020). • 상징적 체계(글자)보다 심상체계(그림)에 더 의존함(이새별, 강옥려, 2020). • 기억전략 부족, 상황에 맞는 기억전략 사용이 어려움(이새별, 강옥려, 2020).	• 지시사항 한 번에 한두 가지로 쪼개어 단계적 제시(이새별, 강옥려, 2020). • 학령기 초 경계선급 지적기능성 학생 선별하여 조기중재(강옥려, 2016; 이새별, 강옥려, 2020). • 정보 제공 시 언어적 자료만 제공하지 않고, 시공간적 자료(예: 그림) 함께 제공(이새별, 강옥려, 2020). • 기억전략 반복 연습, 활동 성공경험 제공(이새별, 강옥려, 2020). • 활동시간 넉넉히 제공(이새별, 강옥려, 2020). • 언어 중재 필수(김주영, 2018, 이새별, 강옥려, 2020).

출처: 박윤희, 박승희, 한경인(2022).

2) 언어적 특성에 따른 교육 지원

〈표 3-6〉은 경계선 지능 학생의 언어적 특성을 낱말해독, 어휘추론, 다의동사, 직유이해, 보조사, 상위언어능력, 화용언어의 일곱 가지 영역으로 구분하여 지원을 제시하였다.

〈표 3-6〉 경계선 지능 학생의 언어적 특성과 교육 지원

영역	세부특성 묘사	교육 지원
낱말 해독	• 낱말해독 힘듦(기우열 외, 2022).	• 그림상징 이용하여 낱말해독 중재(기우열 외, 2022). • 자음-모음 대응하는 문자 해독 기술 지도-자소 음소의 정확한 소리를 연결(기우열 외, 2022).
어휘 추론	• 문맥 안에서 단어 의미를 추론하여 습득하기 힘듦(김은지 외, 2016, 김수진 외, 2017). • 관용어 이해가 힘들지만 관용어가 쓰이는 상황을 함께 제시하면 의미 이해에 도움(김수진 외, 2017).	• 문맥을 풍부히 제공, 활용하여 어휘(관용어 등) 의미 추론하여 습득하도록 중재(김은지 외, 2016, 김수진 외, 2017). • 관용어, 풍자, 속담 등 고차원적 비유표현 교수 시 이 표현들의 정의적 개념, 문맥 내에서의 기능을 직접적으로 교수(김수진 외, 2017).

영역	세부특성 묘사	교육 지원
다의동사	• 다른 의미의 다의어 의미 이해 힘듦(이미래 외, 2017). • 어휘 표면적 의미 이해는 양호, 문맥 의존도가 높은 확장된 의미 이해는 힘듦(이미래 외, 2017). • 다양한 맥락에서 어휘 이해 힘듦(이미래 외, 2017).	• 어휘력 평가 시 알고 있는 표면적 어휘 의미 개수 평가(양적평가)와 질적 평가 동시 진행(이미래 외, 2017). • 다양한 어휘 습득, 동시에 어휘 지식 확장시키는 중재—목표 어휘 포함한 다양한 문맥에 노출, 그 의미의 미묘한 차이와 쓰임을 이해하도록 돕(이미래 외, 2017).
화용언어	• 설명담화 화용능력 낮음(이수진, 김화수, 2016). • 전체 담화의 질, 설명의 적합 및 구체성, 설명담화 이야기 문법 순서로 높은 오류(이수진, 김화수, 2016).	• 또래 대화, 성인과의 대화에서의 담화 상황, 읽기 후 담화 상황, 듣기 후 담화 상황 등 여러 가지 상황을 설명하는 활동(이수진, 김화수, 2016).
직유이해	• 무관련 오류보다 문자적 해석오류 더 많음.—오류 양 일반아동보다 많음, 발달패턴 같음(양지희 외, 2020). • 문장의 비유표현 명확히 인식했더라도, 추론능력 부족, 어휘 의미능력 빈약으로 직유이해 힘듦(양지희 외, 2020).	• 교수 시 내용에 차이 두기보다 체계적, 세분화된 자료 기반 훈련(양지희 외, 2020). • 교육자료 난이도 조절하여 비관용직유, 외연적 직유 훈련을 초기 제공, 초기 단계 충분 학습 후 관용 직유, 내포적 직유 사용해 고차원 교육자료를 단계적으로 구성하여 제공(양지희 외, 2020).
보조사	• 형태론적 영역 어려움, 구문 관련 상위언어능력 지체로 보조사 전제 이해 능력 낮음(윤나네 외, 2017). • '도', '만', '은/는' 순서로 보조사 전제 더 잘 이해함(윤나네 외, 2017). • '은/는', '만', '도' 순으로 높은 오류 보임(윤나네 외, 2017).	• '도', '만', '은/는' 순서로 지도(윤나네 외, 2017). • 각 보조사의 대표적 의미를 교육(예: '도'–'동일성', '만'–'유일, 한정', '은/는'–'대조')(윤나네 외, 2017). • 보조사 의미 직접 경험하게 교수, 보조사 포함된 문장이해와 산출을 반복 연습, 실제 대화 상황에서 일반화되게 교육(윤나네 외, 2017). • 화용, 읽기, 쓰기 등의 활동에서 아동의 보조사 사용 관찰, 평가 후 더 많은 오류 유형 지도(윤나네 외, 2017). • 보조사 포함된 문장 지도 시 보조사 전제를 먼저 이해하도록 계획(윤나네 외, 2017).
상위언어능력	• 설명글 이해가 어려움(김주영, 2018). • 고학년 될수록 일반아동과의 어휘, 상위언어 기술 격차 커짐(김주영, 2018). • 배경지식 제시 때가 무제시 때보다 상황추론 더 잘함—축적한 배경지식을 비효율적으로 적용(김선경 외, 2021).	• 상위언어기술 향상에 초점(김주영, 2018). • 상황추론 관련 교수 시 추가적 정보를 반복적으로 제공(김선경 외, 2021). • 상위언어인식 향상을 위한 자료로서 수수께끼를 활용(임재현 외, 2016).

영역	세부특성 묘사	교육 지원
상위 언어 능력	• 음운 수수께끼 풀이과정 이해 힘듦(임재현 외, 2016). • 수수께끼 언어 자체를 대상화, 분석, 종합, 효율적 처리하는 상위언어능력 낮아 유머 이해 부족(안혜리 외, 2021).	• 수수께끼 유머는 유희적 말놀이로 또래관계를 원활히 하는 오락적 기능을 담당하므로 연령에 적절한 유머이해능력 형성하도록 교수(안혜리 외, 2021).

3) 사회적 및 정서적 특성에 따른 교육 지원

〈표 3-7〉은 경계선 지능 학생의 사회적 및 정서적 특성을 의사소통 능력, 사회적 유능감, 정서행동, 정서지능, 사회성 기술, 자존감, 학습동기, 적응행동의 8가지 영역으로 구분하고, 이에 따른 지원을 제시하였다.

〈표 3-7〉 경계선 지능 학생의 사회 및 정서적 특성과 교육 지원

영역	세부특성 묘사(출처)	교육 지원(출처)
의사 소통 능력	• 초등 저학년 의사소통 능력 낮음(이금진, 2011). • 의사소통 안 됨, 발언 안 함, 반항적 말투(김동일 외, 2022). • 의견 표현 힘듦, 맥락 맞게 대화 내용 파악 안 돼 친구와 다툼(김동일 외, 2022).	• 학습에서 일반아동과 상대적으로 차이 적은 저학년 때부터 조기에 멘토링 프로그램 실행 (이금진, 2011).
사회적 유능감	• 발달지연, 사회적 유능감 부족으로 사회적응 문제에 노출(이금진, 2011).	• 1:1 만남 통한 멘토링 프로그램 실행(이금진, 2011).
정서 행동	• 분노조절 어려움(유영은, 박영애, 2019). • 체육시간에 정서적 고립, 어려움으로 친구와 상호작용 힘듦(송지환, 김중현, 2017). • 정서적 자기표현 가능, 학교에서 화나 짜증의 감정조절 힘듦(이금진, 2017).	• 무용/움직임 프로그램 제공(유영은, 박영애, 2019). • 매트운동 중 옆 구르기, 매트 위 닭싸움, 매트에서 밀기, 친구 다리 사이 기기, 제자리 점프로 90도, 180도 턴, 인간 터널통과, 외발 뛰어 이동, 외발 서기, 개구리 점프 등 하기(송지환, 김중현, 2017).

영역	세부특성 묘사(출처)	교육 지원(출처)
정서 지능	• 정서지능 하위영역인, 정서지각, 정서의 사고 촉진, 정서이해, 정서조절 점수가 낮음(정대영 외, 2018).	• 다양한 표정 사진 보고, 정서 파악, 표정 흉내내기, 상황별 4컷 그림 보고 정서 상황 인식, 상황 따라 정서 강도가 달라짐을 배움(정대영 외, 2018). • '나의 정서이해, 타인의 입장의 정서이해, 사물이나 동물 등의 입장에서 정서이해, 나의 행동에 따른 타인의 정서이해' 수업으로 자신의 정서와 타인의 정서를 이해, 공감 기회 제공(정대영 외, 2018).
사회성 기술	• 인지능력 제한으로 전체 맥락의 상황파악 힘듦, 상황에 맞는 적절한 대처행동 미흡(이수진, 김화수, 2016; 주은미, 최승숙, 2020). • 사회성기술 하위영역(협동, 자기주장, 자기통제, 책임감, 공감) 점수 낮음(정대영 외, 2018). • 말수 적고, 짧은 문장 사용, 자기 의견 말 못함, 친구관계 지속 어려움(정대영 외, 2018; 주은미, 최승숙, 2020; 김동일 외, 2022). • 우울감, 위축감, 자신감 부족(정대영 외, 2018; 유영은, 박영애, 2019; 곽진영, 2021; 이금진, 2017).	• 인지-정서발달 프로그램 활용(정대영 외, 2018). • 반장 역할에서 본인 의사표현과 친구들의 정서 반응을 함께 말하는 기회 제공(정대영 외, 2018). • 무용/움직임 프로그램 제공(유영은, 박영애, 2019). • 전 생애 걸친 개별화된 지원체계 개발(주은미, 최승숙, 2020). • 학교 안팎 지원 균형적 제공—자연스러운 사회적 상황에서 자신의 특성, 요구를 기반으로 배우는 과정을 학교 활동으로 구성(주은미, 최승숙, 2020). • 통합학급 내 또래와의 상호작용, 교사, 학부모 참여 프로그램, 특수학급 지도 프로그램 운영 방안 등을 학교 활동으로 제공(주은미, 최승숙, 2020; 이금진, 2017). • 미술치료에서 치료사와 상호작용, 대화과정 통해 사회적 기술 습득 경험 제공(곽진영, 2021).
자존감	• 자아존중감 낮음.(이금진, 2011; 하정숙, 김자경, 2017; 이새별, 강옥려, 2020; 곽진영, 2021). • 자신감 낮고, 불안, 실패에 대한 두려움(이새별, 강옥려, 2020; 곽진영, 2021). • 교사, 친구, 가족과 원만한 갈등 해결 힘듦(하정숙, 김자경, 2017). • 안정적 자아 형성 제한, 자신의 능력 부정적으로 인식(이금진, 2011; 이금진, 2017).	• 미술치료로 촉진적 환경에서 다양, 새로운 매체 제공, 성취감 경험(곽진영, 2021). • 또래관계 증진 프로그램 실행(하정숙, 김자경, 2017). • 무기력감, 우울감 해결하도록 지원(이금진, 2017). • 자기표현 교수—생활 공간에서 친숙함, 안전함을 느끼도록, 가족, 교사의 일관적 태도와 반응, 학교, 가정의 즐거운 경험과 심리상담 함께 지원(이금진, 2017).

영역	세부특성 묘사(출처)	교육 지원(출처)
학습 동기	• 낮은 학습동기, 학습된 무기력(하정숙, 김자경, 2017).	• 학습동기 향상 프로그램 제공(하정숙, 김자경, 2017).
적응 행동	• 개념적, 사회적, 실제적 적응행동 낮음(박은미, 임성미, 2021). • 학교 적응 힘듦(이수신, 김화수, 2016; 박은미, 임성미, 2021; 김동일 외, 2022). • 발달 초부터 느리게 성장, 단체활동 시작하며 사회적 부적응(주은미, 최승숙, 2020). • 학교적응 위해 부모님께 의존(이금진, 2017).	• 인지적 중재, 상위인지전략 활용–자기 행동 점검, 통제 기회(박은미, 임성미, 2021). • 소그룹 구성하고 역할(예: 돌아가며 반장)부여(박은미, 임성미, 2021). • 가정연계 활동으로 중재와 생활 연결(이금진, 2017; 박은미, 임성미, 2021). • 학교생활 적응 기술, 협동 기술 중재(주은미, 최승숙, 2020). • 지역사회 내 멘토링 프로그램 참여(이금진, 2011).

4) 운동기능적 특성에 따른 교육 지원

〈표 3-8〉은 경계선 지능 학생의 운동기능적 특성을 운동협응, 운동과제 수행능력, 움직임의 세 가지 영역으로 구분하고 이에 따른 지원을 제시하였다.

〈표 3-8〉 경계선 지능 학생의 운동기능적 특성과 교육 지원

영역	세부특성 묘사	교육 지원
운동 협응	• 운동 협응능력 수준 낮고, 습득 수준 더딤(송지환, 김중현, 2017; 양대중, 박희석, 2017).	• 매트운동활동: 친구와 탱탱볼 주고받으며 이동, 앞구르기, 뒤구르기, 옆돌기 등(송지환, 김중현, 2017). • 협응력 훈련 시 매트활동, 수중활동(송지환, 김중현, 2017; 양대중, 박희석, 2017). • 수중재활운동: 눈, 손 협응 통해 손동작 정확히 지도, 반복된 조작행동 돕기(양대중, 박희석, 2017).

영역	세부특성 묘사	교육 지원
운동 과제 수행 능력	• 운동과제수행능력(근력, 균형유지능력, 이동능력) 수준 낮음(양대중, 박희석, 2017). • 운동능력 향상, 또래 집단 적응 어려움(양대중, 박희석, 2017).	• 수중재활운동:물속 걷기, 제자리 점프, 벽잡고 이동 등 물 저항 극복 활동 구성(양대중, 박희석, 2017). • 지각, 개념, 인지발달 영향을 주는 수중재활훈련 관련 센터 운영, 교육시스템 개발(양대중, 박희석, 2017).
움직임	• 움직임을 두려워하고, 부자연스러움(유영은, 박영애, 2019). • 동작이 고정적, 소극적임(유영은, 박영애, 2019).	• 인지적, 정서적, 행동적, 사회적 특성 고려한 무용/움직임 프로그램 활성화(유영은, 박영애, 2019).

출처: 박윤희, 박승희, 한경인(2022).

　　박윤희 외(2022)에서 제시한 경계선 지능 학생의 특성에 따른 교육 지원을 종합하면 다음과 같다. 첫째, 인지 및 학업 영역에서는 세분화되고 전략적인 중재를 학교 현장에서 지속적으로 제공해야 하며, 학습에 대한 동기를 높이고 학습된 무기력을 완화할 수 있도록 해야 한다. 둘째, 언어영역에서는 다양한 맥락과 상황에서 언어를 학습하고 이를 직접 연습해볼 수 있는 환경을 조성해야 하며, 이를 통해 상위언어능력도 향상시킬 수 있다. 셋째, 사회적 및 정서적 영역에서는 조기에 중재를 제공하여 교내·외에서 장기적이고 지속적으로 사회적 및 정서적 능력을 향상시킬 수 있도록 해야 한다. 넷째, 운동기능영역에서는 운동과 관련된 적절한 프로그램이 마련되어야 하며, 프로그램의 목적은 학생의 적극적이고 자신감 있는 태도를 높이도록 하는 것이다.

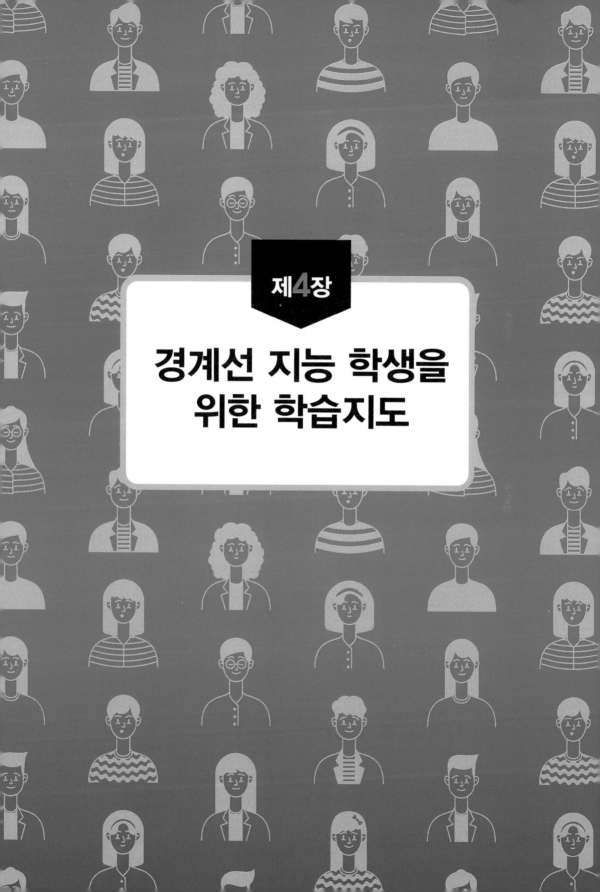

제4장

경계선 지능 학생을
위한 학습지도

경계선 지능 학생을 위한 학습지도

경계선 지능 학생을 처음 만나 지도하고자 하는 교사는 무엇을 어떻게 지도해야 할지 난감할 것이다. 이들을 위한 학습에서 가장 우선되어야 할 것은 앞서 살펴본 경계선 지능 학생이 보이는 인지적 특성, 사회적 특성, 신체적 특성 등을 고려하여 그에 적절한 지도와 지원 계획을 수립하는 것이다. 이 장에서는 경계선 지능 학생의 학습적인 면에서의 효과적인 지도와 관련하여 기초 인지 능력 및 기초 학업 능력을 향상시키기 위한 지도 방법에 대해서 다루고자 한다.

1. 기초 인지 능력 지도하기

학생들이 학업을 잘 수행하기 위해서는 주의집중, 지각, 처리속도, 기억

등과 같은 기초적인 인지 능력이 발달해야 한다. 그렇지만 경계선 지능 학생은 이러한 기초적인 인지 기능에 제약이 있기에 언어 발달뿐만 아니라 학업에 있어서도 어려움을 나타낸다. 또한 일상생활 속에서 만나게 되는 여러 가지 문제 상황을 이해하고 판단하고 예측하는 것이 어렵다. 그러나 기초 인지 능력은 충분히 교육을 통해 발달될 수 있으므로 경계선 지능 학생을 지도하기 위해서는 학업 기술만을 반복적으로 가르칠 것이 아니라 이에 선행하여 기초적인 인지 기능을 발달시킬 수 있도록 해야 한다. 현재 학교 교육은 교과교육 중심으로 기초 인지 능력 교육 기회를 별도로 제공하지 못하고 있으므로 별도의 시간을 확보하여 지속적으로 지도하는 것이 필요하다.

이 절에서는 여러 문헌과 선행 연구(미야구치, 2019; 박찬선, 2021)에서 제시된 기초 인지 기능 향상 프로그램을 시지각 능력, 주의력, 기억력, 판단 및 추론 능력 영역으로 나누어 소개하고자 한다.

1) 시지각 능력 향상시키기

시지각은 보이는 대상을 정확하게 볼 수 있는 능력이다. 미야구치(2019)는 경계선 지능 학생들이 보는 힘이 약하여 어떤 대상을 바라볼 때 왜곡하거나 왜곡되지 않았더라도 정보를 잘못 정리하거나 일부밖에 받아들이지 못한다고 하였다. 예컨대 다른 사람이 자신을 무심히 쳐다본 상황에서 그 사람이 자신을 째려보았다거나 비웃었다고 이야기하는 것이다. 이렇게 되면 정보를 적절하게 처리할 수 없어 학습이 어렵게 된다. 박찬선(2021)은 경계선 지능 학습생이 대상의 전체 형태를 지각하는 데는 문제가 없으나 전체를 구성하는 부분들을 지각하는 것은 일반 또래와 다르다고 하였다. 그리고 주어진 대상에서 보이지 않는 모습 상상하기, 동서남북 방향 파악하기 등에 어려움이 있다고 하였다. 따라서 이렇게 왜곡된 시지각의 상이 장기기억에 저장되므로 인출될 때 정확하지 못한 상으로 표현된다.

이러한 시지각 능력을 향상시키기 위한 대표적인 활동으로 점 잇기와 그림 그리기를 들 수 있다. 점 잇기 활동은 점을 이어 만들어진 도형을 보고 똑같이 따라 그리는 것이다. 활동의 예시는 [그림 4-1]과 같다.

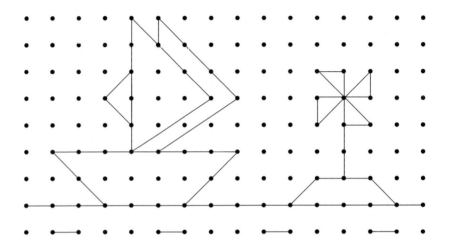

[그림 4-1] 점 잇기 활동의 예 1

다음은 구조화된 그림을 제시하고 학생이 그림을 똑같이 따라 그려 보도록 하는 활동이다. 학생에게 그림만 던져 주고 반복적으로 그림만 그리게 하는 것이 아니라 학생에게 그림을 그리는 순서를 지도한다. 먼저 대상의 어느 부분을 기준으로 그림을 그릴 것인지 정한다. 그리고 어디서부터 그릴지 순서를 정한다. 교사가 이러한 과정을 먼저 시범을 통해 보여 주고 학생이 다른 과제를 반복적으로 연습해 볼 수 있도록 한다.

[그림 4-2] 점 잇기 활동의 예 2

2) 주의력 향상시키기

주의력은 어떤 대상을 이해하고 기억하기 위해 선행되어야 하는 인지기
능이다. 주의력은 크게 시각적 주의력과 청각적 주의력으로 나누어진다. 시
각적 주의력은 어떤 대상에 시각적 초점을 두고 집중하고 유지하는 능력이
며 청각적 주의력은 타인의 말이나 청각적 자극에 집중하고 유지하는 능력
이다.

(1) 시각적 주의력

시각적 주의력은 순차적 시각적 주의력과 선택적 시각적 주의력으로 나
누어 볼 수 있다. 첫째, 순차적 시각적 주의력은 시각적 자극을 순서대로 처
리할 수 있는 능력이다. 이러한 능력이 부족한 경계선 지능 학생들은 글을
읽을 때 글자를 순서대로 읽지 못하고 빠뜨리거나 건너뛰거나 대체하여 읽
기도 하며 계산을 할 때 중간과정에서 숫자를 바꾸어 쓰는 등 실수를 한다.
이러한 실수로 인해서 글의 내용을 정확하게 이해하지 못하고 정확한 계산
결과를 얻지 못한다. 이는 학습을 대강하도록 하는 습관이 되기도 한다. 따

라서 순차적 시각적 주의력 연습을 통해 글의 이해나 계산을 정확하게 하도록 하여야 한다. 순차적 시각적 주의력 연습으로는 글자를 빠뜨리지 않고 소리 내어 읽기, 규칙에 따라 바둑돌 놓기, 규칙에 따라 숫자 쓰기(2씩 커지는 숫자 쓰기), 숫자 이어서 모양 그리기, 획순에 따라 글자 써 보기 등을 할 수 있다(박찬선, 2021).

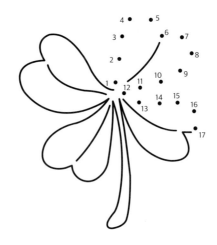

[그림 4-3] 시각적 주의력 향상 활동의 예 1

둘째, 선택적 시각적 주의력은 여러 대상 가운데 집중해야 할 대상을 찾아 집중할 수 있는 능력이다. 이러한 능력은 숨은그림찾기, 글에서 핵심 낱말 찾기, 방안에서 물건 찾기 등을 할 때 발휘된다. 경계선 지능 학생들은 선택적 시각적 주의력이 부족하여 집중해야 할 대상을 찾지 못하고 관련 없는 주변의 대상에게 관심을 두는 모습을 보인다. 즉, 초점 자극이 아닌 주변 자극에 더 반응하게 되어 자신이 무엇을 해야 하는지 알지 못하게 된다. 이러한 특성으로 인하여 복잡해 보이는 과제가 부여되면 어디에 초점을 두어야 할지 몰라 집중력이 떨어지며 과제를 회피하려는 모습을 보이기도 한다. 선택적 시각적 주의력을 기르기 위한 활동으로는 같은그림찾기, 숨은그림찾기나 겹선 그림에서 특정 대상 찾기 등이 있다. 같은그림찾기는 여러 그림 카드를 제시하고 그중에서 같은 그림 2장을 찾도록 하는 것이다. 그림 대신 모양, 도형으로 대체하여 진행할 수도 있다. 이러한 활동을 위한 좋은 어플리케이션(APP)도 많이 개발되어 있으므로 활용할 만하다.

[그림 4—4] 시각적 주의력 향상 활동의 예 2

(2) 청각적 주의력

청각적 주의력은 일상생활이나 학습 상황에서 가장 기본적으로 요구되는 인지 기능으로 청각적 자극에 대해서 주의를 기울일 수 있는 능력이다. 청각적 주의력을 갖추지 못하면 다른 사람이 말한 내용을 이해하지 못하고 기억하지 못하여 문제를 해결하기 어렵다. 경계선 지능 학생은 방금 들은 이야기를 그대로 말하게 했을 때 앞부분 혹은 뒷부분만 기억하여 말하거나 앞뒤 순서를 바꾸어 말하는 등 정확하게 문장을 기억하여 답하지 못한다.

청각적 주의력을 기르기 위한 방법은 문장 듣고 다시 말하기, 노래 따라 부르기 등이다. 다른 사람의 말을 보다 적극적으로 들을 수 있도록 바른 태도로 듣는 법, 집중하는 법을 안내하고 교사나 부모가 함께 문장이나 노래를 듣고 말해 보는 연습을 반복적으로 한다면 도움이 될 것이다.

청각적 주의력뿐만 아니라 청각적 변별력을 향상시키기 위한 지도도 병행되어야 한다. 왜냐하면 경계선 지능 학생은 비언어적 소리와 언어적 소리를 구분하는 능력, 단순한 소리를 구별하는 능력은 어느 정도 갖추고 있지만 소리가 비슷하거나 이중 모음이 들어간 경우 그 차이를 잘 구별하지 못하기 때문이다(박찬선, 2021). 따라서 글자를 소리낼 때 입과 혀의 모양, 위치 등을 알려 주거나 글자를 쉽게 알아차릴 수 있는 단서를 제공하여 글자를 익힐 수 있도록 지도한다.

3) 기억 능력 향상시키기

경계선 지능 학생의 경우 기억 능력이 부족한 편이다. 교사나 부모가 방금 말한 지시사항을 잊어버리고 다른 행동을 한다든지, 글을 읽고 쓸 때 글자를 빠뜨리는 것은 주의력 부족이라 할 수도 있지만, 그와 함께 기억 능력의 제한으로 인한 것이라고 할 수 있다. 이들은 정보를 한 번에 받아들이고 처리할 수 있는 작업기억 용량이 또래에 비해 부족하다. 따라서 기억 능력을 향상시킬 수 있도록 다양한 활동을 통해 연습해야 한다.

작업기억 능력을 향상시키기 위한 활동으로 가장 쉽게 할 수 있는 것은 "시장에 가면 ~도 있고" 놀이이다. 이는 시장이라는 주제를 동물원, 놀이공원 등 다양하게 바꾸어서 반복적으로 진행할 수 있으며 어휘력 확장에도 도움이 된다. 그리고 작업기억 능력을 향상시키기 위한 고전적인 방법은 4~7개 숫자를 무작위로 불러 준 후 순서대로 기억해서 말하는 것이 있다. 이는 WISC 지능검사의 소검사로도 포함되어 있다. 다음으로는 몇 개의 낱말을 들려주고 나서 처음 들었던 낱말 말하기, 여러 단어를 불러 준 후 특정 초성이 들어간 단어만 기억하여 말하기 등이 있다(박찬선, 2021). 이에서 좀

더 난이도를 높인 활동은 기억 과제를 두 가지 부과하는 것으로, 3개의 문장
을 읽어 준 후 학생이 각 문장의 처음 단어를 기억하게 하며 이와 동시에 특
정 단어(예: 동물)가 나오면 박수를 치게 하는 것이다(미야구치, 2019). 이 활동
은 처음 단어 대신 마지막 단어로 대체하여 진행할 수도 있다. 이외에도 일
반적인 기억 능력을 향상시키기 위한 활동은 〈표 4-1〉과 같다.

〈표 4-1〉 기억 능력 향상을 위한 활동

활동명	내용
기억해서 색칠하기	색칠된 그림을 학생에게 잠시 보여 주고 치운다. 학생은 색칠되지 않은 그림이 그려진 활동지에 방금 본 그림과 같은 색깔을 칠한다.
기억해서 그림 그리기	학생에게 복잡하지 않은 간단한 그림을 보여 주고 치운다. 학생은 자신이 본 것을 기억해서 그림을 그린다.
모양 기억하기	칠교놀이 조각과 같은 다양한 도형을 준비하여 특정한 모양을 만들어 학생에게 보여 준다. 이후 이를 분해하고 학생이 기억하여 모양을 맞추어 보게 한다. 처음에는 도형의 수를 적게 하고 점차 늘려 나간다. 이 활동은 기억뿐만 아니라 위치, 방향, 정위 등 시공간감을 익히는 데도 도움이 된다.
손동작 기억하기	손가락으로 V모양 만들기, 특정 손가락 들기 등 여러 동작을 만들어 본다. 그리고 교사가 여러 손동작을 차례로 제시한 다음 학생이 기억해서 손동작을 해 보게 한다. 이 활동은 신체조절 능력과 기억 능력을 동시에 향상시킬 수 있다.
그림 카드 기억하기	그림 카드를 5~7개 정도 늘어놓은 후 학생들이 순서를 기억하여 배열해 보도록 한다.

4) 판단 및 추론 능력 향상시키기

판단 및 추론 능력은 기초 인지 능력보다 상위의 능력이기에 이 절에서
다루기에 한계가 있으나 생활 속에서 경험하는 문제 상황을 두고 해결 방법
을 반복적으로 지도함으로써 발달시킬 수 있다. 판단 및 추론 능력을 향상
시키기 위한 첫 번째 활동은 도형을 여러 각도에서 바라보기이다. 이것은

흔히 수학 교과에서 입체도형을 다루는 단원에서 하는 활동으로 하나의 도형을 제시한 후 정면, 오른쪽, 왼쪽, 뒤쪽에서 보이는 모습을 상상하도록 하는 것이다. 이 활동은 사물을 다양한 각도에서 입체적으로 생각해 볼 수 있게 되며 사회적 상황에서도 자신의 입장만이 아닌 타인의 입장을 조망할 수 있도록 하는 데 도움이 될 수 있다. 두 번째 활동은 여러 장의 그림 카드를 순서대로 배열하여 이야기를 만들어 보도록 하는 것이다. 이 활동을 할 때 처음에는 학생에게 친숙한 상황이 담긴 그림 카드를 제시하고 이를 순서대로 배열한 후 상황이 어떻게 전개되는지 이야기를 해 보도록 한다. 이후 다양한 상황이 담긴 그림 카드를 제시하여 같은 활동을 반복한다. 이 활동을 통해서 어떤 사건의 원인과 결과가 무엇인지 파악하는 기회를 가지게 되며 마지막 그림카드 이후의 상황을 예상해 보는 등의 기회를 가지게 됨으로써 판단하고 추론할 수 있는 힘을 기를 수 있다.

이 절에서 제시한 인지 능력 향상시키기 활동은 틀린 그림 찾기나 퍼즐처럼 학생들이 공부가 아닌 게임을 한다고 느끼기 때문에 어렵지 않게 임할 수 있다. 만약 문제 풀이에 어려움을 느끼는 학생이 있다면 난이도를 낮추어서 성공 경험을 가지도록 한 후 반복적으로 연습할 수 있게 한다.

2. 기초 학습 능력 지도하기

학생들이 연령에 따라 적절한 학습 능력을 성취하기 위해서는 기초 학습 능력을 갖추는 것이 중요하다. 기초 학습 능력 지도 내용은 일반적인 원리와 읽기, 쓰기, 수학 영역을 나누어 소개하고자 한다. 지도 내용은 기초·기본학력보장 증거기반 교육의 실제(Wendling & Mather, 2008)와 기초학습기능 수행평가체제 읽기, 쓰기, 수학검사 시리즈의 전문가 지침서의 내용을 바탕으로 구성하였다.

1) 일반적 원리

교사의 효과적인 교수원리는 학습에 어려움이 있는 학생들의 학습 능력을 향상시키는 데 매우 중요하다. 엘리스, 워딩턴, 라킨(Ellis, Worthington & Larkin, 1994)은 효과적인 교수원칙을 제안하였다. 첫째, 적극적 참여이다. 학생들이 과제에 적극적으로 참여할 때 학생들은 주의와 집중을 높이고 그 과제에 대해 더욱 사고하게 한다. 참여를 높이기 위해서는 또래교수, 상보적 교수, 협동학습 등이 있다. 또래교수(peer tutoring)을 설계할 때는 이미 학생들이 학습한 기술을 더욱 강화할 수 있는 수업을 설계하고, 구체적인 학습 목표를 제시하며, 교수자 역할을 하는 또래에게 스크립트를 제공하고, 교수자에게 필요한 기술 목록을 제공하는 것이 효과적이다. 협동학습(cooperative learning)은 학생들의 그룹을 포함하며 이들은 서로 다른 능력 수준을 가지도록 구성한다. 또한 나이가 어릴수록 사물이 구체적이고 감각적으로 제시될 때 쉽게 배울 수 있으며, 연령과 상관없이 구체적 예시와 삽화는 새로운 개념을 학습할 때 도움이 된다. 둘째, 교사가 학생들을 직접적으로 지도하고 학생들이 알고 있는 것과 학습할 내용 사이를 연결해 주는 비계교수(scaffolding instruction)가 중요하다. 교사는 첫 번째 단계에서 모델링을 제공하고 다음 단계에서 안내된 연습(guided practice)을 하고 학생은 기술을 연습하고 교사는 피드백을 제공하도록 한다. 마지막 단계에서는 학생에게 독립적인 실습(independent practice)을 제공한다. 셋째, 전략적 학습을 하도록 한다. 지식의 형태는 선언적 지식(예: 사실을 아는 지식), 절차적 지식(예: 특정한 방법으로 지식을 사용하는 방법), 조건적 지식(예: 지식을 언제, 또 어디에 적용을 할지 아는 것)으로 나뉜다. 학생들에게 지식을 조직, 저장, 검색하는 교육이 제시될 때 학생들의 학습이 증가하며 학생들이 학습할 때 상황에 따라 다른 전략을 사용할 때 학습을 용이하게 할 수 있다. 교사는 학생들에게 과목 내, 과목 간에 걸쳐 유사점을 가르쳐서 이전 학습 경험과 연결시킬 수 있는 능력을 강화하도록 한다. 이외에 중간 이상의 성공률과 학습 기회를 다양하게 제공하는 것은 학습 성과와 긍정적인 상관관계가 있다.

마르차노 등(Marzano et al., 2001)은 효과적인 교수 전략으로 공통점과 차이점 구체화하기, 요약하기, 노력과 격려와 칭찬하기, 노트 필기하기, 적정한 양과 숙제와 연습 내주기, 비언어적 표상 만들기, 협동학습에 참여시키기, 목표를 정하고 피드백 제공하기, 가설 만들고 점검하기, 사전지식 활성화 활동하기를 제시하였다.

2) 읽기

읽기는 '해독'과 '사고'로 보는 정의로 나눌 수 있다(Perfetti, 1984). 읽기를 '해독'으로 보는 정의는 쓰인 단어를 말과 같은 형태로 번역하는 것으로 보며, 음운적 기술에 의존하여 읽기를 한다. 읽기를 사고로 보는 입장은 읽기가 지식이나 의미를 파악해 내는 사고 과정이며, 어의적, 문법적 단서체계를 강조한다. 그러나 읽기는 해독과 사고의 두 가지 능력이 모두 포함되어 있으며, 읽기는 초기 단계에서 문자를 소리로 바꾸어 읽고, 이후에 글을 읽고 의미를 파악하는 과정이 강조된다(김동일, 2012).

(1) 음운인식

음운인식(phonological awareness)은 읽기와 철자에 필수적인 능력이며, 단어 안의 각운이 있는 단어들(rhyming words) 또는 한 단어에서 음절을 듣거나 소리를 합치기, 나누기, 지우기, 삽입하기, 조작하는 청각 기술을 뜻한다(Wendling & Mather, 2008). 이러한 음운인식 기술은 초등학교 2학년 말 정도에 완성되며, 소리를 합치고 소리를 나누는 방법을 익히는 것이 필수적이다.

김동일(2020)은 학습자의 음운인식능력을 포함하는 초기문해능력을 향상시
키기 위해서 다음 〈표 4-2〉와 같은 교수법을 소개하였다.

〈표 4-2〉 음운인식능력 향상을 위한 중재활동

- 소리의 규칙 만들기: 말소리의 규칙을 발견하고 만들 수 있다.
- 글자 기호의 규칙 만들기: 글자 기호의 규칙을 발견하고 만들 수 있다.
- 글자 기호의 규칙 발견하기: 다양한 글자 속에서 글자 기호의 규칙을 발견할 수 있다.
- 자음 소리 구별하기: 각 자음이 상징하는 소리를 이해한다.
- 모음 소리 구별하기: 각 모음이 상징하는 소리를 이해한다.
- 소리—글자 연결하기: 자음과 모음 조합으로 이루어진 글자가 상징하는 소리를 이해한다.

참고자료: 김동일(2020), p. 76.

(2) 읽기유창성

읽기유창성은 "글자를 해독하는 것은 거의 이식하지 않으면서 글을 빠르
고, 부드럽고, 수월하게 자동적으로 읽을 수 있는 능력"으로 설명할 수 있다
(Meyer & Felton, 1999, p. 284; Wendling & Mather, 2008, p. 67). 느린 읽기 수행을 나
타내는 학생들은 글을 읽고 이해하기까지 시간이 더 걸리며, 개별 단어를
이해할 때 더 많은 인지적 노력을 기울여야 한다. 또한 글의 일부분을 기억
하는 데 어려움이 있으며 다른 부분들과 통합하는 데 어려움을 겪는다. 김
동일(2012)은 학습자의 읽기유창성을 향상시키기 위해서 다음 〈표 4-3〉과
같은 교수법을 소개하였다. 또한 차드 등(Chard et al., 2002)은 효과적인 유창
성 중재는 명확한 모델링 제공, 교정적 피드백, 글의 난이도 향상에 대한 수
행기준과 연습을 제시하였다(Wendling & Mather, 2008, p.76).

〈표 4-3〉 읽기유창성 향상을 위한 중재활동

- 읽기불안 낮추기: 좋은 관계 맺기, 협동하기, 성공경험 주기
- 읽기흥미 북돋기: 흥미로운 읽기 자료 정하기, 읽기태도 점검하기
- 읽기기능 가르치기: 발음원리 익히기, 일견단어 익히기, 문장부호 익히기
- 읽기경험 늘리기: 읽기 반복연습하기, 구조화하기, 아동의 향상 점검하기

참고자료: 김동일(2012, p. 91.

(3) 어휘

어휘는 읽기 이해능력에 영향을 크게 미치며 제한된 어휘 지식은 학령기 동안 학습에 영향을 미친다. 읽기 이해능력의 적절한 수준은 텍스트 속 단어의 90~95%를 아는 것을 전제로 하며(Nagy & Scott, 2000; Wendling & Mather, 2022, p. 102), 어휘 발달에 어려움을 겪는 학습자들은 말하는 것을 이해하고 단어기억 및 회상하는 것에 어려움을 나타낸다. 효과적인 어휘교수법은 다음과 같다(Wendling & Mather, 2008). 첫째, 우연적 단어 학습법이다. 우연적으로 단어를 학습하는 데에는 듣기, 읽기, 토의하기, 쓰기 네 가지 방법이 있다(Graves, 2006). 둘째, 이러한 방법을 지도하면서 소리 내어 읽기 방법을 사용한다. 소리 내어 읽기의 방법으로 텍스트톡(Text Talk)이 있다. 텍스트톡은 교사와 학생 간에 질문하기, 덧붙이기, 단어설명, 배경지식 활용, 목적 단어를 크게 읽기와 명시적인 지도 제공 등을 포함한다. 또한 명시적 단어 교수를 활용하며 규칙적으로 새로운 단어를 소개하며 토론을 통해 파생적으로 늘어날 수 있는 단어와 읽고 있는 책에서 어려운 단어에 대한 이야기를 나누고 맥락에서 실습 기회와 개념화된 정의를 제공하도록 한다. 셋째, 단어들의 소개 및 다음 시간에 배워야 할 단어들을 안내한다. 또한 동의어, 반의어, 다의어 단어를 가르치기, 단어 간의 유사점과 차이점 탐색하기, 의미 지도, 그래픽 조직자, 단어 망 사용하기, 핵심어휘 사전 지도하기, 예시와 반례 제공하기, 의미심상화 기법 어휘를 배울 때 효과적인 방법이다. 자세한 방법

은 〈표 4-4〉와 같다.

〈표 4-4〉 어휘력 향상을 위한 중재활동

- 소리 내어 읽기: 상호적인 접근을 사용하여 교사는 이야기를 크게 읽어 주고 단어의 의미를 논의할 수 있도록 한다.
- 단어인식: 단어에 대한 흥미를 일으키고 지식을 전달한다.
- 동의어, 반의어, 다의어 단어: 단어 쌍을 사용하여 단어 사이의 관계를 탐색하도록 한다.
- 의미 특성 분석: 유사점과 차이점을 익히고 어휘를 확장한다.
- 의미 지도, 단어 망, 그래픽 조직자 사용: 새로운 어휘 개념을 익히고 예전 지식을 조직하도록 돕고 어휘의 관계를 확장하도록 한다.
- 어휘 선행 지도: 자주 사용하는 핵심적 어휘를 읽기 과제 전에 지도한다.
- 예시와 반례: 예시와 비예시 제공하여 목표 어휘의 의미를 명확히 알 수 있도록 한다.
- 어휘심상화 기법: 학생들이 시각적 이미지와 단어 의미를 연결하여 새로운 어휘를 학습하도록 한다.
- 맥락적 분석: 교사는 한 단어가 가지는 의미를 앞뒤 이야기를 읽고 맥락 속에서 찾을 수 있도록 힌트를 학습자에게 제공한다. 이때 사용할 전략과 살펴보아야 할 내용을 가르친다.
- 학습 자료 및 자원: 학생들에게 사전, 어휘사전, 온라인 자료를 사용하는 방법을 지도한다. 이러한 활동을 통해 학생들은 단어의 철자, 의미, 발음을 학습하는 데 도움이 된다.
- 형태소 분석: 접사(접두사, 접미사), 혼자서 쓰일 수 있는 단어, 어근(의미를 가지나 혼자서 쓰일 수 없는 단어 부분) 지도를 강조한다.

참고자료: Wendling & Mather(2008), pp. 106-122.

(4) 읽기이해

읽기이해(comprehension)는 "텍스트와 학습자 간의 상호작용의 통하여 의미가 구성되는 사고 과정"이라고 정의할 수 있다(Durkin, 1993, p. 76; Wendling & Mather, 2008, p. 122). 읽기 이해에 어려움을 겪는 학습자들은 자료에 대한 지식 부족, 제한된 어휘 사용, 읽기과정에서 주의력 부족, 주요 정보 확인 및 선택이 어려움, 이전 지식과 정보를 관련시키기 어려움, 추론하기 어려움 등의 특성을 나타낸다. (Gersten & Baker, 1999; Carlisle & Rice, 2002; Mather & Urso,

2008; Wendling & Mather, 2008, p. 126).

　　스완슨(Swanson, 1999, 2001)의 메타연구에서 나타낸 학습장애 학생들에게
가장 효과적인 읽기 지도 교수법은 직접교수와 전략교수의 결합으로 나타
났다. 읽기에 어려움이 있는 학습자는 읽기에 따라 다양한 전략을 학습해야
한다. 이때 명시적 교수법과 함께 교사는 소리 내어 생각하기(think-aloud
approach)를 사용하여 시범을 보이고 학생의 독립적인 수행에 피드백을 제공
하도록 한다. 지문 읽기 전략은 읽기 전, 읽기 과정 중, 읽은 후로 나누어 차
별적으로 사용될 수 있다. 읽기 전에는 지문 사전 검토하기, 예측하기, 필수
어휘와 배경지식 알기, 읽기 목적 설정하기 전략을 사용할 수 있다. 읽는 과
정 중에는 이해 확인하기, 이해 점검하기, 새로운 개념 통합하기 전략을 사
용할 수 있다. 읽은 후에는 요약하기, 생각 평가하기, 지식 적용하기 전략을
사용할 수 있다(Wendling & Mather, 2008, p. 130).

3) 쓰기

　　쓰기는 복합적인 의사소통 기술로 소리를 글자 형태의 기호로 나타내는
수준 높은 언어 활동이다(김동일, 2019). 버닝거(Berninger, 2008)에 따르면 읽기
장애 아동의 경우 읽기를 배운 뒤에도 철자 문제를 지속적으로 나타나며,
철자는 문자를 완전히 인출해야 된다는 점에서 단순 읽기보다 어려움이 있
다. 철자에 어려움을 겪는 학습자들은 저학년의 경우 낮은 음소 인식능력을
나타내며, 고학년의 경우 철자 규칙, 단어 구조 및 글자 패턴에 대한 이해에
어려움을 나타낸다(Wendling & Mather, 2008, p. 150).

　　효과적인 철자 교수 요소는 다음과 같다. 첫째, 구어를 소리로 분절하기,
둘째, 소리를 글자와 매치하기, 셋째, 정자법 패턴을 철자하기, 넷째, 철자
규칙을 배우고 연습하기, 다섯째, 불규칙 단어 철자하기, 여섯째, 단어에 접
사 추가하기, 일곱째, 다른 음절 유형을 철자하기, 여덟째, 단어의 파생어 철
자하기, 아홉째, 단어의 어원에 대해 배우기로 구성될 수 있다(Wendling &

Mather, 2008, p. 157). 일반적인 철자 중재는 퍼날드(Fernald, 1943) 접근법을 기
반으로 구성되며 〈표 4-5〉와 같다.

〈표 4-5〉 퍼날드 다감각 철자법

1. 칠판이나 종이에 단어를 적는다.
2. 단어를 분명하게 말하고 학생에게 단어를 보고 명확하게 발음하게 한다.
3. 학생에게 단어를 공부하고 단어의 시각적 이미지를 만들도록 한다. 학생은 그 단어를 그림으로 그
   릴 수 있다. 그 낱말을 말할 수도 있고, 검지로 단어를 따라 쓸 수도 있다. 학생은 마음속으로 그림
   을 그릴 수 있을 때까지 단어에 대해 공부한다.
4. 학생이 그 단어를 철자하는 방법을 알고 있음을 나타내면 단어를 지우고 학생이 기억하여 단어를
   쓰게 한다.
5. 단어를 지우거나 종이를 뒤집고 학생에게 두 번 이상 정확하게 기억하여 단어를 쓰도록 한다.

참고자료: Wendling & Mather (2008), p. 164.

또한 맥아더와 동료들(MacArthur et al., 2006)이 실시한 메타연구를 통해 확
인된 효과적인 쓰기교육의 열한 가지 핵심요소는 〈표 4-6〉과 같다.

〈표 4-6〉 청소년기의 쓰기 성취를 향상시키는 효과적인 교수전략

1. 쓰기전략(writing strategies)
2. 요약(summarization)
3. 협력적 쓰기(collaborative writing)
4. 구체적 목표설정(specific product goals)
5. 워드프로세싱(word processing)
6. 문장 합성(sentence combining)
7. 쓰기 전 활동(prewriting)
8. 탐구 활동(inquity activity)
9. 과정적 쓰기 접근(process writing approach
10. 모델 학습(study of models)
11. 내용 학습을 위한 쓰기(writing for content learning)

참고자료: 김동일(2012), p. 131.

3) 수학

　수학 영역의 기초 기술에 어려움이 있는 학생들은 기초 수학 연산을 저장하고 인출하는데 어려움을 나타낸다(Geary, 1993, 2007; Rourke & Conway, 1997; Wendling & Mather, 2008, p. 209). 수학 학습장애는 절차장애, 의미장애, 시공간 장애 유형으로 구분될 수 있다(Geary, 1993). 절차장애는 "개념 이해에서 발달적으로 지연되고, 절차의 실행에 있어서 잦은 오류를 보인다." 의미장애는 "수학 연산을 배우고 인출하는 데 어려움을 겪는다. 인출된 연산은 부정확한 경우가 많다." 시공간장애는 "수의 공간적 표현에 어려움을 겪는다(정렬이나 반전). 자릿값 오류를 보인다. 공간 수학(예: 기하학)에 어려움을 겪는다"(Wendling & Mather, 2008, p. 212).

　수학 교수에 효과적인 증거기반 접근은 직접교수와 전략교수이다. 두 조합을 함께 사용할 때 하나만 사용하는 것보다 효과가 더욱 긍정적이다(Ellis, 1993; Karp & Voltz, 2000; Swanson, 2001). 직접교수는 기초 기술을 지도하는 데 가장 효과적인 접근법으로(Harniss, Stein, & Carnine, 2002; Kroesbergen & Van Luit, 2003) 교사의 시연과 모델링이 포함된 교사 중심적 접근이다. 스완슨(Swanson, 2001)이 제시한 직접교수의 구성 요소는, 첫째, 과제를 세부 단계로 쪼개기, 둘째, 심층탐색(probes) 실시, 셋째, 반복적인 피드백 제공, 넷째, 그림 또는 다이어그램 제시, 다섯째, 개별속도에 맞춘 교수 제공, 여섯째, 교수 단계를 쪼개기, 일곱째, 소집단 교수, 여덟째, 교사 모델링, 아홉째, 빠른 속도로 준비물 제공, 열째, 개교수 제공, 열한째, 교사가 질문하기, 열둘째, 새로운 도구 제시다(Wendling & Mather, 2008, p. 217).

　전략교수의 종류로 단순한 덧셈 문제를 풀때는 손가락 세기, 이어 세기, 말로 세기, 인출 체기, 분해 전략이 있다. 자세한 내용은 〈표 4-7〉에 제시하였다. 연산지식(사칙연산 구구)를 할 때는 시각적 이미지를 활용하여 개념을 익힐 수 있다. 이외에도 학생들의 진전도를 점검하고, 구체적(예: 실제 사

물)-표상적(예: 그림)-추상적(예: 숫자, 상징) 절차 활용, 1분 시간을 재고 문제
풀이를 하여 수학 계산 유창성을 증가시키는 것, 오류를 분석하여 단계별로
학생들을 지도하는 것은 효과적인 수학 교수방법으로 사용될 수 있다.

〈표 4-7〉 단순 덧셈 풀이 전략

- 손가락 세기: 모두 다 세기(문제를 표현하는 모든 손가락을 들어 올려 세기)
- 손가락 세기: 이어 세기(더 큰 수를 말하고 더 작은 수만큼 손가락을 들어 올리고 세기)
- 말로 세기: 모두 다 세기(각 숫자가 의미하는 만큼을 세어 보기)
- 말로 세기: 이어 세기(더 큰 수를 말하고 더 작은 수만큼 세기)
- 인출: 셈의 표시 없이 기억으로부터 바로 연산 인출
- 분해: 관련된 연산을 인출한 후 계속해서 세기(예: 8+7, 7+7=14라는 사실을 인출한 후 1을 더하여
  15 만들기)

참고자료: Wendling & Mather (2008), p. 219.

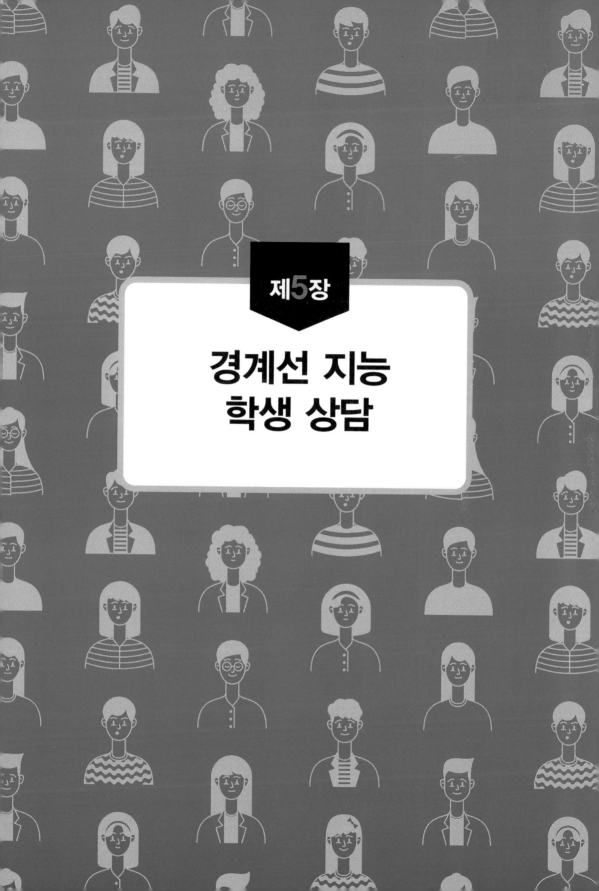

제5장

경계선 지능
학생 상담

경계선 지능 학생 상담

1. 경계선 지능 학생을 위한 상담 접근

1) 경계성 지능 학생 교사(상담사)의 역할과 자질

전문가로서 학생을 상담하는 교사(상담사)는 아동상담에 임할 때 전문인으로서 윤리원칙에 입각하여 상담사의 역할에 대해서 명확히 인지한 상태에서 상담을 진행해야 한다. 또한, 인간적·전문적 자질이 무엇인지 파악하여 인지하고 있으며 이러한 자질을 끊임없이 개발해야 한다.

(1) 경계성 지능 학생을 상담하는 교사(상담사)의 역할

경계선 지능 학생을 상담하는 교사(상담사)는 다음의 다섯 가지 역할을 수행해야 한다.

① 상담에 관한 정확한 정보 제공

경계선 지능 학생을 상담하는 교사(상담사)는 전반적인 상담에 관해 구조화하고, 학생과 학생의 부모에게 정확히 알려 주어야 하는 역할을 수행한다. 전반적인 상담에 관한 구조화는 상담의 목표, 이점, 한계, 위험성 및 심리검사에 대한 안내, 상담료, 상담료 지불 방법 등을 포함한다. 특히 내담자가 어린 아동 혹은 청소년임을 고려하였을 때 상담 시작 시간과 종료 시간, 취소와 연기 등에 대한 내용은 보다 철저히 고지되어야 할 필요가 있다.

② 전문성 증진을 위한 노력

경계선 지능 학생을 상담하는 교사(상담사)는 경계선 아동의 발달단계 및 특성에 대한 적절한 전문 능력과 기술이 있어야 하며, 전문적 지식의 한계를 극복하기 위해 최선을 다해 노력해야 한다. 상담사는 자신의 가치관, 신념, 지향하는 상담이론 등에 대하여 잘 인식하여야 하고, 자신의 한계에 대해서도 파악하고 있어야 한다. 또한, 상담과정 중 한계를 느낄 때 적절한 방안을 강구할 수 있어야 한다. 상담에 관한 전문가로서 능력 향상을 위한 연구에 적극 참여해야 한다. 또한 자신의 전문 능력을 유지, 향상시킬 수 있도록 지속적인 교육 및 훈련, 슈퍼비전에 힘써야 한다.

③ 이중관계가 아닌 상담 관계의 제공

경계선 지능 학생을 상담하는 교사(상담사)는 객관성과 전문적인 판단에 영향을 미칠 수 있는 개인적 관계의 내담자는 피해서 상담을 진행해야 한다. 개인적 친분이 있는 친구나 친인척 및 자녀를 상담하는 경우, 편견이나 비밀보장의 어려움 등이 예견되므로 전문적 상담을 기할 수 없다. 이러한 경우에는 다른 상담사에게 의뢰해야 한다. 또한 상담 장면 외에 개인적 친분을 갖는 기회를 갖지 않는 것이 좋다.

④ 비밀 보장

　경계선 지능 학생을 상담하는 교사(상담사)는 상담을 진행할 때 내담자인 아동 및 청소년의 비밀을 철저히 보장하고 외부로 상담내용이 나가지 않도록 특별히 주의를 기울여야 한다. 특히 아동이 자신의 결함, 마음속 상처 등 공개하기 어려운 부분을 개방하였을 때 비밀 유지에 더욱 심혈을 기울여야 한다. 다만 이같은 아동상담에서의 비밀보장의 원칙은 아동의 안전이 의심되는 경우나 법원에서 정보 공개를 요구하는 경우에는 예외사항을 둔다. 그리고 전문적인 의사소통이나 학문적 내용이 요구될 때는 최소한의 정보를 제공하지만 부모에게 서면 동의를 구해야만 한다.

⑤ 기록의 보존

　경계선 지능 학생을 상담하는 교사(상담사)는 반드시 상담에 관한 전체적 내용에 관한 기록을 보존해야만 한다. 상담에 앞서 부모에게 상담기록의 필요성에 대해 설명하고, 녹화, 녹음, 사진촬영 등 상담기록에 관해 서면으로 동의를 받아야 한다. 또한 상담기록을 위한 규정을 세우고, 기록은 치료적 목적 이외에는 비밀을 유지하며 보관해야 한다.

(2) 경계성 지능 아동/청소년을 상담하는 교사(상담사)의 자질

① 인간적 자질

　아동상담은 분야를 아동과 청소년으로 한정했을 뿐 상담학의 일부이다. 상담을 효과적으로 진행시키는 가장 큰 힘은 상담사의 인간적 자질에서 나옴을 수많은 논문이 증명하였다. 상담사의 인간적 자질에는 다음과 같은 것을 제시할 수 있다.

• 긍정적 인간관 및 관심

아동상담사는 편견 없이 아동을 존중하고 신뢰하며 잠재력과 가치를 인정할 수 있어야 한다. 간혹 심각한 문제행동을 가진 아동과 상담을 진행할 때, 거친 행동이나 저항으로 인하여 존중이나 신뢰를 지속하기 힘들 수도 있는데 그런 아동일수록 내면의 상처가 심한 것이다. 그러므로 상담사의 온정과 관심을 필요로 한다는 것을 인식하고, 애정 어린 관심의 손길을 내밀어야 한다.

• 자신에 대한 이해 및 각성

아동상담사는 자신을 알기 위한 노력을 게을리해서는 안 되며, 자신의 정체성, 가치관, 욕구, 강점과 단점 등에 대하여 잘 파악하고 각성해야 한다. 전문 상담사들을 보면 상담사로서 발전을 위해서 스스로의 정서, 사고, 대인행동과 반응에 대해서 총체적인 성장을 추구한다. 즉, 상담사 자신도 오랫동안 해결하지 못했던 문제들을 해결하고 자신의 발목을 잡던 문제상황을 극복하며 '더 나은' 사람이 되려고 노력한다. 아동상담사는 자신의 내면에 대해 객관적으로 들여다보기 위한 노력을 지속적으로 해 나가야 한다.

• 안정감

아동상담은 전심을 기울여야 하는 작업으로 고도의 집중력을 요구하기 때문에 고된 작업이다. 간혹 심각한 아동문제나 상황으로 인하여 좌절감이나 무력감을 느낄 수도 있는데, 이럴 경우 슈퍼비전을 통한 전문적 도움을 받아 심리적 안정을 꾀해야 한다.

• 유머

아동상담사는 유머를 활용할 수 있어야 한다. 상담에서 타이밍에 맞게 던지는 유머로 한바탕 웃고 나면 내담자는 긴장이 풀어지고 친근감이 들게 되

므로 유능한 아동상담사는 유머를 적절히 사용할 수 있어야 한다,

② 전문적 자질

아동상담은 전문적 지식과 기술을 요구하는 전문직이다. 상담을 효과적으로 진행시키고 아동에게 충분한 상담효과를 주려면 상당한 정도의 전문적 지식과 기술을 필요하다. 전문가로서의 아동상담사는 정규교육과정에서 상담에 관한 교육을 받고 임상수련을 거쳐 진문가로서 자격증을 취득하여야 한다. 자격증에서는 청소년 상담사(보건복지가족부), 아동상담사(한국아동학회), 행동치료사(한국 정서·행동장애아 교육학회), 놀이치료사(한국재활심리학회), 미술치료사(한국미술치료학회) 등이 있다.

• 아동상담 이론과 방법의 연구와 습득

상담을 전문으로 하는 상담사는 상담의 이론과 방법에 관한 체계적인 교육을 받은 지식으로 무장되어야 하고 교육을 받은 지식을 실습하는 과정이 필요하다. 실습을 통하여 내담자와 상담과정을 체계적으로 이해하게 되고 다양한 상담에 임할 수 있는 능력을 배양하게 된다. 특히 아동상담사의 경우에는 아동만의 특성을 알 수 있는 분야에 대한 지식이 필요하다.

• 아동상담과 관련된 다양한 다른 영역에 대한 지식의 습득과 활용

상담을 하다 보면 문제의 발생원인의 다양성을 볼 수 있다. 여러 이유로 인하여 생기는 갈등과 이를 해소하기 위한 방법을 찾다 보면 여러 방면의 지식이 필요함을 절감하게 된다. 학습장애 아동을 상담할 경우에는 어떤 시점에 가서는 올바른 학습법에 대한 조언도 해야 할 경우에 생긴다. 아동상담 시 아동이 좋아하는 놀이나 운동에 대한 지식도 도움이 될 것이다.

• 철저한 비밀보장

상담 시 내담자들이 가장 걱정하는 것은 상담 과정에서 이루어진 내용이 외부로 노출되는 부분에 대한 것이다. 아동 보호를 위한 법적인 조치와 연관하여 피치 못할 상황에서 아동이 공개를 허락한다 하더라도 어떠한 구체적인 방식으로 해야 아동의 수치심과 충격의 강도를 최소화할 수 있을 것인가에 대해서 아동과 의논해야 한다.

2) 공감적 치료적 관계 유지를 위한 기초 상담기술

(1) 경청 반응 기술

① 재진술

• 정의

재진술(paraphrase)은 내담자의 진술 중 상황, 사건, 대상(사람, 동물), 생각에 대한 핵심내용을 상담사의 말로 바꾸어서 돌려주는 것을 의미한다. 다시 말해, 재진술은 이야기의 인지적인 부분을 함축적으로 정리하여 되돌려 주는 것이다.

• 목적

상담에서 재진술을 사용하는 이유는 상담사가 내담자의 이야기를 경청하고 있음을 나타내기 위함이다. 또한 내담자가 어떤 이야기를 하고 있는지 상담사의 말로 들려주기 위해서, 내담자가 자신의 진술 내용에 초점을 맞추게 하기 위해서, 감정에 대한 반응이 이르다고 판단될 때 핵심내용만 전달하기 위해서 재진술을 활용하기도 한다.

• **예시**

상담 장면에서 재진술의 활용 예시는 다음과 같다.

> 내담자: 내 짝궁 은지의 성격을 잘 모르겠어요. 어떤 때는 착했다가 어떤 때는
> 저를 본 척도 안할 때도 있거든요.
> 상담사: 네 짝궁이 널 대하는 태도가 일관성이 없다는 생각이 드나 보구나.

② 반영

• **정의**

반영(reflection)은 내담자의 진술에서 어떤 사건, 상황, 대상, 생각 때문에 생긴 감정을 상담사의 말로 되돌려 주는 상담기술로서, 감정에 초점을 맞춘 재진술이라고도 볼 수 있다.

• **목적**

상담에서 반영은 인지적으로 이해된 핵심 메시지와 감성에 이입된 감정을 거울처럼 비추어 주기 위해서 사용한다. 반영을 사용하는 목적은 내담자가 이해를 받는 느낌이 들게 하기 때문이다. 이같이 이해받는 느낌을 통해 내담자는 정서를 조절할 수 있다. 또한 반영은 특정 사람, 대상, 생각 등에 대한 감정 표현을 독려하게끔 한다. 상담에서 원하는 만큼의 말을 잘하지 못하는 내담자에게 감정 반영을 해 주면 억압해 둔 감정을 표현하는 데 도움이 될 수 있다.

• **예시**

상담 장면에서 반영의 활용 예시는 다음과 같다.

> 내담자: 그동안 아빠랑 잘 지내려고 나름 노력해 봤는데요. 이젠 포기할 거예요. 아빤 고집불통이거든요.
>
> 상담사: 아빠랑 잘 지내 보려고 했는데 노력한 만큼 잘되지 않아서 실망스러운가 보구나.

③ 명료화

• 정의

명료화(clarification)는 내담자가 하는 모호한 진술의 의미를 명확하게 확인하기 위한 질문 형태의 기술이다. 모호한 메시지의 예로는 3인칭 대명사('그 사람들' '그것'), 구절('그게 있잖아요.' '왜 그거 있잖아요.') 같은 것들이 있는데 명료화는 "그 사람들이 누구지?" "그게 어떤 뜻이지?" 등을 질문함으로써 모호한 진술의 의미를 구체적으로 만든다.

• 목적

명료화는 내담자의 진정한 사고, 감정, 행동, 혹은 경험의 명확한 탐색을 위해 사용된다. 명료화를 사용하면 내담자가 보다 명확하게 진술할 수 있도록 도울 수 있다. 궁극적으로 명쾌한 치료적 의사소통을 가능하게 하며 소통이 원활한 관계를 유지하는 것을 돕는다.

• 예시

상담 장면에서 명료화의 활용 예시는 다음과 같다.

> 내담자: 어제 광화문에 바람 쐬러 갔다가 내가 제일 좋아하는 연예인을 봐서 심쿵했잖아요.

> 상담사: 심쿵했다는 말은 하영이가 좋아하는 연예인을 보고 너무 반가워서 마음이 설레었다는 뜻이니?

④ 요약

• 정의

요약(summarization)은 내담자가 말한 둘 이상의 언어적 표현의 요점을 간추려서 상담사의 말로 되돌려 주는 기술이다.

• 목적

상담사는 요약을 통해 새로운 관점에서 내담자의 정리되지 않은 상황에 대해 큰 그림(big picture)을 그려 줌으로써 내담자가 자신의 상황과 자원을 명확하고 보도록 도울 수 있다. 요약을 하는 목적은 내담자의 두서없는 이야기를 차단하고 명확한 의미 전달을 가능하게 하기 위해서, 상담의 진척 정도를 검토하기 위해서이다.

• 예시

상담 장면에서 요약의 활용 예시는 다음과 같다.

> 상담사: 지금까지 우리가 나눈 이야기를 잠시 정리해 보면. 크게 두 가지 상황이 눈에 띄네. 연우가 부모님께 인정받고 싶다는 것과 그러다 보니 중요한 결정을 스스로 못하고 부모님께 맡기게 된다는 것에 대해 지금껏 상담에서 이야기를 한 것 같아. 혹시 선생님이 요약한 내용에서 빠진 것은 없니?

(2) 실행 반응 기술

① 해석

• 정의

해석(interpretation)은 내담자의 행동, 감정, 사고/발상, 욕구, 갈등, 대처방식, 대인관계 패턴 등 사이의 연관성, 동기, 원인, 인과관계 등에서 상담사가 잠정적인 가설의 형태로 설명해 주는 상담기술이다.

• 목적

상담에서 해석을 사용하는 목적은 해석을 통해 내담자에게 자신의 행동들 사이의 관계, 의미, 동기에 대해 통찰을 얻을 수 있게 하기 위함이다. 또한 해석은 내담자로 하여금 자신의 행동에 대한 통찰을 증진하게 한다. 해석을 통해 상담사는 내담자의 명시적, 암묵적 메시지와 행동 사이의 인과관계 또는 패턴을 찾아내어 내담자에게 되돌려 줌으로써 통찰의 기회를 제공한다.

• 예시

상담 장면에서 해석의 활용 예시는 다음과 같다.

> 내담자: 엄마가 요즘에 공부하라고 닦달하세요. 그전에는 음악에 관심이 없었는데, 요새는 이어폰 끼고 음악을 듣는 것이 좋아졌어요.
>
> 상담사: 이어폰으로 음악을 듣는 것을 좋아하게 된 건 어찌 보면 엄마의 잔소리를 피하기 위한 수단으로 보이는구나.

② 직면

• 정의

직면(confrontaiton)은 내담자의 삶에서 의미, 영향, 목적이 있는 것으로 보이는 행동, 사고, 감정, 태도, 대인관계 등의 불일치(incongruence), 조화(discrepancy), 비일관성(inconsistency), 혼합메시지(mixed message)를 상담사가 언어적으로 드러내 주는 기술이다.

• 목적

직면을 활용하는 목적은 내담자에게서 모순되거나 불일치하거나 일관성이 없어 보이는 혼합된 언어적, 비언어적 메시지를 드러내 주기 위함이다. 이를 통해 궁극적으로 상담사는 내담자가 자신이 표출한 행동, 사고 또는 감정의 불일치에 대해 책임지고 지각의 확대, 탐색을 도모하게 한다.

• 예시

상담 장면에서 직면의 활용 예시는 다음과 같다.

> 내담자: 제가 알아서 다 할 수 있어요. 학교를 그만두면 아는 오빠가 알바 자리도 찾아 준댔어요. 일해서 돈 많이 벌 거예요.
> 상담사: 학교를 그만두면 독자적인 계획이 있다고 했는데, 그 계획은 아는 오빠를 의지해야만 이뤄지는 수동적인 계획이구나……

③ 정보제공

• 정의

정보 제공(information-giving)은 내담자에게 경험, 사건, 대안 또는 사람들

에 관한 데이터 또는 사실들을 구두로 전달해 주는 상담기술이다. 정보제공
은 정보 부족 또는 잘못된 정보로 문제상황에 놓인 내담자에게 특히 유용하
다.

• **목적**

정보 제공은 내담자에게 문제 상황에 대한 새로운 조망을 발달시킬 수 있
다. 상담사가 제공해 주는 모종의 정보는 내담자에게 의사결정을 위한 대안
을 제공하기도 한다. 이같은 대안책의 발견은 내담자에게 사고 또는 행동
변화의 계기를 마련해 준다.

• **예시**

상담 장면에서 정보제공의 활용 예시는 다음과 같다.

> 상담사: 신경성 폭식증(bulmianervosa)은 과식이나 폭식을 한 후에 부적절한 보
> 상행동을 반복적으로 하는 섭식장애를 의미합니다. 치료는 보통 인지행
> 동치료와 약물치료를 병행하곤 하지요.

④ 즉시성

• **정의**

즉시성(immediacy)은 내담자의 경험, 행동, 사고에 대한 상담사의 경험 또
는 감정을 구두로 전달하는 것을 의미한다. 즉시성은 '당신이 나에게 어떻게
하고 있나 보세요.'라는 형식으로 상담사가 말해 주는 일종의 피드백이다.

• **목적**

즉시성은 상담사가 자신, 내담자 또는 관계에 대해 직접적으로 표현된 적

이 없는 느낌 또는 경험을 표출하기 위해 사용한다. 상담사는 즉시성을 활용하는 이유는 논의거리를 창출하거나 관계 또는 상호작용의 특정한 측면에 관한 피드백을 제공하기 위함이다. 이는 궁극적으로 내담자의 자기탐색을 촉진하고 관계에 초점을 유지하는 것에 기여한다.

• 예시

상담 장면에서 즉시성의 활용 예시는 다음과 같다.

> 내담자: 전 특별히 잘하는 게 없어요. 공부도 못하죠, 달리기도 못하죠, 축구도 잘 못해서 우리 반 애들이 저랑 같이 안 놀려고 해요.
> 상담사: 호연이는 특별히 잘하는 것이 없다고 말하는데, 목소리는 참 맑게 들리는구나.

2. 경계선 지능 학생과 함께하는 긍정적 행동 지원 팁

1) 긍정적 행동 지원의 정의와 기본원리

(1) 긍정적 행동 지원의 정의

긍정적 행동 지원(Positive behavior support: PBS)은 아동들에게서 나타나는 문제행동의 원인을 이해하고, 종합적인 차원에서 문제행동을 반복적으로 일으키는 자녀에게 가장 적합한 중재(intervention)를 제공하는 문제 해결 접근법을 의미한다. 이같은 긍정적 행동 지원은 큰 범주에서 보았을 때 응용 행동 분석을 포함한 행동 수정 원리에 기반을 두고 있다. 응용 행동 분석에서는 사회에서 요구되는 역할을 적절하게 수행하면서 동시에 사회적 관계에 놓인 다른 사람들과 원만한 관계를 맺을 수 있도록 현재의 문제행동을 감소 또는 제거하거나, 혹은 바람직하고 적응적인 행동의 발생빈도를 증가시키려고 하는 것인 목적이다.

응용 행동 분석에서는 아동이 어떠한 문제행동을 일으킬 때는 무언가를 얻거나 회피하고 싶어서 문제행동을 일으킨다고 본다. 즉, 아동의 행동에는 일련의 목적과 기능을 가지고 있다는 것을 전제하는 것이다. 아동이 숙제를 안 해 왔을 때, 심하게 떼를 쓰며 수업을 거부할 때마다 교사가 수업을 자체적으로 중단하면, 아동의 '떼쓰며 수업 거부하기'라는 행동은 '교사의 방문에도 불구하고 수업을 하지 않기'라는 자신만의 소정의 목적을 달성시키는 아이의 전략이자 방법이 된다고 볼 수 있을 것이다.

그뿐만 아니라 아동의 행동은 아동이 행동을 일으키는 아동의 주변 환경과도 연계되어 있다. 사람은 환경 속에서 살아가는데, 이 환경은 여러 가지 물리적 자극으로 구성되어 있다. 자극은 한 아동의 행동에 영향을 미칠 수 있는 모든 것을 뜻하는데, 사물, 사건, 사람 등을 모두 포괄할 수 있다. 아동이 수업에 제대로 집중하지 않는 행동이 지속적으로 발견된 경우를 예로 들어 보자. 교사의 유심한 관찰 결과, 아동이 아침밥을 안 먹고 수업에 올 때마다 집중력이 떨어지는 행동을 할 확률이 증가한다면, 아이에게 아침밥을 먹고 수업에 올 수 있도록 해야 수업시간에 집중할 확률이 높아질 것이다. 즉, 행동은 행동이 일어나는 상황이나 환경 또는 조건에 따라 발생하기 때문에 문제행동을 일으킬 가능성이 높은 환경을 의도적으로 변화시켜 바람직한 행동을 보일 가능성을 높이는 환경으로 조정하는 것에 응용 행동 분석은 초점을 두고 있다.

(2) 긍정적 행동 지원 방법(행동수정 원리)

① 강화

어떤 행동 뒤에 그 행동에 대한 대가로서 즉각적으로 주어져 그 행동의 발생 빈도를 증가시키는 자극을 정적 강화물이라고 한다. 정적 강화물이라는 용어는 일상적으로 우리가 사용하는 '보상'과 비슷한 개념이다. 아이스크림이나 과자와 같이 아이가 좋아하는 믹고 마실 수 있는 것이나, 축구하기, 만화책 보기와 같이 좋아하는 활동을 하게 해 주는 것, 칭찬하기, 머리 쓰다듬어 주기, 포옹하기 등과 같은 사회적 관심을 충족시켜 주는 행동 등이 정적 강화물이 될 수 있다. 반면에, 부적 강화란 어떤 행동 뒤에 아동이 싫어하는 것(물건 또는 상황 등)을 제거함으로써 그 행동의 발생 빈도를 증가시키는 것을 말한다.

효과적으로 강화를 사용하기 위해서는 다음의 내용에 대한 고려가 필요하다. 첫째, 강화물이 보다 효과성을 발휘하기 위해서는 아이에게 어떠한 대상이 강화물로 제시되기 전에 그 아이가 강화물에 대한 필요나 부족을 체감할 수 있어야 한다. 방금 과자를 실컷 먹은 아이에게 과자가 효과적인 강화물이 되기란 어렵다. 둘째, 강화물의 양과 크기는 행동을 강화할 수 있을 만큼 충분히 커야 한다. 아이가 원하는 크기가 10이라고 했을 때 5의 크기의 강화물은 효과적인 강화가 되지 못한다. 셋째, 아동이 목표한 바람직한 행동을 수행했을 때 즉각적으로 강화물을 제공해야 한다. 교사가 강화물이 없었기 때문에 "다음 시간에 선생님이 줄게." 라고 하는 피드백은 아이에게 자기가 이미 수행한 긍정적 행동에 대한 반발심을 상승시키며, 더불어 약속이 지켜지지 않아 기대감이 좌절감으로 변질됐기 때문에 이후의 긍정적 행동을 야기하도록 보상을 설정하는 것이 어려워진다.

② 소거

소거란 문제행동이 강화로 인해 행동의 빈도가 증가했거나 유지되었을 때, 그 문제행동을 강화한 요인을 제거함으로써 문제행동을 약화시키거나 제거하는 방법이다. 예를 들어, 의학적인 소견상 이상이 없는데도 숙제를 하라고 하면 머리가 아프다고 울었던 아이의 이마를 울 때마다 교사가 짚어 주었다면, 이런 '이마 짚어 주기'라는 행위는 아이가 숙제를 할 때만 되면 머리를 아프다고 반복적으로 호소하는 행동에 정적 강화물로 작용했을 수 있다. 이때 아이가 머리가 아프다고 호소하는 행동에도 교사가 이마를 짚어 주는 행위를 하는 것을 그만둔다면, 이는 소거를 적용하는 것이다.

효과적으로 소거를 사용하기 위해서는 다음의 내용에 대한 고려가 필요하다.

첫째, 소거를 효과적으로 적용하려면 소거할 문제행동을 정하고, 이 행동이 감소하기 전에, 한시적으로 평소보다 문제행동의 발생 빈도가 증가하거나 때로는 공격적인 행동이 나타날 수 있다는 것을 알아야 한다. 이를 행동주의이론에서는 '소거 저항' 혹은 '소거 폭발'이라고 하는데, 소거과정 동안에 일시적으로 반응(강도, 빈도, 지속시간 등)의 증가, 즉 행동의 빈도, 지속시간, 강도, 또는 새로운 행동(정서적 반응, 공격행동)이 발생하는 것을 의미한다. 그러므로 교사는 현재의 상황이 소거를 끝까지 진행할 수 있는 상황인지를 고려해야 한다. 우선, 환경적으로 소거를 시작하는 것이 가능한지를 고려하고 (예: 여럿이서 함께 공부하는 자리에서 한 아이에게만 무시하는 소거를 하는 것은 쉽지 않다), 소거를 활용하고 있을 때 타인이 바람직하지 못한 문제행동에 대해서 강화물을 주는 것을 막아야 한다. 예를 들어, 앞의 아이가 머리가 아프다고 울었을 때 교사는 무시하는데 부모가 관심을 써 주는 행동을 한다면 소거는 실패할 수 있다. 이것은 교사와 부모가 교육적 공동체가 되어야 한다는 점을 시사하기도 한다(이에 대한 내용은 제6장에서 좀 더 구체적으로 다루도록 하겠다.)

둘째, 소거가 효과적으로 적용되어 아이에게서 문제행동이 더 이상 일어나지 않을 줄 알았는데, 얼마 후에 다시 똑같은 문제행동 반복될 수 있다. 이는 자연스러운 현상임을 기억하는 것이 중요하다. 교사는 행동이 수정되는데 그렇게 빨리 사람이 변화할 수 없다는 것을 인지하고, 인내심을 가지고 기존에 실시했던 소거를 좀 더 실시하면 된다. 두 번째 시행했을 때는 행동의 빈도 수가 줄어들기까지의 시간이 더 짧게 걸리기에 원하는 목표행동에 좀 더 빠르게 도달할 것이다.

③ 행동연쇄

행동연쇄란 행동연쇄는 한 사람의 행동 체계에 이미 존재하고 있는 단순하고 작은 행동을 적절한 방법으로 연결하여 지금 할 수 있는 행동보다 보다 복잡한 행동을 학습하도록 하는 것이다. 행동연쇄를 위해서는 먼저 목표행동을 세분화할 필요가 있다. 목표 행동을 쪼갠 세부 단위 행동은 대상자가 큰 어려움 없이 습득할 수 있도록 간단해야 하며, 세부 단위 행동은 목적이 달성됨을 알릴 수 있는 행동의 수준이 명확해야 한다. 그리고 단위 행동은 충분히 숙달될 때까지 훈련되어야 한다.

행동연쇄에서 한 단계의 행동이 충분히 숙달되지 않으면 그다음에 연쇄될 모든 행동을 약화시킬 수 있다. 또한 단위 행동은 다음 단위의 행동에 대한 단서가 되고 조건강화로 작용하므로 확실한 형성이 되도록 훈련해야 한다.

행동연쇄는 첫 단계부터 순차적으로 학습시키는 긍정적 연쇄와 거꾸로 한 단계씩 지도하는 역연쇄가 있다. 예를 들어, 티셔츠 입는 단계를 목을 끼우는 1단계에서 시작해서, 아래로 내리는 5단계로 나누어서 가르칠 때, 긍정적 연쇄로 진행하면 옷 입는 행위가 완료되지 않고 목을 끼우는 단계에서 끝나 아동의 동기유발에 문제가 생길 수 있다. 이때 역연쇄의 방법을 활용하여, 앞 단계는 부모가 해 주고, 마지막 5단계인 티셔츠를 내리는 것을 아동이 하게 하면 성취감을 느끼게 할 수 있다. 마지막 단계를 학습하면, 1~

3단계는 부모가 해 주고, 4단계부터는 아동이 할 수 있게 하면 된다.

④ 토큰 경제

가정이나 학교에서는 아동이 바람직한 행동을 할 때 스티커를 주고, 이 스티커가 모이면 아동이 원하는 활동을 하게 하거나 보상을 주는 식의 활동을 통해 아동의 바람직한 행동을 유도하곤 한다. 아동이 바람직한 행동에 대한 대가로 받은 토큰이나 점수는 어떠한 강화물과도 교환이 가능하며 과제의 복잡성에 따라 토큰의 수에 차등을 둘 수도 있다.

⑤ 모방학습

아동은 다른 사람의 행동을 따라 하려는 경향이 있다. 어릴 적엔 부모나 성인의 행동을 관찰하고 이를 모방하여 학습하지만, 학교에 들어가고 사회적 관계를 맺어 갈 때 쯤이면 아동은 부모의 곁에서 벗어나 학교나 학원이라는 제2의 세계에서 만나게 된 새로운 안전기지인 교사의 행동을 관찰하여 모방하기 시작한다.

교사는 아동의 가장 큰 모델링이 되는 대상임을 명심해야 한다. 교사의 말투나 글씨체, 과목을 대하는 태도나 노력을 가치 있게 여기는 정도까지도 아동은 모두 모방할 가능성이 있다.

2) 긍정적 행동 지원의 실시

(1) 정적 강화에 의한 긍정적 행동지원의 적용

정적 강화(正的强化, positive reinforcement)란 어떤 행동이나 반응에 대하여 그 행동의 빈도나 강도를 증가시키는 자극을 제공하는 것을 의미한다. 정적 강화는 정적 자극에 의해서 이루어지는데, 정적 자극이란 어떤 행동에 대하여 후속하는 자극이 선행을 증강시키는 것을 가리킨다. 정적 자극이 될 수 있는 것에는 여러 가지가 있는데 크게 두 가지 정도로 줄여 볼 수 있다.

첫 번째 정적 자극으로 사회적 관심이 있다. 아동이 문제행동을 저지른 이후에 사회적 관심이 주어지기 때문에 사회적 관심이 정적 자극이 되어 문제행동이 발생하고 유지될 수 있다. 이때 아동이 접하는 가장 가까운 사회적 관심은 교사 혹은 부모의 관심일 것이다. 아동이 교사의 관심을 끌려고 문제행동을 하고 있지는 않은지 아동이 문제행동을 하기 바로 전 교사를 바라보거나 가까이 가는 특이 행동을 하는지를 유심히 관찰하는 것이 힌트가 될 수 있다.

두 번째 정적 자극으로 감각 자극에 의한 만족감이 있다. 아동이 특정 행동을 함으로써 얻어지는 감각 자극에 의해서 문제행동이 강화될 수 있다는 것을 의미한다. 예를 들어, 아이가 공부를 하면서 계속 펜을 돌리는 행동을 한다면 손가락 위의 필기구가 돌아가는 자극을 극대화하기 위해 펜돌리기 행동을 계속할 수 있다. 행동이 다른 사람들이나 외부 환경에 미치는 효과가 없는 듯 보이는데, 줄지 않고 지속된다면 자기-자극 강화를 생각해 볼 수 있다. 이 행동을 소거하기 위해서는 행동을 지속한다 할지라도 아동이 원하는 자극을 얻어낼 수 없도록 환경을 설정해 주면 된다. 예를 들어, 펜 돌리기를 하는 아이에게 장갑을 끼우면 펜 돌리기를 하더라도 손에서 얻을 수 있었던 감각을 얻을 수 없게 되며 행동이 소거될 수 있다.

(2) 부적 강화에 의한 긍정적 행동지원의 적용

부적 강화(不的強化, negative reinforcemen)란 원치 않는 어떤 특정한 것(주로 혐오하는 상황이나 사물 등)을 제거해 줌으로써 바람직한 행동의 강도와 빈도를 증가시키는 강화를 의미한다. 이러한 부적 강화와 정적 강화는 모두 행동의 발생 빈도를 증가시킨다는 점에서 동일하다. 차이점이 있다면 정적 강화는 바람직한 행동을 함으로써 원하는 것(예: 휴식, 칭찬, 음식, 돈 등)을 얻게 되는 것이고, 부적 강화는 바람직한 행동을 함으로써 원하지 않는 것(예: 꾸지람, 화

장실 청소 등)을 피할 수 있다는 점이다. 또한, 부적 강화는 행동의 발생 빈도를 증가시킨다는 점에서 벌을 통해 행동의 감소를 유도하는 것과도 차이가 있다. 우리가 활용하는 긍정적 행동 지원에서는 벌의 활용보다는 강화의 활용을 더욱 권장하는 편이다.

정적 강화와 마찬가지로 부적 강화 역시도 선행하는 부적 자극에 의해서 이루어지는데 부적 자극이란 어떤 행동에 대하여 후속하는 자극이 선행의 행동을 감소시키는 것을 가리킨다. 부적 자극이 될 수 있는 것에는 사회적 관심과 물리적 자극에 의한 불쾌감이 있다.

부적 자극이 사회적 관심인 경우, 아이들은 문제행동을 일으킴으로써 교사나 부모의 요구로부터 피할 수 있기 때문에 이는 아동의 입장에서 부적 강화가 될 수 있다. 아이에게 열 번 쓰기를 하자고 할 때, 열 번 쓰기는 힘들다고 칭얼대는 행동(문제행동)을 하며 열 번 다 쓰지 않고 5번만 쓰거나 아예 글을 쓰지 않을 수도 있게 되는 상황이 예가 될 수 있다. 또한 부적 자극으로 물리적 자극에 의한 불쾌감이 있다. 물리적 자극에 의해 발생한 자극에 대해 아동이 불쾌함을 느꼈을 때, 유발된 불쾌한 감각을 제거하기 위해 특정 행동을 한다면, 이는 부적 강화가 될 수 있다.

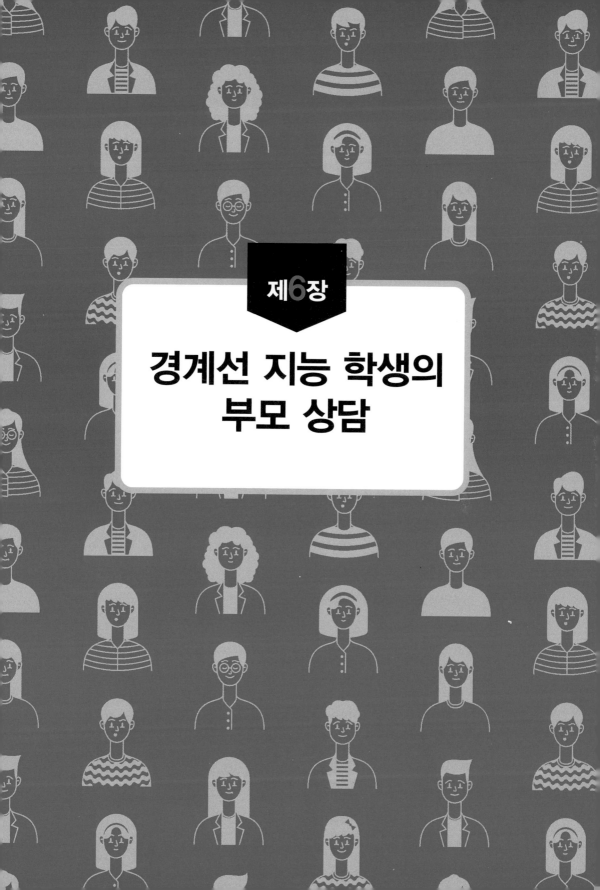

제6장

경계선 지능 학생의
부모 상담

경계선 지능 학생의 부모 상담

1. 경계선 지능 자녀의 부모

우리가 교육 현장에서 만나는 학부모 중에서 경계선 지능 학습자들의 부모들이 있다. 경계선 지능 아동들은 지능의 정상분포를 고려할 때 인구의 13.59% 정도를 차지할 정도로 높은 인구 비율에 속하고 있다(정희정, 2006). 제1장에서 살펴보았듯이 경계선 지능 학습자들은 정보를 습득하는 과정이 느리고 학습이 더디며, 다른 사람들이 말하는 것을 기억하거나 이해하는 능력이 부족하여, 의사소통 과정에서 어려움을 겪는 학습자들이다. 또한 자신이 경계선 지능을 가지고 있다는 사실을 받아들이는 과정에서 열등감을 갖게 되거나 부정적인 행동을 보이기도 하고(권영주, 1999), 그 결과로 또래 집단에서 부적응적 행동으로 나타나게 될 가능성(Mishna, 2003)이 높은 집단이기도 하다. 이같은 경계선 아동의 지적, 정서적 특성들은 경계선 지적 아동들의 부모가 경계선 지능 학습자를 양육하는 과정에서 겪는 어려움과 긴밀하게 연결되어 있다.

이번 장에서는 경계선 지능 자녀를 양육하는 학부모님에 대해 학습할 것이다. 크게 세 가지 주제를 학습하게 될 것인데, 첫째, 경계선 지능 자녀를 양육하는 부모님이 어떤 양육 경험을 하는지 양육 태도가 어떠한지를 살펴볼 것이다. 둘째, 자녀를 키우는 부모들이 말하는 양육 스트레스의 정의와 원인을 살펴볼 것이다. 셋째, 교사로서 이같은 부모님들의 양육 스트레스를 함께 대처해 나가기 위해서 실질적으로 교육 현장에서 학부모님들을 대상으로 활용할 수 있는 상담 기법(해결중심상담, 인지상담)을 배워 볼 것이다.

1) 경계선 지적 기능 아동을 양육하는 부모의 양육 경험 살펴보기

(1) 초등학생 경계선 아동 부모의 양육 경험

초등학생 경계선 지능 학습자의 부모들은 여러 양육 스트레스 상황에 노출되는데, 가장 먼저 자녀가 경계선 지능임을 몰랐을 때 자녀의 행동을 관찰하는 양육 스트레스를 경험한다. 부모의 말이나, 주변 상황에 대한 이해를 잘 못하는 것, 행동이 느리고, 고집이 센 점, 공부에 집중하지 못하고 자꾸 틀리는 것을 보며, 자녀에게 '게으른 아이' '말을 잘 듣지 않는 아이' '공부하기를 싫어하는 아이' 등 자녀에 대한 부정적 인식을 형성하기도 한다. 아이가 초등학교에 입학하여 본격적으로 학습을 시작하게 되면, 아이가 겪는 여러 가지 학습적인 어려움을 자녀의 지적 기능의 문제라고 생각하지 못하기 때문에, 태도에 대한 문제로 여겨서 아이의 태도를 변화시키기 위해 더욱 혼을 내거나 무리하게 학습을 시키는 경우도 있다(이재연, 한지숙, 2003).

경계선 지능 학습자의 부모들은 아이가 경계선 지능이라는 진단을 듣고 난 이후 현재 상황을 수용하기까지 복잡한 심리적 적응 과정을 겪게 된다(박

숙자, 2016). 하늘이 무너져 내리는 듯 절망감을 경험하기도 하고, 억울함, 분
노, 슬픔, 무력감 등 여러 가지 감정이 하루에도 몇 번씩 바뀌는 것을 경험하
기도 한다. 보통 아이들처럼 기능하지 못하는 자녀가 안쓰러워 자녀가 어려
워하는 것을 챙겨 주고, 과잉 보호를 하기도 하다가 때때로 자녀의 한계를
수용하기 어려운 마음에 심한 분노를 느끼기도 한다. 여러 번 재검사를 받
고, 학원, 과외 등을 보내며 어떻게든 해 보려고 하다가 무기력해지기도 한
다. 특히 사회적 관계 속에서 다른 아이들과 비교하는 마음을 느끼며 위축
이 되며 사회적 소외를 경험하기도 하고, 여러 가지 치료과정을 지속해 나
가며 경제적인 부담감도 느끼게 된다(박숙자, 2016).

그러나 낙담하거나 좌절하지 않고 새로운 돌파구를 찾아내는 부모들도
있다. 일부 부모들은 점차 자녀의 어려움을 수용하면서 자신의 양육 태도를
반성하고 여러 지지 그룹의 도움과 위로를 통해 창피함, 지나친 책임감과
죄책감, 두려움 등에서 편안해지게 되면서 자녀와의 관계 변화 뿐아니라 삶
을 이해하고 바라보는 태도, 주변에 대한 관심과 사랑을 가지며 봉사활동에
참여하는 등 세상을 바라보는 관점이 확장되고 성숙하게 된다(박숙자, 2016).
경계선 지능 아동의 교수자로서 유념해야 하는 것은 학부모들에게 힘을 주
고 가이드를 제시할 수 있는 이같은 지지 그룹이 되어 주는 것인데, 학부모
들이 필요로 하는 교수자는 단순한 학습의 전달자의 역할이 아닌, 그들의
지지 그룹이 되어 주는 것임을 기억할 필요가 있다.

(2) 중·고등학생 경계선 아동 부모의 양육 경험

김고은, 김혜리(2018)에 따르면 경계선 아동이 중·고등학생이 되었을 때
부모는 아동이 초등학생 때와는 다른 양상의 양육 경험을 하게 되는데, 첫
째, 줄어들어 가는 아동 대상 서비스 시설, 둘째, 사춘기 변화, 셋째, 성인기
진입을 앞두고 군대와 결혼에 대한 걱정, 넷째, 초등학교 시절 아동을 향한
잘못되고 교육방침에 대한 후회가 그것이다.

첫째, 중·고등학생 경계선 아동의 부모들은 자녀가 중·고등학생이 되면서 자녀를 보낼 수 있는 서비스 기관이 없어지는 양육 경험을 보고하였다. 경계선 지능 아이들을 받아주는 기관도 없을 뿐 아니라, 그나마 갈 수 있었던 기관들에서도 중·고등학생은 대상으로 하지 않아 아이를 보내고 맡길 수 있는 곳이 줄어들었다는 것이다.

둘째, 중·고등학생 경계선 아동의 부모들은 자녀가 중·고등학교에 입학하고 나서 환경의 변화와 사춘기 변화가 커지는 양육 경험을 하였다. 학습을 포기해야 할 정도로 교과 수준은 높아졌고, 자녀는 성(性)적·정서적·행동적 문제를 나타내 양육의 어려움이 더욱 커졌다고 보고하였다. 경계선 아동 역시도 사춘기를 겪어 가는 과정에서, 아이가 어릴 때와 다르게 반항하고 자기주장이 강해지며 감정적으로 예민해져 가는 상황 속에서 부모는 어찌해야 할 바를 몰랐던 양육경험을 보고한다.

셋째, 중·고등학생 경계선 아동의 부모들은 자녀의 성인기 진입을 앞두고 걱정이 많아지는 양육경험을 한다. 직장생활에 적응할 수 있을지, 결혼은 할 수 있을지, 군대에서 문제는 생기지 않을지, 사회에서 이런 아이를 받아 줄지, 불이익을 받지 않을지 등 자녀가 사회에서 겪을 일들에 대해 근심하고 불안해한다. 부모는 아이가 죽을 때까지 부모가 자녀를 계속 데리고 있을 수도 없다는 사실 때문에 고민하고, 남자 자녀의 경우 군대에 가서 무슨 일이라도 당할까 봐 걱정하기도 하며, 특히나 극한 상황에 돌발행동을 할 수 있는 가능성을 배제하지 않고 걱정하고 고민한다. 더 나아가 아동의 직장과 결혼을 포함하여 생애주기에서 아이가 버텨 낼 수 있을지를 걱정하기도 한다.

넷째, 중·고등학생 경계선 아동의 부모들은 자녀들이 초등학교 시절 아이가 경계선 지능인지 미처 알지 못하고 학습문제에 치중하여 아이를 다그친 것에 대해 후회와 한(恨)스러움의 감정을 느끼는 양육경험을 보고하였다. 아이가 일반적인 아이들과 비슷한 수준이 되도록 과도하게 개입하거나 지도하기도 했는데, 이러한 본인들의 태도가 아이를 더 망친 건 아닌지, 아이를 더 힘들게 한 건 아닌지 하는 생각에 죄책감을 느끼기도 한다.

2) 경계선 지능 아동의 부모 양육 태도와 전문적 도움 추구

부모의 양육 태도는 자녀를 기르고 가르쳐서 자녀를 성장, 발달시키면서 나타나는 사녀의 행동에 대한 부모의 경향과 반응을 의미한다(Fishbein & Ajzen, 1975). 부모의 양육 태도는 부모와 자녀 사이의 관계의 질적 측면을 결정할 뿐만 아니라, 더불어 자녀의 지적, 정서적, 성격적 측면의 발달에 중요하게 영향을 미친다(Schaefer, 1961). 아동은 부모와의 대면적 상호작용을 통해 또래와 성공적으로 사회적 관계를 맺어 나갈 수 있는 사회적 기술을 배우고, 연습하며, 정교화할 수 있는 기회를 갖는다(강현정, 2006; Islay et al., 1999).

부모와 자녀 사이의 긍정적/부정적 상호작용은 자녀의 인간관계와 상호작용 패턴에 영향을 준다. 일레로, 부모의 애정적인 태도, 따뜻한 말투, 가족 내에서 수용적 관계를 지속적으로 받아 온 아동들은 자기 신뢰감을 가지고 일정한 사회적 결과를 이루어 낸다(Hall et al., 2005, p. 171). 이에 반해 부모가 자녀의 감정이나 요구에 민감하지 못할수록 또래 관계에서 피해 집단이 되기 쉽다고 보고되었다(Smith & Sharp, 1994). 부모가 애정적 양육 태도일 때 지적장애가 있는 아동들의 또래관계, 교사와의 관계가 긍정적이며(김선영, 2002), 부모가 자율적 태도로 대할 때 일반적인 사회성, 대인관계와 같은 사회적 능력이 증가하므로(한옥희, 2006) 긍정적인 양육 태도는 중요하다.

그러나 이같이 부모의 애정적 양육 태도의 중요성이 강조됨에도 불구하고, 경계선 지적 기능을 가졌거나 경도의 지적 학습 장애를 가진 자녀의 부모 중 70% 정도는 자신의 아이들의 정서적, 행동적 기능을 '좋지도 않고 나쁘지도 않은' 상태로 설명하였다. 이 부모 중 40.8%는 문제를 감지하고 있었으며, 그중 전문적 도움에 대한 욕구를 느끼는 사람은 70.6%였고, 전문적 도움을 자주 찾는 사람은 55.2%였다(Douma et al., 2006, p. 1232). 경계선 지능을 가진 아동의 부모들이 과거에 아동들의 소아 정신의학적 문제를 감지하였거나 부정적인 일련의 사건을 경험하였을 때, 아동들이 불안, 우울의 문제를 가질 때 도움을 더 구하는 것으로 나타났다. 즉, 대부분의 부모가 문제 해결을 원하거나 문제의 심각성에 대한 부모의 평가와 관련되어 도움을 찾는다는 것이다(Douma et al., 2006, p. 1232).

부모의 인식 정도에 따라 자녀의 상태를 현실보다 더 심각하게 받아들이는 경우가 있는 반면, 현실보다 덜 심각하게 받아들이는 경우도 있다(Mcloughlin et al., 1987). 오히려 부모들은 자녀들에 대한 올바른 인식을 하지 못한 채 문제의 원인이 아이의 학습에 대한 태도의 문제로 보기도 하고, 아동을 혼내서 태도를 변화시키려고 하거나 혹은 충격요법으로 무리한 학습을 시키는 경우도 다수 있다(이재연, 한지숙, 2003). 부모들이 아동에게 이같이 아동의 특성을 고려하지 않는 무리한 학습 방법을 강요하거나, 또는 체벌과 같은 방법을 사용하는 것은 아이의 긍정적 행동수정을 할 수 있는 효과적 방법이 되지 못한다.

실제 경계선 지능을 가진 아동들의 동기 지향성에 지속적으로 영향을 주는 한 가지 요인은 반복된 실패가 가져오는 악영향이다. 경계선 지능 아동들은 반복된 실패 상황에 늘 노출되어 있고 성공 경험보다는 실패 경험이 더 익숙하다. 이같은 반복된 실패를 극복하기 위해서 부모의 양육 과정에서 경계선 지능 아동들이 성공할 수 있는 과제들을 제공할 수 있도록 강사들은 부모가 아동의 학습을 촉진하는 방법을 공유할 필요성이 있다. 아울러 학생들에게는 궁극적으로 실패를 딛고 일어설 수 있도록 반복된 성공을 통하여 충분한 자신감을 얻게 하는 경험을 조성할 수 있어야 한다(신종호 외, 2005, p. 308; 신현기 역, 2008, p. 292).

2. 경계선 지능 자녀를 양육하는 부모의 양육 스트레스

1) 양육 스트레스

　스트레스는 자녀를 키워보는 부모라면 한 번쯤은 생각해 보았을 법한 말로, 자녀를 양육하는 과정에서 나타나는 다양한 종류의 스트레스를 의미한다. 그렇다면 스트레스란 무엇인가? 스트레스는 개인에게 외적으로 또는 내적으로 어떠한 요구가 발생했는데, 그 요구를 자신이 대처(스스로 해결)하기 어렵다고 인식했을 때 생기는 생리적, 심리적 그리고 행동적 반응이다. 사람이 일정 수준 이상의 스트레스를 받으면 생리적 반응으로 두통, 피로, 과한 식욕을 느끼기도 하고, 심리적 반응으로서 불안, 우울을 느끼기도 하며, 행동적 반응으로써 머리를 쥐어뜯거나 경련을 일으키는 등의 행동이 몸으로 표출되기도 한다. 적정한 수준의 스트레스는 일상생활의 활력과 동력을 불어넣는 긍정적 기능을 하지만, 스트레스가 일정 수준을 넘어 과도해질 경우, 신체와 정신적 기능이 저하되고 적응 능력이 제한되어 분노, 무력감 등을 느끼기도 한다.

　양육 스트레스를 이해할 때는 이것이 일상적으로 경험하는 스트레스임을 이해하는 것이 중요하다. 밥 먹기, 학교 가기, 여가 생활 보내기와 같이 일상에서 매일 경험하는 일이 주된 스트레스 요인이 된다면 아이와 부모 모두에게 큰 영향을 미칠 수 있다는 점을 부모는 미리 지각하고 있어야 한다. 생활에서 매일 경험하는 일상적 스트레스의 누적은 주요 생활사건(가족의 죽음, 질병, 퇴사 등)으로 인한 스트레스보다 개인의 심리적 건강이나 복지를 더 잘 대변하며 더 잘 예측한다는 선행연구도 있다(Lazarus & Folkman, 1984).

　부모의 양육 스트레스는 자녀에게 영향을 준다. 어머니의 양육 스트레스가 높은 경우에는 아이의 정서 · 행동 발달뿐 아니라 부모-자녀의 관계 형성에도 부정적인 영향을 미친다. 또한 양육 스트레스는 부당한 양육 행동을 하는 중요한 원인이 되어, 과도하게 아이를 훈육하고 통제하거나, 아이에 대한 기대감이 낮아질 수 있다. 더 나아가 유아의 발달에 직접적인 영향을 미친다는 연구(Silver et al., 2006; Zhang, Cubbin, & Ci, 2019)도 있다. 부모가 양육 과정에서 느끼는 일상적인 스트레스가 누적되면 부모의 행동에 영향을 줄 수 있다. 양육자가 자신이 양육에서 스트레스를 느끼고 있다고 지각하게 되면 역기능적인 양육행동으로 이어질 수 있다(Abidin, 1990). 국내의 연구(박응임, 1995)에서도 양육 스트레스는 양육에 대한 부모의 관심을 약화시켜 부당한 양육행동을 하게 된다고 나타났다. 그 밖에도 어머니가 지각하는 스트레스가 높을수록 아동 행동에 대해 부정적으로 지각하며, 양육행동에 강압적이며 명령이나 비난을 많이 사용한다는 연구 결과가 일관적으로 보고되었다(박성연 외, 1996; 신숙재, 1997; 유우영, 이숙, 1998; 안지영, 2001). 그러므로 자신이 왜 이렇게 스트레스를 받는지 이해하고 해결하는 것은 자녀 양육과 가족의 행복한 삶을 유지하는 데 매우 중요한 일이다.

2) 양육 스트레스의 원인

부모가 느끼는 양육 스트레스의 정도는 부모 자신의 인지적, 정의적 특성에 따라서 주관적으로 지각될 수 있다(Abidin, 1992). 다시 말해, 부모 개개인마다 부모 역할과 관련된 재능, 지식, 기질적인 성향의 정도에 따라 개개인이 체감하는 양육 스트레스 정도가 달라질 수 있는 것이다. 이같은 부모의 양육 스트레스는 자녀의 발달에 지대한 영향을 미친다. 그럼 부모의 양육 스트레스에 영향을 미치는 요인은 무엇인가? 여러 요인이 존재하나, 이 장에서는 부모 개인의 측면, 자녀의 측면, 부모 환경의 측면으로 나누어 살펴보고자 한다.

(1) 부모 요인

동일한 상황을 마주했을지라도 양육 스트레스는 부모마다 다를 수 있다. 초등학생의 부모를 대상으로 한 연구에서 애정적 양육 태도와 자율적 양육 태도를 보이는 부모는 양육 스트레스와 부적 상관이 있었지만, 거부적 양육 태도와 양육 스트레스는 정적 상관을 보였다(고효정, 권윤희, 김민영, 2009). 한편, 같은 연구에서 MBTI 검사를 활용하여 네 가지의 기질별 성격유형과 기능별 성격유형으로 분류하여 연구한 결과, 기질별 성격유형에 따라서는 양육 스트레스에서 유의한 상관이 발견되지 않았으나 기능별 성격유형에 따라서 양육 스트레스의 유의한 차이가 있었다. 직관적 감정형이 양육 스트레스가 가장 낮았고, 직관적 사고형이 가장 스트레스가 높았다. 같은 연구에서 부모의 성격과 양육 태도와의 관련성을 통해 부모의 성격과 양육 스트레스의 간접적 관련성 또한 찾고자 하였다. 직관적 감정형이 애정적 양육 태도가 가장 높았다. 반면, 직관적 사고형은 애정적 양육 태도에서 가장 낮은 점수를 보였다. 결과를 종합해 보면, 애정적이고 자율적인 양육 태도를 보일수록 양육 스트레스는 적으며, 감각 및 감정적 특성이 있는 성격유형의 양육 스트레스가 가장 낮거나 애정적 양육 태도를 보이는 것으로 보였다.

한편, 부모의 교육 수준과 관련해서는 일관되지 않은 결과가 보고된다. 부모의 교육수준이 높을수록 양육 스트레스가 낮다는 연구 결과(손수민, 2010)와 반대로 더 높은 수준의 스트레스를 경험한다는 결과(김기현, 조복희, 2000) 등이 그 예이다. 이같은 결과는 부모의 어떠한 특성도 단독으로 양육 스트레스에 영향을 주지 않으며, 부모의 특성과 아동의 특성은 서로 상호작용하면서 양육 스트레스에 영향을 미치고, 이 과정을 거치면서 역기능적 상호작용이 일어나고, 다시 아동의 행동과 적응에 역기능적인 영향을 미치게 됨을 알 수 있는 것이다(박명숙, 2002).

(2) 아동 요인

부모의 양육 스트레스의 원인을 자녀의 기질 특성에서 설명하기도 한다. 일반적으로 까다롭고 예민한 기질을 보이는 자녀는 그렇지 않은 아동에 비해 불안해하고, 공격성을 보이는 등의 행동화 문제를 일으킬 가능성이 높고, 기분이 쉽게 불쾌해지는 등의 부정적 정서를 느낄 가능성이 높아서 모의 정서에도 부정적인 영향을 미친다. 한편, 아동의 활동성이 지나치게 높은 경우에도 부모를 체력적으로 지치게 만듦으로서 양육 스트레스에 부정적인 영향을 미친다(Abidin, 1992). 이와 같이 까다롭고 예민한 아동은 그렇지 않은 아동에 비해 문제행동 및 정서적 장애를 많이 보이고, 이로써 사회 적응에도 어려움을 겪을 수 있다.

(3) 환경 요인

부모 요인과 아동 요인 못지않게, 양육 스트레스에 큰 영향을 미치는 요인으로 환경 요인이 있다. 부모를 둘러싸고 있는 환경으로는 경제적인 여건, 주거 환경, 사회적 지지, 배우자와의 관계, 취업 여부 등이 있다. 특히 경제적으로 어려움을 겪고 있을 때 안전 및 건강의 위협을 느낄 수 있으며, 이로 인해 사회적인 소외감을 느끼게 된다. 많은 연구를 통해 경제적 여건과 부모의 양육 스트레스 간의 상관관계가 밝혀져 왔다(임순화, 박선희; 2010, 임현주, 2013). 그러나 배우자와의 관계와 사회적 지지는 양육 스트레스를 줄일 수 있는 요인으로 작용한다. 배우자와의 관계가 긍정적이고, 양육에 대한 사회적 지지가 많은 경우에는 자녀와의 상호작용이 긍정적으로 발전하게 되고 결국 양육 스트레스도 덜 느낀다.

이처럼 부모요인, 아동 요인, 환경 요인은 서로의 상호작용을 통해 복합적으로 작용한다. 부모의 특성과 자녀의 특성, 환경 요인들이 양육 스트레스에 영향을 미치고, 이는 부모의 양육 행동과 양육 태도 및 유능감과 자기 효능감 등에 영향을 미치며, 이는 다시 양육 스트레스에 영향을 마치는 순환을 반복하게 된다(손영지, 박성연, 2011).

3) 양육 스트레스의 대처를 위한 상담 기법

양육 스트레스를 경험하고 있는 경계선 지능 자녀의 부모들은 스트레스에서 벗어나보려고 부단히 많은 노력을 하나 궁극적으로 실패하는 경우가 많다. 그 이유를 살펴보면, '해결방법이 없다'라고 생각하거나 부정적이고 자기파괴적인 생각에서 벗어나기 어렵기 때문이다. 이같은 부모들을 인지적 대처를 조력해 주기 위한 상담기법으로서 해결중심상담이론과 인지행동이론을 다루고자 한다.

(1) 해결중심상담이론

해결중심은 상담이론의 한 분야로서 드 세이저(de Shazer)와 김 버그(Kim Berg)가 1978년 단기치료모델로서 해결중심치료를 개발하면서 시작되었다. 이 치료법의 핵심은 이미 가지고 있고, 일상생활에서 나타나고 있는 자원을 활용하는 것이라고 할 수 있다. 이후에 전개되는 해결중심기법에 대한 설명은 한국 청소년 상담원의 청소년 동반자 보수교육 자료(구본용, 2011)의 내용과 교육사각지대 학습자 부모교육(김동일, 2022)의 자료를 기반으로 한다.

해결중심기법은 내담자인 부모가 자신이 이미 가지고 있는 자원과 강점을 발견하고 관심을 기울이는 것을 목표로 하는 상담기법이다. 즉, 어떠한 사람이라도 자신이 가진 문제를 해결할 수 있는 능력을 가지고 있다는 신념을 전제로 하고 있다. 전제의 내용을 살펴보면 다음과 같다.

- 내담자의 강점을 존중한다.
- 내담자는 많은 강점을 가지고 있다.
- 내담자의 동기는 강점을 조장할 때 증가한다.
- 상담사는 내담자의 협력자다.
- 피해자라는 생각에서 벗어나야 한다.
- 모든 환경은 자원이다.

출처: 구본용(2011).

① 해결중심기법의 가정 및 관점

상담에서 해결중심기법의 가정 및 관점을 양육 스트레스와 관련한 대처로 해석해 보면 다음과 같다.

〈표 6-1〉 해결중심기법의 가정 및 관점

• 병리적 측면 대신에 건강한 것에 초점을 둔다.	• 양육과정의 성공 경험, 양육자의 강점에 초점을 두고 이를 활용한다.
• 자녀의 강점, 자원, 건강한 특성을 발견하려 노력하고 활용한다.	• 부모는 민감하게 자녀가 이미 갖고 있는 자원, 지식, 믿음, 행동, 사회적 관계망, 개인과 환경적 특성을 포착하고 발견하여 이를 활용한다.
• 탈이론적이고 비규범적이며 내담자의 견해를 존중한다.	• 양육과정에서 경험하는 문제 상황에 대해 어떠한 파국적인 가정도 하지 않는다. 더불어 자녀가 표현하는 견해, 불평의 표현 방식 등을 있는 그대로 수용하려 노력하고, 자녀의 고유성과 개별성을 최대로 존중한다.
• 작은 변화가 큰 변화를 이끈다.	• 양육 스트레스 해결이라는 달성을 위해 경제적인 마인드를 갖는다. 경제적인 마인드란, 단순한 것에서부터 복잡한 것으로 치료하여 목표를 성취하는 것을 의미한다. 따라서 목표는 부모와 자녀가 달성할 수 있는 작은 것으로 세우고 개입은 가장 단순한 것에서 출발한다.
• 변화는 항상 일어난다.	• 아이는 끊임없이 변화한다. 변화의 과정을 유심히 관찰해 보면, 특정 순간에 아이가 늘상 보이던 문제행동을 보이지 않는 순간이 발견될 때가 있다. 이런 변화를 민감하게 탐색하고, 그 변화의 순간을 앞으로의 해결책의 시초로 활용하는 것이 필요하다.

• 현재와 미래를 지향한다.	• 부모 자신의 과거를 깊이 연구하지 않으며, 과거에 머물기보다는 현재와 미래에 적응하는 것을 돕는 것에 관심을 둔다.
• 협력적 관계: 부모와 자녀의 자율적인 협력을 중요시한다.	• 목표 성취를 위해 부모와 자녀가 함께 해결방안을 발견하고 구축하는 과정에서의 협력을 중요시한다.
• 핵심원리를 확인한다.	• 첫째, 아이가 이미 할 수 있는 것이 있다면, 그것을 고치려고 하지 않는다(너무 높은 잣대를 두고 지나치게 몰아붙이지 않는다). 둘째, 일단 무엇이 효과가 있는지를 알면, 그것을 더 많이 한다. 셋째, 그것이 효과가 없다면 다시는 같은 방법을 사용하지 않고 다른 방법을 사용한다.

② 해결중심기법: 예외질문

예외질문(Exception-Finding question)이란 성공했던 경험과 현재 잘하고 있는 것을 발견하는 질문이다. '예외'란 문제라고 생각하는 행동이 일어나지 않는 경우를 뜻한다. 자녀의 행동과 환경 속에서 중요한 예외를 찾아내고 그것을 강조하여 성공을 확대 및 강화할 수도 있고, 부모 자신의 스트레스가 덜 발생했던 예외적인 상황을 찾아볼 수 있다. 이러한 상황 및 행동을 찾고 지속시키는 과정에서 부모와 자녀는 이미 자신에게 문제를 다루는 해결책의 자원이 있었다는 발견을 하게 되어 자아존중감 또한 향상될 수 있다. 양육 스트레스와 관련하여 이를 구체적으로 적용해 보면, 아이를 돌보고 있는데 스트레스가 덜 느껴졌던 상황을 생각해 보고, 그 순간이 어떤 상황이었고, 무엇이 그렇게 되도록 도왔는지를 생각해 보는 과정을 거칠 수 있다.

전문가가 부모에게 해 볼 수 있는 예외질문에는 다음과 같은 것이 있다.

〈표 6-2〉 예외질문의 예

• 언제 스트레스가 발생하지 않았나요? 혹은 덜 발생했나요?
• 그때는 지금과 무엇이 달랐나요? 어떠한 점에서 차이가 있나요?
• 스트레스가 일어나지 않았을 때는 무엇을 하나요?

③ 해결중심기법: 기적질문

기적질문(Exception-Finding question)은 문제 자체를 없애고자 하는 것이 아니라, 문제와 거리를 두고 떨어져서 해결책을 상상해 보고, 해결하고자 하는 것을 구체화할 수 있는 질문이다. 즉, 원하는 목표를 현실적이며 구체적인 것으로 설정하기 위한 질문기법이다. 기적질문은 자주, 반복적으로 사용하지는 않고 스스로의 바람, 목표를 구체화하고 싶을 때 사용할 수 있다.

기적질문을 통해서 스트레스를 주는 여러 상황 속에서 궁극적으로 자신이 무엇을 바라는지 확인할 수 있고, 이렇게 된다면 어떨 것 같은지를 구체적으로 생각해 볼 수 있다. 또한, 그렇게 되기 위해 할 수 있는 것, 그와 유사한 경험을 했던 기억 등을 생각하고 적용해 볼 수 있다.

전문가가 부모에게 해 볼 수 있는 기적질문에는 다음과 같은 것이 있다.

〈표 6-3〉 기적질문의 예

• 갑자기 기적이 일어나 모든 문제가 해결되었다면, 그것을 어떻게 알 수 있을까요?
• 당신이 달라진 것을 다른 가족들(배우자, 자녀)은 무엇을 보고 알 수 있을까요?
• 처음 무엇을 보면 기적이 일어났다는 것을 알 수 있을까요?
• 다른 가족들(배우자, 자녀)은 당신의 변화를 어떻게 알 수 있을까요?
• 그러한 행동들이 최근에 있었던 적이 있나요?(예외질문과 연결됨)

④ 해결중심기법: 척도질문

척도질문(Scaling question)은 자신이 가진 문제의 크기와 정도, 우선순위, 관계에 대한 평가, 변화 가능성에 대한 확신 등을 수치로 표현하는 방법으로서, 스스로 생각이나 마음의 수준, 변화의 크기, 의지 등을 구체적으로 지각할 수 있도록 한다. 또한 스스로 얼마나 변화했다고 느끼는지에 대해 구체화할 수 있다.

전문가가 부모에게 해 볼 수 있는 척도질문에는 다음과 같은 것이 있다.

〈표 6-4〉 척도질문의 예

* 1점부터 10점까지의 척도에서 10점이 스트레스가 가장 없는 상태, 1점이 스트레스가 극심한 상태라면, 오늘은 몇 점일까요?
* 몇 점 정도까지 괜찮아지고 싶나요? 그 점수의 상태는 어떤 상태인가요?

⑤ 해결중심기법: 대처질문

대처질문은 자신의 미래에 대해 절망하여 아무런 희망이 없는 것 같을 때 사용할 수 있다. 스스로 너무 낙담했을 때 오히려 이 상황에 대해서 어떻게 그렇게 어려운 상황에서 더 나빠지지 않고 견디고 있는지를 질문함으로써 스스로 자신의 강점 및 자원을 발견할 수 있도록 해 주는 질문이다.

전문가가 부모에게 해 볼 수 있는 대처질문에는 다음과 같은 것이 있다.

〈표 6-5〉 대처질문의 예

* 그 어려운 상황 속에서 어떻게 지금까지 견딜 수가 있었습니까?
* 그렇게 힘든 상황 속에서도 자녀가 건강하게 성장 하였는데 어떻게 그렇게 하실 수 있으셨습니까?
* 아이를 포기하지 않고 기르는 대단한 의지력과 강한 책임감이 있는데 이를 누구에게서 배우셨습니까?
* 어떻게 모든 것을 포기하지 않고 오늘까지 지탱해 오셨습니까?

⑥ 해결중심기법: 관계성 질문

관계성 질문은 자신에게 중요한 다른 사람들에 대한 질문이다. 자신의 문제를 다른 사람들은 어떻게 볼 것인지에 대해 스스로의 지각의 틀로 생각해 봄으로써 새로운 가능성을 생각해 내고, 만들어 낼 수 있다.

전문가가 부모에게 해 볼 수 있는 관계성 질문에는 다음과 같은 것이 있다.

〈표 6-6〉 관계성 질문의 예

> • 남편이 여기 있다고 가정하고, 남편에게 만약 나의 육아 스트레스가 해결되면 무엇이 달라지겠느
>   냐고 묻는다면, 남편은 뭐라고 말할까요?
> • 남편이 여기에 있다면 부부관계에서 어떠한 점이 변화되면 부부관계가 회복되는 데 도움이 될 것
>   이라고 말을 할까요?

기존에 문제중심적 사고 속에서 해결책이 도무지 보이지 않아 힘들었던 경우에 있다면, 해결중심상담에서 활용하는 기법들이 나 자신을 바라보는 관점과 사고에 있어 환기가 될 수 있을 것이다. 이를 통해 스스로 긍정적인 자원을 발견하고 육아 스트레스를 더욱 현명하게 대처할 수 있는 가능성을 발견할 수 있을 것이다.

(2) 인지행동상담이론

상담이론의 한 분야인 인지행동기법은 벡(Beck)에 의해 창시되었다. 그는 우리가 경험하는 감정과, 행동의 모습들이 실은 객관적인 현실보다는 우리 내면에 각자 형성한 주관적인 현실에 의해 결정됨을 강조하였다. 특히 자신과 타인, 주변의 세상, 미래에 대하여 비현실적인 신념을 가지고 왜곡된 현실을 구성하였을 때 우리는 고통을 겪는다고 이야기한다. 예를 들어, "나는 모든 사람으로부터 사랑받아야 한다"라는 신념은 항상 애정에 결핍을 경험하게 하고, "내 인생에서는 치명적인 고통이 생겨서는 안 된다"라는 생각은 사각지대 아동을 자녀로 두었을 때 우리의 마음을 절망하고 우울하게 만들며, "내 아이도 다른 아이들만큼 성취할 수 있어야 한다"라는 생각이 내 아이를 있는 그대로 받아들이지 못하고, 계속적으로 실망하며 아이를 몰아붙이게 하는 것이다. 즉, 인지행동치료에서는 상황이나 사건의 객관적인 사실이 아닌, 그에 대한 주관적인 해석에 의해 감정을 느끼고 행동을 취하게 된다

는 입장을 보인다. 이러한 입장을 바탕으로 모든 심리적 문제에 대해 그 이면에 존재하는 왜곡되고 역기능적인 신념을 찾고자 노력한다.

　똑같은 상황에 대해 어떤 사람은 분노와 같은 강렬한 감정을 경험하기도 하고, 어떤 사람은 안도감과 같은 상반되는 감정을 경험할 수도 있는데, 인지행동이론에서는 이러한 차이를 특정 사건에 대해 각자 부여하는 개인적인 의미의 다름으로 설명하고자 한다. 특정 사건에 대해, 다른 의미를 부여하고 해석함으로써, 감정이나 행동이 결과로 나타나는 것이다. 이는 [그림 6-1]을 통해 이러한 차이를 이해할 수 있다.

[그림 6-1] 인지행동이론의 관점

　인지행동이론에서는 이 중에서 B의 중요성과 영향력에 주목한다. 이 B를 신념이라고 한다면, 사건과 감정/행동을 매개하는 신념의 작용은 매우 빠르고 신속하게 진행되는데 이 과정에서 일어하는 생각을 '자동적 사고'라는 개념으로 설명한다. 자동적 사고의 근간이 되는 이 신념의 타당성이 결여되었을 경우 심리적 문제를 야기하고 고통을 경험할 가능성이 높아진다. 이러한 신념은 결정적인 영향을 미치면서도 쉽게 인식되지 않는, 즉 스쳐 지나가는 생각의 특성을 보인다. 모든 사람이 저마다의 신념을 가지고 있으며, 이 자체로는 문제가 되지 않는다. 다만 경우에 따라 타당성과 효용성이 결여된 신념이 문제를 일으키기에, 우리는 빠르게 지나가는 자동적 사고를 붙잡아 확인하고, 그 바탕이 되는 신념을 확인하며, 현실적인 평가를 거쳐, 합리적이고 타당한 생각을 할 수 있도록 해야 한다.

　이러한 과정은 단순하게 긍정적으로 사고하거나, 결심을 하는 것과 차이가 있다. 자동적 사고도 신념도 의식되지 않는 사고 과정이기 때문에, 정서적 행동적 문제를 야기하는 자동적 사고를 잘 찾아내는 것은 어려운 과정이며, 너무 서두르지 않고 주의를 기울여서 천천히 세심하게 변화해 나갈 필요가 있다. 단번에 자신의 신념을 알아내는 것은 어려우므로, 그 순간 떠오르는 자동적 사고를 확인하면 신념의 발견이 더 용이해진다. 신념의 내용은 자신의 간절한 바람을 반영하는 경우가 있어서, 스쳐 지나가는 생각인 자동적 사고를 찾고 나서 자신이 그 상황에서 바라는 것을 곰곰이 생각해 보면 신념을 발견하는 데에 도움이 된다.

① 자동적 사고 발견하기

자동적 사고는 앞서 설명한 것과 같은 성격을 가지기 때문에 쉽게 의식할 수 없다. 그러나 인지행동기법에서 핵심적인 신념의 변화를 위해서는 자동적 사고를 인지하는 것이 매우 중요하다. 자동적 사고를 발견하기 위해서 인지치료에서는 '바로 지금 마음속에 스쳐 가는 것은 무엇인가?'라는 질문을 활용한다(왕영선, 2013).

교육 사각지대 아동을 양육하면서 스트레스 상황을 경험할 때마다 머릿속으로 스쳐 지나가는 자동적 사고가 무엇인지 생각해 보고 발견하는 것은, 자기 자신을 이해하는 데에 큰 도움이 된다. 동시에 자녀와 자신에 대해 비현실적인 기대를 가지고 있었던 것이 발견되었다면, 현실적인 기대를 통해 마음의 고통을 줄일 수 있다.

② 인지적 오류

인지행동기법에서는 우리의 사고가 가질 수 있는 비합리성을 인지적 오류라는 이름으로 일컫는다. 즉, 역기능적인 신념은 자동적 사고뿐만 아니라 인지적 오류 또한 일으킬 수 있는데, 많이 보이는 인지적 오류를 살펴보면 다음과 같다(권석만, 2003).

〈표 6-7〉 인지적 오류의 예

	내용	예
흑백논리	사건 혹은 경험의 의미에 대하여 중립지대를 인정하지 않고, 양극단의 이분법적인 범주의 하나로 해석하는 오류	한번 불만족스러웠던 특수교육 및 상담 경험을 바탕으로, 모든 교육이 부질없다고 생각하는 경우
과잉 일반화	한두 번의 경험이나 사건을 기반으로 일반적인 결론을 내리고, 무관한 다른 상황에도 결론을 적용하는 오류	아이가 가지고 있는 장점을 무시하고, 아이가 보이는 문제행동만으로 아이를 평가하는 경우 혹은 징점을 이예 없다고 생각하고 찾지 않으려는 오류
정신적 여과	전체적인 상황이나 사건 내용을 무시하고, 일부의 특정 정보에만 주의를 기울여서 상황 전체를 해석하는 오류	학교 선생님이 자녀의 학교 생활과 함께 문제행동에 대해 전화를 주시면, 선생님이 아이를 미워하는 게 틀림없다고 생각하는 것
개인화	자신과 무관한 사건을 자신과 관련된 것으로 잘못 해석하는 오류	학교에서 아이를 기다리는데, 아이보다 앞서 지나간 아이들이 크게 웃으며, 자신의 아이를 비웃었다고, 혹은 자신을 비웃었다고 생각하는 것
의미 확대 / 의미 축소	사건이 갖는 의미를 지나치게 확대 해석하거나 축소 해석하는 오류	아이가 보여 준 변화에 대해 '이 정도로 뭘.. 큰 변화도 아닌데. 또 금방 엉망이 될 텐데'라고 생각하거나(의미 축소) 아이가 학교에서 일으킨 문제에 대해 '항상 문제를 일으키네. 앤 문제 덩어리야'라고 생각(의미 확대)하는 것

③ 인지적 재구성

인지행동기법에서는 심리적 고통의 원인인 역기능적인 사고와 신념을 보다 적응적으로 바꾸는 과정을 중요시하는데, 이를 인지적 재구성이라고 부른다. 이 과정에서 부적응적인 인지에 대한 현실검증을 하게 되고 보다 적응적인 인지로 교정하게 된다(왕영선, 2013).

인지적 재구성은 〈표 6-8〉과 같이 역기능적인 자동적 사고에 대해 일일기록표를 작성하여, 매일 자신을 괴롭히는 정서를 느끼는 상황 및 그때의 생각을 기록하는 것이다. 이 과정에서 확인된 자동적 사고에 대해, 현실적

타당성을 살펴보고, 객관성, 유용성 등에 대해서도 생각해 볼 수 있다. 이때 소크라테스의 대화법적 질문을 통해 스스로 질문해 볼 수 있는데, "그렇게 생각한 근거가 무엇인가?" "다른 사람도 그 상황에서 그렇게 생각할까?" "그런 생각이 삶에 어떻게 도움이 되었나?" "다른 해석 방법은 없는가?" 등을 물을 수 있다. 이 과정에서 자신의 사고가 인지적 오류의 하나였음을 혹은 왜곡된 사고였음을 스스로 발견할 수 있다(권석만, 2003).

〈표 6-8〉 일일기록표(예시)

상황	자동적사고	감정	합리적 사고	결과
기분이 상했던 상황/사건	그 순간 스쳐 지나가는 생각	생각과 함께 든 감정 (정도를 1~100으로 평정)	자동적 사고에 대한 합리적 반응	정서에 대한 재평정
학교 선생님으로부터 전화가 걸려 왔고, 아이가 수업시간에 많이 돌아다니고 집중력이 부족하니 집에서도 지도 부탁드린다는 이야기를 들었다.	'또, 또……. 이런 전화 좀 그만 왔으면…….'	슬픔(80) 수치심(70)	'우리 아이가 조금 다른 아이이니, 학교에서 어떻게 지내는지 알 수 있는 방법 중 하나구나.'	슬픔(40) 수치심(30)
	'해도 안 되는데 어쩌란 말이야?'	무력감(90)	'이건 나를 비난하는 소리가 아니라. 선생님도, 아이가 당장 어떻게 바뀔 수 없는 걸 알고 있을거고, 어떻게 하면 좋을지 선생님이랑 상의를 해 봐야겠다.'	무력감(40) 기대감(50)

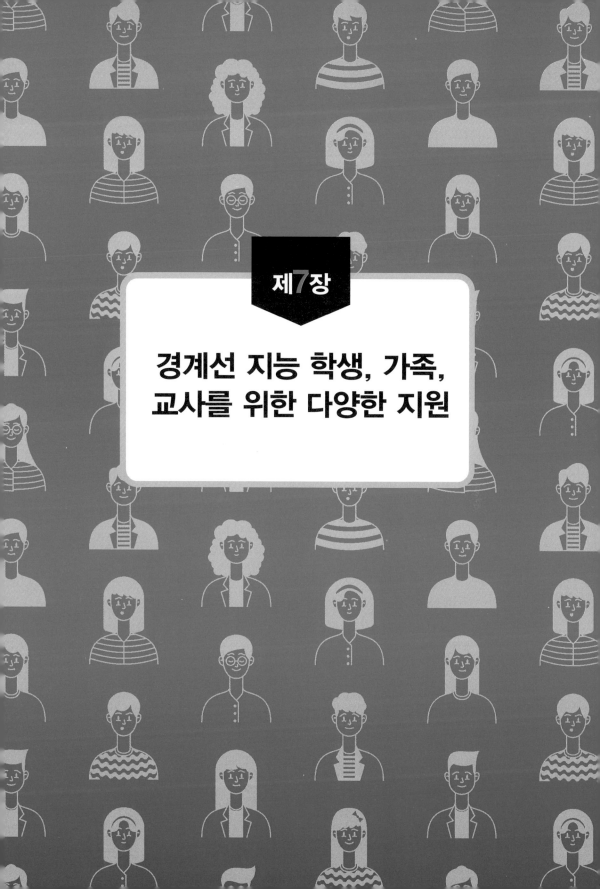

제7장

경계선 지능 학생, 가족,
교사를 위한 다양한 지원

경계선 지능 학생, 가족, 교사를 위한 다양한 지원

1. 가족 지원

경계선 지능 학생은 제한된 인지능력으로 인해 생애주기에 따라 다양한 문제에 직면하게 된다. 이들이 겪는 주요 문제로는 학습부진, 정서적 스트레스, 또래 관계 문제를 들 수 있다(Gigi et al., 2014). 경계선 지능 학생들은 지적 기능의 손상으로 인해 쉽게 주위가 산만해지고, 또래 친구들과 어울리는 것이 쉽지 않으며, 타인과의 관계형성에도 어려움을 보이게 된다(강옥려, 2016; 이금진, 2011). 그러나 이들은 이러한 독특한 특성을 인정받지 못한 채 장애인과 비장애인 사이에 고립될 확률이 높다. 경계선 지능 학생들은 이들의 고충을 제대로 이해하지 못하는 현실로 인해 자존감이 낮아지고 이는 높은 스트레스로까지 이어진다. 정서적인 어려움은 청소년기 위험행동과 비행행동에까지 영향을 주기 때문에 이들에 대한 세심한 관찰이 필요하다(김고은, 김혜리, 2018; Weiser et al., 2010).

학습과 정서의 측면에서 경계선 지능 학생들은 일반학생과는 다르기에 이들에 대한 교육이 차별화되어 지원되어야 한다. 그러나 학부모들은 학교에서 특별한 지원을 받지 못한다고 느끼고 있었고 자녀에 대한 양육과 지원은 전적으로 부모의 몫으로 자리매김하고 있었다(주은미, 최승숙, 2018).

전체 장애 영역을 살펴보아도 장애아동의 출현은 부모에게 다양한 형태의 부담감과 책임감을 동시 수반하게 되며, 주 양육자인 어머니들은 더 많은 스트레스를 안게 된다. 스트레스의 주 요인이 되는 신체적, 경제적, 심리적 요인이 있는데, 그중에서도 심리적 요인이 양육 시 가장 크게 작용한다는 점에서 정서적인 지원이 필수적으로 이루어져야 함을 확인할 수 있다(서우경, 김도연, 2013). 이러한 현상은 경계선 지능 학생의 부모에게서도 다르지 않다. 경계선 지능 학생의 부모는 학생의 문제에 대한 원인을 명확히 알지 못한 채 아동을 무리하게 학습시키는 경향이 있고, 발달 지연에 대한 다급함을 보이기도 한다(이재연, 한지숙, 2003). 그러나 부모의 요구에 부응하지 못하는 자녀에 대해 긍정적으로 대하지 못하고 우울감을 쉽게 경험하게 된다. 또한 또래에게 뒤처지는 자녀를 보고 실망과 좌절을 경험하게 된다(Fenning et al., 2007). 그러나 이는 부모의 양육 문제가 아닌 경계선 지능 학생의 특성이며, 이러한 점에 대한 가족 내 정보 및 인식 개선이 필요하다.

1) 부모 교육 및 상담

전반적인 장애 학생의 부모를 살펴보면 이들은 심리적 부담, 경제적 부담, 정보 부족 등으로 인해 양육에 어려움을 겪는다(최미숙, 전인수, 2021). 특히 장애를 지닌 자녀의 부모는 직접적인 지원과 돌봄이 요구되는 위치이다 보니 자녀에게 미치는 영향이 절대적인 경우가 많고, 이에 대한 부담감이 높다(전혜인, 손지영, 심은정, 2020). 이에 양육 스트레스, 우울감, 고립감 등은 가정의 불화의 원인이 되지 않도록 적절한 부모교육이 요구된다. 따라서 이들에게 자녀의 발달특성, 장애특성, 양육방법을 교육하고 습득시키는 것은 부모에게도 양육 효능감 및 심리적 안정을 주기 때문에 중요한 요소이다(이은경, 석동일, 2007). 최근의 장애자녀에 대한 부모교육은 정보제공을 넘어 부모 스스로 문제를 해결할 수 있도록 역량을 강화할 수 있는 패러다임이 강조되고 있으며, 부모가 필요에 따라 지역사회에 요구하고 자원에 접근할 수 있는 역량을 강화하도록 이루어지고 있다(이욱등, 박순희, 정해동, 2015). 그중에서도 경계선 지능 학생의 부모는 자녀의 어린 시절부터 양육에 대한 정보나 지원 없이 혼란스러운 선택을 이어 오다 보니 정신적인 피로도 및 스트레스가 높은 편이다(김고은, 김혜리, 2016; Fenning et al., 2007).

김동일 등(2021)의 연구에서는 부모 교육에 대한 요구는 청소년 관련 유관기관에서 더 많이 드러남을 확인할 수 있었다. 이들은 부모와 자녀에게 교육과 효과적인 프로그램을 제공해야 하는 위치에서 체계적인 학업, 정서적 지원 등을 요구하고 있음이 확인되었다.

> "자녀의 어려움을 생로병사의 긴 시선에서 바라보고 여유 있게 생각할 수 있는 자세가 필요하죠. 이런 의미에서 부모 교육이 꾸준히 필요할 것이고, 부모 커뮤니티, 상담, 법, 제도적 지원과 일자리 커뮤니티도 필요해요."(기관)
>
> "통합적으로, 체계적으로, 또 맞춤형으로 이렇게 지도해 나가야 할 센터는 반드시 필요하다는 생각을 해요. 그래서 센터에서 상담이라든지 지원 서비스는 어떻게 되어야 하는지, 연구라든지, 아니면 프로그램 개발을 해서 파급시키는 거라든지, 이런 것들을 하면 좋겠다는 생각을 합니다."(기관)

2) 부모 자조모임

자조모임이란 동일한 경험이나 상황을 지닌 구성원들 간에 서로에게 도움을 제공하며 공통의 어려움을 해결하고자 하는 소규모 모임을 의미한다 (Yalom, 1985). 부모의 자조모임은 자녀에 대한 정보 및 친목 등을 목적으로 결성되는 편이며(Mueller, Milian, & Lopez, 2009), 자조모임 안에서는 쉽게 공감받지 못하는 내용에 대해 나눌 수 있다는 장점이 있다(김태연, 이나련, 2021). 경계선 지능 학생의 부모는 전문가들로부터 조언을 얻고 싶음에도 눈에 띄지 않는 특성으로 인해 극성맞다고 여기는 주변 시선들로 인해 문제를 드러내고 싶어 하지 않은 경향이 있다(홍경숙, 2021). 이러한 특성으로 인해 경계선 지능 학생의 부모는 전문가의 의견도 중요하다고 보았지만, 무엇보다 지지집단, 자조모임의 활발한 형성을 원하는 편이었다(김고은, 김혜리, 2018; 박숙자, 2016). 특히 경계선 지능인의 비중이 인구의 13.6%를 차지한다고 추정되는 만큼(서해정 외, 2019) 이들의 자조모임은 보다 영향력 있는 기능을 할 수 있을 것으로 예상된다.

부모 자조모임에 대한 요구도는 김동일 등(2021)의 연구를 통해서도 드러났다. 부모들은 경계선 지능 학생을 양육하는 과정에서 부모 자조모임을 구성하여 학생들에 대한 정보를 공유하는 노력을 해오고 있었다. 그러나 아직 자조모임은 아직은 체계적인 시스템이 자리 잡지는 못한 실정이었다.

"초등학교 2학년 이렇게 들어올 때 검색을 한 거예요. 내가 어디에서 도움을 받을 수 있을까. 센터에서 그냥 치료만 계속 받은 거니까. 내가 정확히 몰랐던 거예요. 왜 이렇게 늦을까를 맨날 고민만 했는데, 경계선 어머니 모임이 있어요. 경계선 지능 카페에 모임이 있더라고요. 한국에 오고 그 모임에 참여하면서 이런 경계선 지능……, 그런 용어도 그때 알게 되고 그런 모임도 알게 되고 거기서 정보를 되게 많이 얻었죠."(부모)

"노원이나 도봉에는 그런 엄마들 자조모임이 있는 것 같아요. 그런데 강북구에는 아직 자조모임이 없어 그나마 구의원 친구가 NPO 동북권 인권센터 그 자료를 보여 줘서 그걸 읽고는 있는데, 이런 자조모임이 있으면 좋겠다 싶기도 하고. 그리고 그냥 반 친구 엄마, 유치원 때 친구들 엄마 그렇게 또 놀고."(부모)

이를 해결하기 위하여 김동일 등(2021)의 연구에서는 청소년 교육 프로그램에 대한 다양성 구축, 부모 모임에 대한 지원체계 및 프로그램의 제공을 제안하였다. 또한 강옥려(2016)는 부모들이 자녀에 대한 인식이 높지 않다는 것을 지적하면서 부모의 지원망 확보, 경제적 지원, 긍정적인 부모 역할 등이 필요하다고 언급하였다. 이와 같이 경계선 지능인의 부모 자조모임을 위해 사회의 여러 가지 노력 또한 필요할 것으로 보인다.

3) 가족 지지체계

경계선 지능 학생뿐만 아니라 청소년기 모든 학생에게 있어 가족의 지지는 무엇보다 중요하다. 앞선 선행연구에 따르면 이윤주(2009)는 전체 청소년 시기가 가족의 영향을 크게 받는 시기이기 때문에 가족의 지지를 바탕으로 심리 사회적 적응을 높이는 것이 효과적이라고 주장하였다. 또한 박현미, 장석진(2013) 역시 가족 지지가 이후 진로태도성숙과 자기효능감에까지 영향을 미치는 등 가족의 지지적인 상호작용이 매우 중요한 역할을 한다고 보고하였다. 즉, 경계선 지능 학생이 온전한 사회인으로 성숙하기까지는 가족의 많은 노력과 지지가 필요함을 의미한다. 특히 이들은 사회적으로 미성숙과 관련하여 오랫동안 부당한 대우를 받았기 때문에 높은 스트레스를 경험하게 되므로(정희정, 이재연, 2008). 가정의 배려와 보살핌은 더더욱 중요한 요소로 느껴질 것이다.

경계선 지능 학생의 가족 지지체계는 김동일 외(2021)의 연구에서도 가족 지지체계의 중요성은 학부모, 교사 모두 중요하게 인식하고 있는 부분이었다. 이들을 돌보는 데 있어 전체 가족 구성원뿐만 아니라 주변의 도움이나 조부모의 도움이 함께 이루어질 때 보다 효과적으로 기능함을 볼 수 있다. 또한 교사들도 학급에서 다루기 어려운 정서적인 부분이 가정에서 지지를 얻을 때 학생들이 비로소 안정감을 찾는다고 언급하였다.

> "제가 아주 힘들 때는 도우미 이모도 계셨고, 친정엄마도 주 3일 정도 와서 봐주시고, 지금도 친정에 들어와서 살거든요. 엄마가 많이 도와주신다고 했고, 진짜 정신적으로도 그렇고 굉장히 도움을 많이 받고 있어요. 그래서 예전보다 좀 더 수월한 것 같아요. 이제 주변에 도와주는 사람들이 있으니까."(부모)

> "가정에서의 정서적인 안정감과 정서적인 지원이 있을 때 스스로 헤쳐 나갈 수 있는 힘이 생기는 거죠. 그렇게 되면 다른 친구가 안 좋게 얘기했을 때 '괜찮아. 쟤는 나한테 중요한 사람이 아니야.' 이렇게 받아들일 수 있고, 그러면 거기에서 오는 자신감이 있기 때문에 애들이 함부로 하지 못해요. 위축되고 낮은 자존감을 보일 때 친구들이 더 함부로 하지. '너 나한테 왜 그래?'라고 얘기하면 친구들은 더 이상 함부로 하지 않거든요."(교사)

이를 위하여 정희정, 이재연(2008)은 경계선 지능 학생을 둔 부모들이 정보를 쉽게 접할 수 있도록 제공하여 이들이 학습 시 느리게 발달하는 것을 기다려 주는 것이 필요하다고 보았다. 따라서 부모들이 이들을 온전히 이해하고 긍정적인 사고를 가질 수 있도록 다양한 부모교육 프로그램이 마련되어야 함을 주장하였다. 또한 김근하, 김동일(2007)은 학부모 연수 프로그램을 제안하기도 하였다. 이렇듯 점진적인 가족의 관심과 배려는 보다 안락한 경계선지능 가족의 삶을 위해 필요해 보인다.

4) 형제자매의 정서적 지원

형제자매는 아동기부터 성인기까지 가장 오랫동안 지속되는 인간관계 중 하나로 서로에게 중요한 영향을 미치는 관계이다(김유리, 2015). 형제자매는 아동기에는 놀이파트너로, 성인기에는 독립 후 서로에게 미치는 영향이 다소 줄어들게 되지만 그 관계를 유지하며 물리적, 심리적 도움을 제공하며 지내게 된다(Orsmond & Seltzer, 2007). 이때 심리적 유대감에 중요한 변인을 끼치는 요소 중 하나는 형제자매의 장애 여부이다(Turnbull et al., 2011). 비장애 형제자매는 장애 형제자매로 인해 이해심, 인내, 관용, 책임감 등이 더욱더 요구되며, 이로 인해 불만을 지니게 되는 경우도 생긴다(Bruke, 2010; Burke & Montgomery, 2000).

경계선 지능 학생의 형제자매 역시 그들의 형제자매로 인해 어려움을 겪고 있음을 확인할 수 있었다(김동일 외, 2021). 연구참여자들은 경계선 지능 학생으로 인해 가정의 균형을 유지하기가 어려웠고, 불화를 경험하기도 했다고 토로하였다. 이는 가족 내 지지를 하지도 받지도 못하는 악순환으로 이어졌고, 이들을 포용하는 지원체계가 절실한 것으로 보인다.

"얘네들도 어디 가서 할 데가 없는 거예요. 그런데 가족에서 이루어진다고 저는 생각이 드는데, 가족에서 배제가 되고 형제들하고도 배제를 당하니까 오갈 데가 없는 거예요."(부모)

"그때부터 학교폭력에 당하기 시작하면서 가정 불화도 이제 본격적으로 오게 됐죠. 그래서 초 2, 3 계속 문제가 발생하니까, 오빠도 불안정해지니까 막 게임에 빠지고……. 그것도 하필 같은 학교에 보내 버리는 바람에……. 그래서 오빠는 초3 때 막 동네 형아 따라서 가출을 해버리고, 이런……. 참 웃지 못할 일이 생겨서. 아휴 참……."(부모)

"지금 고1이니까 얘기를 해 보면 너무 스트레스를 많이 받았더라고요. 얘네들도 또래 집단인데 가면 "쟤가 ○○이 동생이야." 이렇게 하는 그 시선들이 너무 힘들었다고 하더라고요. 그래서 그런 것들도 이제 좀 보듬어 주는 그런 기관이 있으면 좋겠다는 생각해요."(부모)

따라서 김동일 등(2021)의 연구에서 언급된 바와 같이 형제자매 교육 및 상담 지원이 요구되며 교육과 더불어 필요시 비장애 형제자매의 자조집단을 지원할 필요가 있다고 보인다. 비장애 형제자매가 경계선 지능인의 옹호자의 역할을 충분히 할 수 있도록 다양한 서비스가 마련될 필요가 있다(김유리, 2015). 이들에게 남겨지는 더욱 큰 무게는 부모가 더는 장애형제를 돌볼 수 없을 때 부양의 책임감이 있기 때문이다. 따라서 경계선 지능인이 가족의 지원을 받고 지속적으로 가족 내 화목을 유지하기 위해서는 경계선 지능인의 형제자매에 대한 지원이 이루어져야 할 것이다.

2. 복지적 지원

경계선 지능 학생들이 사회에서 배제되지 않으려면 정부와 지방자치단체의 역할이 중요하다. 이들을 위한 지원은 다양하고 세심하게 이루어져야 하지만 현재 복지 사업에는 제약이 많다. 이들을 정확히 정의하고 진단 내리기 어려운 가운데 법적 지원 근거가 마련되지 않아 혜택이 없기 때문이다. 대표적으로는 보건복지부에서 제공하는 '경계선지능아동자립지원사업'이 있으나 이마저도 복지시설 내 아동만을 대상으로 하고 있다는 데에 한계가 있다(보건복지부, 2020). 경계선 지능에 대한 관심이 일기 시작한 것은 비교적 최근의 일이다. 2020년부터 지자체에서 관련 조례가 제정되었고, 대표적으로 서울시에서는 경계선지능인 평생교육 지원계획 수립, 경계선지능인 평생교육 지원센터 등에 대한 사업 내용을 담아 조례를 제정하였다. 이같이 제도와 지원의 정도는 매우 부족하지만 이들을 위한 사회복지서비스의 개선은 점차적으로 발전되어야 할 필요가 있다.

사회복지서비스란 국가·지방자치단체 및 민간부문의 도움이 필요한 이들에게 상담, 재활, 직업소개, 사회복지시설 이용 등을 통해 사회생활을 영위할 수 있도록 지원하는 제도이다(이봉주, 2013). 사회복지서비스는 개인의 삶의 질 향상과 재활·자립에 있어 중요한 역할을 하며, 긍정적으로 삶을 변화하도록 돕는 대표적인 자원이며, 삶의 질에도 영향을 미치게 된다(최재성, 김명일, 2014). 경계선 지능인이 직면한 가장 큰 문제는 이러한 사회의 여러 복지서비스의 혜택조차 제대로 누리지 못하고 있다는 데 있다. 이들은 사회복지서비스뿐만 아니라 특수교육서비스도 제대로 받고 있지 못하고 있기 때문이다(강옥려, 2016).

이에 복지에 대한 서비스 요구는 높다. 서울시 경계선 지능 청소년의 실태와 지원방안을 연구한 김동일 등(2021)에 의하면 복지석 시원으로 가장 높은 요구도를 보인 부분은 경제적 지원, 학령기 이후의 사회 참여 네트워크 형성, 복지서비스에 대한 요구였다. 이와 더불어 전문가 패널의 델파이 조사 결과 언론 홍보 등을 통해 사회적인 인식개선의 중요도가 높게 나왔다. 즉, 경계선 지능인이 제도 안으로 들어와서 적절한 혜택을 누리기 위해서는 편견 감소를 위한 인식개선의 노력, 국가의 경제적 지원, 학령기 이후의 복지적 지원이 필요하다고 볼 수 있다. 이에 대해 각각 살펴보면 다음과 같다.

1) 언론보도

언론은 반복적인 노출을 통해 대중에게 믿음과 기대를 형성하는 기능이 있다(Bryd & Elliot, 1988). 특히 장애인에 대한 언론보도는 부정적인 인식 및 태도를 강화하거나 긍정적인 인식 및 태도 변화를 촉진할 수 있기 때문에 이에 대한 중요성이 더 강조되고 있다. 이에 대한 중요성은 김동일 등(2021)의 서울시 경계선 지능 청소년 지원방안을 위한 델파이 조사에서도 복지적 지원으로 언론 홍보 등을 통한 사회적인 인식개선에 전문가 패널의 합의도가 높은 것으로 나타났다. 그러나 언론은 장애인에 대해 부정적인 부분을 묘사하는 경향이 강하여 고정관념을 강화한다는 비난을 받아 왔다(장애인먼저실천운동본부, 2017). 일반적으로 언론인들이 장애 관련 기사를 보고할 때 가

없거나 초인간적인 존재, 혹은 정신적 문제가 있다고 바라보는 관점이 많기 때문이다(김호연, 2005).

　발달장애 학생 언론보도기사에 대해 연구한 안예지, 김동일(2020)에 따르면 언론보도는 커뮤니케이션의 측면에서 윤리적인 방향으로 비판기능을 담당하는 만큼 장애인에 대한 세심한 배려와 관심을 전제로 해야 할 필요가 있음을 확인할 수 있다. 경계선 지능에 대한 언론 보도는 비교적 최근에 활발히 이루어졌는데, 2014년 EBS 보도물인 〈느린 학습자를 아십니까?〉를 기점으로 경계선 지능에 대한 취재가 시작되면서 경계선 지능 당사자와 학부모의 목소리가 점차 소리를 내기 시작하였다(이상미, 2014). 이후 정부의 국민청원 등에 법적 인정을 요구하는 글이 기사화되거나(안채린, 2022), 각 지자체의 경계선 지능 지원 조례에 대한 보도(박용준, 2020)가 올라오는 노력이 이루어지고 있다. 따라서 보다 경계선 지능 학생에 대한 언론보도 역시 올바른 지식을 바탕으로 균형잡힌 관점으로 바라보고 있는지 요구된다.

2) 경제적 지원

　서울시 경계선 지능 청소년 실태 및 지원방안 연구(김동일 외, 2021)에 따르면 연구 참여자들이 호소한 내용 중 하나는 경계선 지능 학생을 교육하기 위한 치료비의 이용 부담금이 높다는 점이었다. 이들은 치료비에 대한 지원도 전혀 받지 못한 체 사비로 자녀를 교육해야 한다는 점에서 부담감을 크게 느끼고 있었다.

> "일단 치료비가 너무 비싸요. 치료비가 최소 월 100만 원 정도 들어가니까 일단 치료비 지원이⋯⋯. 치료비만 드는 게 아니고 제가 정말 다 데리고 다니는 시간적인 거 뭐 다 들잖아요. 근데 일단은 또 등급을 받은 아이 같은 경우에는 지원이 되잖아요. 여러 가지로. 그런 치료비 지원도 전혀 없고."(부모)

"어릴 때 치료 센터를 몇 달 다녔는데, 미취학까지 계속 다녔었어요. 놀이치료—언어치료—학습치료를 계속 다녔었는데. 계속 유지됐어야 하는데, 경제적인 부담 때문에. 양재까지 다녀야 하니까 거리상 문제 그리고 갈 때마다 드는 비용이……. 그래서 더 이상 유지할 수가 없어서. 가장 큰 문제는 경제적인 거였고, 두 번째는 아이가 점점 그런 걸 깨달아 가더라고요."(부모)

"경계선 지능에 대해서는 국가에서 보조해 주는 그런 비용적인 부분도 보조가 잘 안 되더라고요. 제가 인지치료나 언어치료를 받을 때 지희 경제수준도 하위권이 아니기 때문에 받을 수도 없지만, 어쨌든 정부 보조 없이 그 비용이 정말 만만치 않아요."(교사)

"저도 치료현장에 있지만, 치료비로 월 150만 원이 드는 센터들이 있거든요. 1인당. 그래서 가능하면 검증되지 않은 치료, 좀 과하다 싶게. 그래서 한 가정을 파탄 지경에 이르게 하는 그런 사교육이 범람하고 있는 상황이거든요. 경제적으로, 시간적으로 어려움을 겪고 있는 경계선 지능 아동과 그 가족들을 위해서 효율적인 어떤 사교육의 가이드라인이 제시되면 좋겠다는 생각을 했습니다."(기관)

이러한 상황은 서울 동북권 느린 학습자 생애주기별 어려움에 대한 기초조사(2018)에서도 여실히 드러났으며 교육비용은 온전히 각 가정에 부담이 되기 때문에 적절한 교육을 지원하지 못하고 있는 것으로 추정된다. 또한 사교육을 통해 받는 교육의 효과에 대해서도 확신하지 못하는 실정이다(서울시동북권NPO지원센터, 2018). 따라서 천차만별인 치료비용과 치료과정에 대해 어느 정도 일관된 지원이 필요할 것으로 보인다.

3. 교육적 지원

경계선 지능 학생은 느린 인지 발달로 인하여 학교 교육과정 내에서 학습 및 학교적응에 어려움을 보이는 대표적인 집단이라 할 수 있다(박현숙, 2018). 「헌법」제31조에 명시하였듯이 대한민국 국민이라면 누구나 능력에 맞게, 차별받지 않고 균등한 교육의 기회를 얻어야 함에도, 즉 일반교육과정에서 제시하는 목표와 학습 내용이 자신의 능력에 맞지 않는 학생들이 있다면 자신의 능력에 적절한 교육 기회를 얻어야 함에도 이들을 위한 교육적 지원은 매우 미비하다. 이들은 일차적으로 드러나는 인지적, 학습적인 문제와 함께 사회, 정서적 문제가 부차적으로 뒤따를 수 있어 다양한 측면에서의 관심이 필요한 집단이지만, 복지, 제도뿐만 아니라 교육적 측면에서 여전히 사각지대에 놓여 있다(강옥려, 2016).

그러나 최근 들어 교육사각지대에 놓인 학습지원대상학생에 대한 관심이 높아지고, 2015년도에 느린 학습자 법이 발의되면서 경계선 지능에 관한 관심도 커지고 있다(김진아, 2017). 느린 학습자 지원법이라 불리는 「초·중등교육법 시행령」제54조(학습부진아 등에 대한 교육 및 시책)에서는 경계선 지능을 학습부진에 포함되는 것으로 보고, 학업 지원과 프로그램 및 교재 개발, 교원연수 등의 지원방안을 제시하였다. 느린 학습자 지원법에 따르면, 학습부진은 '성격장애나 지적(知的) 기능의 저하 등으로 인하여 학습에 제약을 받는 학생 중 특수교육법 제15조에 따른 학습장애를 지닌 특수교육대상자로 선정되지 아니한 학생'으로 정의하고 있는데, 여기에서 '지적 기능의 저하'가 경계선 지능을 의미한다고 볼 수 있다. 또한, 교육 사각지대에 놓이는 학생 없이 모두가 성장할 수 있는 배움의 장을 마련하고자 2019년도부터 국회 교육위원회에서 기초학력 보장법을 추진하고자 하는 움직임이 이어졌고, 2020년도 6월, 「기초학력 보장법안」이 발의되었다(한국교육과정평가원, 2020).

이러한 움직임과 함께 교육부에서는 2014년도에 기초학력향상 지원 계획을 발표하였는데, 학습종합클리닉센터와 두드림학교 운영이 대표적인 지원 사업이다. 구체적으로 살펴보면 총 3단계의 기초학력 보장 안전망으로서, 1단계는 교실 내에서 협력교사에 의한 학습 지원이다. 2단계는 교내 다

중 지원팀을 구성하여 맞춤형 지원을 제공하는 두드림학교 운영이며, 3단계는 학교 외부의 종합적인 접근 체제인 학습종합클리닉센터로 이는 학교 역량으로 지원이 어려운 경우에 활용 가능하다(한국교육과정평가원, 2020). 그러나 김애화 등(2018)에 따르면 학습종합클리닉센터와 두드림학교 운영은 전문가를 포함한 지원단을 꾸리는 것을 기본으로 하고 있어 대부분의 학습 지도는 외부 강사나 대학생 등의 외부 인력에 의해 이루어지고 있는 것으로 나타났다. 또한, 보충학습을 위한 방과후학교 프로그램 역시 외부 강사를 활용하거나 위탁을 통해 운영되는 것으로 보고되었다. 이렇듯 지금까지 경계선 지능 학생이 지닌 학업적 어려움을 위한 접근은 주로 학교가 아닌 외부 기관과의 연계를 통하여 이루어져 왔는데, 이는 지속적이지 못한 지원 방식이라 평가된다(나경은 외, 2018). 이에 보다 안정적인 교육 지원을 위하여 공교육 체제 안에서의 지속적이고 전문적인 지원이 이루어질 필요가 있다(주은미, 최승숙, 2018).

1) 교사 인식 개선을 위한 교육 및 연수

공교육 내 효과적인 지원을 위하여 무엇보다 중요한 요소 중 하나가 교사의 인식과 역할이라 할 수 있다. 학교생활에서 학생과 유기적으로 상호작용하는 교사의 인식은 학생을 대하는 태도로 이어지고(홍점표, 1998), 학생의 학업성취, 동기 및 흥미를 포함하여 교육 결과 전반에 영향을 미치게 된다(김은주, 1996). 로젠탈과 제이콥슨(Rosenthal & Jacobson, 1968)은 교사가 학습부진 학생에 대하여 긍정적인 인식을 가지면 교육적 상호작용을 통해 학생의 학습을 촉진시켜 수행수준의 향상을 가져오고, 상대적으로 낮은 인식을 지닌 교사는 학생에게 도전의 기회를 제공하지 않고 이들의 흥미에 관심을 기울이지 않아 학생이 자신의 능력보다 낮은 학업성취를 보이게 된다고 밝혔다. 슈바인리 등(Schweinle et al., 2006)에서도 교사의 긍정적이고 적극적인 지원은 학생들로 하여금 긍정적인 감정과 동기를 갖도록 하여 수업에 더욱 집중할 수 있게 한다는 점이 밝혀졌다. 통합교육에 관한 김정숙(2005)의 연구에서는 질적인 통합을 위하여 필요한 잠재 변인으로 교사 개인의 특성, 교사 협력, 학교환경 여건, 교수적 수정 등을 들고 있는데, 종합하여 보면 교사 개인의 역량을 향상시키는 것이 우선되어야 함을 강조하고 있다.

이처럼 학생들이 성공적으로 학교에 적응하는 데에는 교사의 인식과 역할이 매우 중요함에도, 학교적응에 추가적인 지원이 필요한 경계선 지능 학생에 대한 교사 인식은 매우 낮은 것으로 보고된다. 2014년 EBS에서 실시한 설문조사에 따르면 일반교사의 48.3%가 경계선 지능을 모른다고 답하였으며, 경계선 지능에 대한 교사 인식을 다룬 연구 또한 매우 부족한 것으로 나타났다(김진아, 2017). 경계선 지능 중학생을 대상으로 한 연구(주은미, 최승숙, 2018)에 의하면, 이들은 친구들과 좋은 관계를 맺는 것과 동시에 교사에게 인정받고 싶은 욕구가 큰 것으로 나타났으나 대다수의 교사가 경계선 지능의 특성을 알지 못하거나 무관심한 태도를 보이는 경우가 많은 것으로 인식되고 있었다. 이에 경계선 지능 학생을 자녀로 둔 부모들은 교사 교육이 이루어져야 한다고 언급하며, 학급 내에서 경계선 지능 학생들이 또래들과 원만한 관계를 맺을 수 있도록 하는 담임교사의 관심과 배려가 이어져야 한다고 밝혔다.

이와 같은 요구와 현실은 서울시에서 실시한 경계선 지능 청소년 실태 및 지원방안 연구(김동일 외, 2021)에서도 찾아볼 수 있다. 연구에 참여한 경계선 지능 청소년의 부모 및 교사 집단 모두에서 교사 교육 및 연수가 시급하다는 요구가 빈번히 도출되었다. 특히 부모의 경우, 학습뿐만 아니라 또래관계와 학교적응, 또래 아이들의 인식 개선을 위하여 교사를 대상으로 한 연수나 교육이 반드시 이루어져야 한다는 목소리가 높았다. 교사들은 경계선 지능이라는 개념을 들어 본 적이 없는 경우가 많았고, 접한 적이 있다 하더라도 이들을 위한 교육적 접근을 다룬 교사 교육 및 연수가 전무하여 교사 개인이 경계선 지능 학생을 위한 특별한 지원을 제공하기는 어렵다고 언급하였다.

> "또래 아이들에게 경계선 지능이 무엇인지 인식시켜 줘야겠죠. 선생님들은 당연히 아셔야 하고. 우리 반에 이런 친구가 있다. 이렇게 도와주고, 이 친구는 조금 느리지만 이것은 잘못된 것이 아니라 다른 점이다. 이런 식으로 먼저 이해할 수 있도록 해서 배려받을 수 있는 분위기기 만들어져야 하지 않을까 싶어요."(부모)
>
> "우선 경계선 지능 학생들을 뚜렷하게 정의할 수 있는 용어나 개념 자체가 일반 교사에게 성립되어 있지 않은 것 같고. 학교에서 받는 연수를 의무화하는 부분이라도 있었다면 교육을 받을 기회가 있었을 텐데 그런 기회가 없었어요."(교사)
>
> "첫 번째는 교육청. 전체 교육청 차원에서는 제일 중요한 게 경계선 지능 관련 연수와 지원방안 마련해 주고, 아이들을 위한 프로그램 마련해 주는 거죠. 경계선 지능에 대한 분명한 기준을 제시하고 어떻게 접근하면 되는지 구체적인 방안을 마련해 주시면 교사 입장에서 조금 더 적용할 수 있겠죠."(교사)
>
> "학교 선생님들도 경계선에 대한 인식이 부족하다 보니까 그냥 단순 학습부진으로 치부하시는 거죠. 그래서 저 학생은 공부는 못하는데 굉장히 조용하게 학교생활 하는 친구라고 인식되면서 드러나지 않는 경우가 많이 있는 것 같아요."(기관)

이를 위하여 김동일 등(2021)의 연구에서는 교육부-서울시교육청 연계 사업으로 '교사를 대상으로 한 인식 개선 교육 및 연수 실시'를 제안하였다. 또한, 강옥려(2016)는 현재 예비교사 양성 기관에 경계선 지능과 관련된 과목이 없다는 점을 지적하며 '교원 양성 과정 안에 경계선 지능 관련 과목을 포함할 것'을 교육적 과제로 제시하였다. 이렇듯 경계선 지능을 포함한 다양한 수준의 학습자에게 적절한 교육을 제공하기 위하여는 교사의 역량과 자질 계발이 선행되어야 할 것으로 보인다.

2) 수준별 접근방안 마련: 교육과정, 지도 및 평가방법

경계선 지능은 경도 지적장애나 학습장애와는 다른 원인 및 특성이 나타나고(Dunham et al., 2000) 개인 간 차이가 큰 이질적인 집단이므로(김근하, 김동일, 2007; 김동일 외, 2021), 개별 학생 수준에 맞는 다양한 형태의 지원이 제공되어야 한다(최승숙, 2018; MacMillan et al., 1989). 특히 경계선 지능의 경우 특수교육대상자 분류에 포함되지 않아(박현숙, 2018) 일반교육과정 내에서 맞춤형 지원이 이루어져야 하나, 현재의 일반교육 현장은 경계선 지능 학생을 위한 판별 시스템과 관리 체계를 가지고 있지 못하고(김근하, 김동일, 2007), 개별화된 교육과정, 유연한 학습자료 및 방법, 동기 부여 요소 등이 갖추어진 학습 환경을 제공하기 어려운 실정이다(주은미, 최승숙, 2018).

경계선 지능 학생을 위한 개별화된 접근은 김동일 등(2021)의 연구에서도 요구도가 높게 나타난 부분으로, 이들은 개인 간 편차가 큰 집단이기 때문에 교육과정, 지도 및 평가방법에서 개별적인 접근이 필요하다는 목소리가 높았다. 또한, 경계선 지능 학생들은 개인의 특성과 수준을 고려한 맞춤형 접근이 이루어질 때 성장할 수 있다는 의견도 나타났다. 그러나 한 교사는 현재 우리나라의 교육과정은 개별 학생에 맞는 평가가 어려운 실정임을 밝혀 현실적인 한계점이 드러났다.

"아이들은 자신에게 맞는 교육과 접근이 있을 때 성장해요. 일반 아이들은 판서를 하면서 설명을 하면 이해를 하겠죠. 경계선 지능 아이들은 그렇지 않아요. 자기만의 방법, 촉감을 이용한다든지 자연물을 이용한다든지, 각자에 맞는, 인지적인 측면에서 다각도로……. 개별화교육이 정말 필요하죠."(부모)

"저희는 보편적 학습이 어렵게끔 교육과정이 되어 있잖아요. 저는 그것도 문제라고 생각하거든요. 성장 중심 평가를 하게끔 되어 있으면서 성취 기준이 있고 그 성취 기준에 따라서 평가를 하라고 하면 당연히 경계선 지능 학생들은 다 '매우 못

함'이에요. 성취 기준에 일괄적으로 평가하면 이 아이들은 보통 이상을 받을 수가 없어요."(교사)

"느린 학습자가 사실 71과 84도 엄청 큰 지능의 차이가 있고, 지능이 같다고 하더라도 학습 격차가 많이 날 수 있는데, 그런 아이들을 대상으로 집단 안에서 한 가지 방식으로 지도할 수가 없죠. 또 인지적인 패턴도 다양하다 보니까 일대일 학습 지도가 굉장히 절실하고. 그래서 저희도 계속 멘토링 프로그램을 하고는 있는데 아직은 제한적이고 많이 부족해요."(기관)

경계선 지능 학생은 기존의 교육과정의 내용과 속도를 따라가기 어려우므로 대안적인 접근방법이 필요하나 경계선 지능이라는 한 집단으로 묶어 접근하기에는 매우 이질성이 높다. 따라서 각 학생에게 맞는 수준별 맞춤형 교육을 제공하기 위하여 유연하게 운영할 수 있는 교육과정 및 평가제도가 요구되는데, 이를 위하여는 무엇보다 학생의 특성과 수준을 파악할 수 있는 선별 체계가 마련되어야 한다. 김동일 외(2021)에서도 관련 부서 및 기관 간 협력을 통한 경계선 지능 선별 및 지원시스템 구축을 제안하였으며, 학교 차원의 조기 선별과 지원을 강조하였다. 아울러 경계선 지능 학생에 대한 개별화 교육을 실현하기 위하여는 교사의 부담을 줄이는 방안이 강구되어야 하므로, 지도 시 활용 가능한 프로그램 및 자료의 개발과 보급, 경계선 지능에 대한 전문성을 갖춘 보조 인력 양성, 다양한 교육환경 마련 등의 추가 지원을 제공해야 할 것이다.

3) 학급 내 또래관계 문제, 학교폭력 예방 및 해소

앞서 살펴보았듯이, 현재 경계선 지능 학생을 위한 교육적 지원의 방향의 초점은 기초학력보완에 맞춰져 있는 것을 알 수 있다. 그러나 김동일 외

(2021)에서 경계선 지능 아동을 자녀로 둔 부모가 교사의 인식 개선과 관심이 필요하다고 언급한 가장 큰 이유는 또래관계 문제와 학교폭력 경험에서 비롯된 것으로 보인다. 초등학교에 입학하면서 단순히 또래와 어울리지 못하는 것을 넘어서 왕따나 괴롭힘 등의 학교폭력으로 이어지는 경우가 다수였는데, 학년이 올라가면서 그 양상이 심해지는 경우가 빈번하였다. 이로 인한 정서적, 학교적응상의 어려움은 학업적인 문제보다 점차 경계선 지능 학생의 생활 자체를 더욱 불안정하게 만드는 것으로 나타났다. 그러나 고학년이 될수록 부모나 교사 등 주변인의 개입이 어려워진다는 경험자들의 공통된 언급을 통해 또래관계에서 불거지는 문제는 외부에서의 접근이 매우 어려운 것을 알 수 있다.

"왕따가 되기 시작한 건 초1 때부터였어요. 2학기로 넘어가면서 심해졌는데, 제가 해결을 한다고 나선 게 더 심해져서……. 한 명이 그런 게 아니라 여러 명이 그랬어요. 이게 아이가 고립되는 계기가 돼서 그때부터 2학년, 3학년 계속……."(부모)

"중3 때 선생님께서 전화를 주셨는데, ○○이가 친구 없이 혼자 지내는 부분을 힘들어해서 친구를 만들어 주려고 반장한테 좀 얘기를 하셨는데, 그게 다른 아이들한테는 더 좋은 방향은 아니었던 것 같아요."(부모)

"또래 관계는 고학년에서 개입할수록 악화된다고 보시면 돼요. 제가 제일 어려웠던 건 이 친구들 생활지도랑 교우관계 지도였어요. 또래 관계는 진짜 노력을 많이 했는데, 칭찬해도 어떨 땐 또 역효과가 나고. 일방적으로 계속 다른 친구들한테 배려해 달라고 하기에는 좀 미안한 부분이 있거든요."(교사)

"공통적으로 초등학교, 중학교, 고등학교 모두 학교폭력과 관련돼서 문제들이 생기죠."(기관)

이와 관련하여 김동일 등(2021)의 연구에서 도출된 효과적인 지원 경험으로는 교사의 긍정적인 학급 분위기 조성이 있었다. 담임교사가 학부모와의 소통과 관찰을 통하여 대상 학생을 파악하고, 이를 바탕으로 수용적인 학급 분위기를 형성하였을 때 경계선 지능 학생의 학교생활 또한 원활하였다는 경험이 도출되었다. 이외에도, 이 연구에서 교육부-서울시교육청 연계 사업으로 경계선 지능 학생의 정서 지원을 위한 상담 프로그램 운영을 제안하고 있었으며, 구체적으로 wee클래스 연계 상담 및 학급 차원의 상담 프로그램을 제시하였다. 또한, 학교폭력 예방을 위하여 교육청-학교 연계 이중안전망을 구축할 것을 명시하여 경계선 지능 학생의 정서와 학교적응을 위한 지속 가능한 지원방안을 제시하였다. 그 밖에도 경계선 지능 학생의 사회성, 정서·행동, 적응을 다룬 후속 연구가 이어져야 한다고 강조하였다.

4) 체계적이고 다각적인 지원체계 마련

교육적 지원을 제공하는 주체는 교사이지만, 체계적인 기반 없이 교사 한 사람이 다양한 특성의 학습자들을 아울러 교육하기란 매우 어려운 일이다. 김동일 등(2021)의 연구에 참여한 교사들은 경계선 지능이라는 개념을 들어 본 적이 없거나 접한 적이 있다 하더라도 이들을 위한 교육적 접근법을 다룬 교사 교육 및 연수가 전무하여 교사 개인이 경계선 지능 학생을 위한 특별한 지원을 제공하기는 어렵다고 언급하였다. 이러한 교사들의 고충은 우정한 외(2016)의 연구에서도 드러나는데, 초등학교 교사와 교육행정가를 대상으로 설문조사를 실시한 결과, 경계선 지능 아동을 위한 교육접근 중 가장 심각한 문제로 학생을 위한 시스템 미비, 장기적인 학습지원계획 부족, 가정과의 연계 및 협조 부족, 전문가 부족 순으로 나타났고, 가장 심각한 수업 문제로는 개별 학생을 위한 맞춤형 통합지원 미비, 교사 개인의 시간, 관심, 노력, 책임에만 의존하는 분위기, 일반학생과의 통합 수업 운영의 어려움 순으로 나타났다. 이를 통하여 경계선 지능 학생을 위한 접근 방안으로 지나치게 교사 개인의 역량을 강조하고 있는 반면, 교사들이 활용할 수 있는 교육적 지원 시스템은 부족하다는 점을 알 수 있다. 이렇듯 학업적 지원이 필요한 학생들을 위한 정책이 마련되어 경계선 지능 학생도 이 범위에 포함되었으나, 실제 학교현장에서는 경계선 지능에 대한 정보가 미흡하고, 선별을 위한 체계가 마련되지 않았으며, 선별이 이루어진다고 해도 부모의 이해가 부족하여 교육적 지원을 위한 동의를 얻기 어려운 현실임이 드러났다(김진아, 2017).

이렇듯 경계선 지능 학생과 교사를 위한 체계적인 교육 지원 시스템 구축이 매우 중요시되는 가운데, 김진아(2017)가 제시한 경계선 지능 학생을 위한 교육 대책을 살펴보면, 동기부여 프로그램 및 교육환경 마련, 전문가에 의한 진단 및 맞춤형 지도 프로그램 개발, 가정-학교-상담전문가로 구성된 통합지원체계 구축, 교사의 노력 등으로 지원을 위한 환경과 체계 마련을 강조하였다. 김동일 등(2021)의 연구에 참여한 부모, 교사, 기관종사자 역시 교사 인식 개선, 교사 교육 및 역량 강화, 교사 간 협력의 중요성을 강조하는 동시에 경계선 지능을 포함한 다양한 수준의 학생을 대상으로 할 수 있는 과정 중심의 교육과정과 지도, 평가방법이 마련되어야 한다고 언급하였다. 또한, 맞춤형 프로그램을 개발하고 운영하여야 하며, 체계적인 선별 시스템과 지속성 및 연계성을 갖춘 지원체계를 구축하여야 한다고 강조하였다. 이러한 의견을 종합하여 학교 차원의 조기 선별 및 지원 서비스와 교육청 운영 기초학습 지원 프로그램, 정서 지원을 위한 상담 프로그램 지원, 교사 대상 인식개선교육 및 관련 연수 실시 등의 정책적 제안을 제시하였다.

여러 연구 결과를 종합하여 보면, 경계선 지능 학생을 위한 교육적 지원은 교사 개인에 대한 책임을 강조하기에 앞서 전반적인 환경과 시스템 구축이 선행되어야 함을 알 수 있다. 경계선 지능 조기 선별 및 진단 체계부터 학업적, 정서적 영역 프로그램 및 지도 방안 마련, 관련자들의 인식 개선 등의 체계적인 시스템 구축이 먼저 이루어져야 한다. 이러한 토대 위에서 교사들이 경계선 지능을 바르게 인식하고 긍정적인 학급 분위기를 조성하며 개별 학생에 대한 적절한 지도가 가능하도록 다각적인 교사 지원을 제공해야 한다. 이와 더불어 경계선 지능을 잘 이해하고 맞춤형 지원이 가능한 다양한 영역의 전문가를 양성하여 학교와 연계한 협력적 접근을 도모한다면 경계선 지능 학생을 위한 체계적이고 지속적인 지원이 이루어질 수 있을 것으로 보인다.

4. 제도적 지원

경계선 지능에 대한 정책을 살펴보면, 현재로서는 교육 관련 법에 주로 초점이 맞추어져 있기 때문에 삶을 영위하는 데 필요한 다양한 측면의 제도는 여전히 미비하다. 특히 구체적인 실태조사나 경계선 지능에 대한 전문적인 서비스가 부족하고, 성인기에 필요한 자립 및 사회적응을 지원하는 제도가 갖추어지지 않은 실정이다(김고은, 김혜리, 2018). 여기에는 경계선 지능이라는 개념적 모호성이 영향을 미치는 것으로 보인다. 정신질환 진단 및 통계편람(DSM-Ⅳ)에서는 경계선 지능을 '지속적인 관심을 가지고 주의해야 할 발달장애군'으로 명시하였으나, 새롭게 개정된 DSM-5에서 그 기준을 삭제하면서 이들을 정의하고 진단 내리기 어려워졌다. 또한, 경계선 지능을 가진 이들은 전체 인구의 약 13.6%로 특수교육대상자보다 훨씬 큰 비율을 차지하나, 어떠한 범주에 속하지 않아 이들을 위한 제도와 지원은 매우 부족한 것이 현실이다(Peltopuro et al., 2014). 이처럼 경계선 지능인은 장애인과 비장애인의 경계에서 사회에 적응하는 데 큰 혼란을 겪게 된다.

경계선 지능인이 제도적으로 소외되는 상황이 계속되면 이들은 삶 전반에서 심각한 어려움에 노출될 위험이 커진다. 인지적인 특성은 결국 정서 및 사회성 발달에도 영향을 미치기 때문에(정희정, 이재연, 2005), 이들이 계속해서 방치될 경우 학령기에 겪는 학업, 대인관계, 정서적 어려움은 결국 성인기의 사회부적응, 정신적 고통, 경제적 어려움에 따른 범죄 노출 위험 등으로 이어질 가능성이 커진다(Gigi et al., 2014). 물론 상당한 비율을 차지하는 경계선 지능 집단에 대한 제도적 지원은 곧 막대한 예산 투입과 연결되는 부분이므로(강옥려, 2016), 쉽지 않은 문제임은 틀림없다. 그러나 경계선 지능을 가진 이들은 적절한 지원과 관심이 제공되면 건강하게 성장할 수 있는 집단이므로 이들을 위한 제도 마련은 필수이며, 여기에는 정부의 역할이 매우 중요하다(김동일 외, 2021).

이와 관련하여 강옥려(2016)는 경계선 지능인을 위한 과제 및 해결 방안으로 법과 제도 개선을 주장하였다. 구체적으로 살펴보면, 우선 경계선 지능인을 위한 법을 제정하고 예산을 편성하여 지속적인 지원을 제공해야 한다고 보았다. 또한, 교육과정에 경계선 지능 학생들을 위한 시수를 확보하여 이들의 요구를 반영하고, 각 교육부서에 경계선 지능 학생을 위한 전담팀을 배치함으로써, 보다 책임 있는 지원이 이루어지도록 하는 방안을 제시하였다. 이러한 양상은 2018년에 실시된 서울 동북권 느린 학습자 생애주기별 어려움에 대한 기초조사에서도 드러났는데, 연구에 참여한 부모들은 정치인 또는 전문가들이 경계선 지능인들이 겪는 어려움에 관심을 가지고 이를 공론화하여 의제 활동으로 이어지기를 희망하였다.

한편, 서울시 경계선 지능 청소년 실태 및 지원방안 연구(김동일 외, 2021)에 따르면, 연구에 참여한 경계선 지능 청소년의 부모, 교사, 기관종사자들이 언급하는 제도적 지원방안은 성인기 삶과 맞닿아 있는 현실적인 요구들로 나타났다. 크게 경계선 지능인을 위한 통합거점센터 설립, 취업 지원, 군대 관련 지원 등으로 나타났으며, 하나씩 살펴보면 다음과 같다.

1) 경계선 지능인을 위한 통합거점센터 설립

대부분의 연구 참여자는 경계선 지능인을 통합적으로 관리, 지원할 수 있는 센터가 필요하다는 부분에 동의하였다. 현재로서는 국가적 지원이 거의 없는 상황이므로 성인이 되었을 때 개인에게 맞는 맞춤형 지원이 이루어지기 위하여 전문성을 갖춘 통합거점센터가 그 역할을 수행해야 한다고 언급하였다.

> "집, 돈, 건강 문제까지 통합적으로 할 수 있는 게 아무것도 없잖아요. 그래서 경계선 지능을 위한 어떤 통합센터. 이런 게 있으면 너무 좋겠어요."(부모)
>
> "다문화 같은 경우에는 지원이 더 잘되는 것 같아요. 다문화 지원센터도 있고. 오히려 인식도 더 높고, 나라에서 해 주는 게 많아요. 그런데 느린 학습자는 전혀 해 주는 게 없잖아요. 그러니까 느린 학습자 센터가 있으면 좋겠어요. 생각해 보니 정말 도움을 받은 게 하나도 없네요. 국가적으로는."(부모)
>
> "아무래도 그런 진로 관련 시설? 네, 보장된 시설. 왜냐하면 장애가 있는 아이들보다 더 잘하는데도 아무 데도 못 가는 거니까. 복지카드 없이도 혜택을 받을 수 있는 평생교육시설 같은, 그런 기관이 있으면 좋을 것 같아요."(교사)
>
> "통합적으로, 체계적으로, 또 맞춤형으로 지원해 가는 센터는 반드시 필요하다는 생각을 해요. 그래서 센터에서 상담이나 지원 서비스는 어떻게 받아야 하는지 알 수 있고, 관련 연구, 프로그램 개발 등, 이런 것들을 하면 좋겠다는 생각을 합니다."(기관)

동북권 느린 학습자 생애주기별 어려움에 대한 기초조사(2018)에 참여한 부모들도 느린 학습자지원센터와 같은 거점 시설이 마련되어야 한다고 주장하였다. 현재로서는 경계선 지능 학생을 위한 대안학교가 일부 존재하지만, 그 수가 너무 적고 학령기 이후에는 이용할 수 없으므로 생애 전반에 걸

처 지원받을 수 있는 통합거점센터에 대한 요구가 높았다. 이를 위하여 경계선 지능인을 위한 조직적인 움직임과 의제 활동이 선행되어야 하며, 행정 및 정책 담당자의 인식을 개선하는 일이 무엇보다 중요하다고 보고하였다.

2) 취업 지원: 일자리 마련, 직장 적응 지원

김동일 등(2021)에 따르면 성인기 경계선 지능 청소년에게 가장 시급한 문제는 일자리 마련이며, 이를 위한 취업 지원 요구가 높은 것으로 나타났다. 대부분의 연구 참여자는 경계선 지능 청소년의 경우 일반적인 취업 경쟁에서 살아남기 어려우며, 만약 직장을 구한다 하더라도 업무나 대인관계에서 적응이 어렵다는 점을 토로하였다. 오히려 장애인으로 등록된 경우, 복지카드를 소지한 이들이 취업이 더 잘되는 것으로 인식하고 있었다. 이러한 점 때문에 장애 등록을 고민하는 경우가 상당수였으나, 이 역시 쉽지 않은 것으로 나타났다. 한 기관종사자는 경계선 지능임에도 취업 문제로 장애 등록을 시도하는 사례가 늘어나면, 반대로 장애인의 고용이 불안정해질 수 있음을 우려하며 '밥그릇 싸움'이라는 용어를 사용하기도 하였다.

"일처리 능력이 부족한데 어디에 취업하겠어요. 일반 사람들하고 어떻게 경쟁이 되겠어요. 저는 이 아이들을 위한 직업 지원. 그냥 돈을 달라는 게 아니에요. 이 아이들이 장애가 아니어도 조금이라도 할 수 있는 일을 지원해 달라는, 일자리 지원이 있어야 한다고 생각해요."(부모)
"중요한 건 업체에서는 아무래도 경쟁상대가 많은데 굳이 이 아이를 뽑겠냐는 생각도 들고. 만약 들어간다고 해도 일반 사람들하고 어울려야 되는데, 우리처럼 이렇게 소통이 매끄럽지는 않겠죠."(부모)

"지원고용 범주가 확대됐으면 좋겠어요. 지원고용에서 솔직히 이 친구들이 더 잘할 수 있거든요. 기존 대상이 되는 친구들이 반발할 수 있겠지만. 밥그릇 싸움이

"되는 거죠. 이 친구들이 범주에 들어오다 보면."(교사)

"장애로 등록되지 않은 학생들은 고용터에 가면 일반 구직자에 비해서 기능이 떨어지기 때문에 취업 알선의 기회조차 적은, 알선을 받더라도 몇 번 받다가 말겠죠. 그리고 고용센터 쪽에서는 개별적인 지원이라기보다는 대체로 정보를 제공하는 형태로 지원이 되고. 그런데 공단에서는 대상 자체가 안 되기 때문에 이 서비스에 접근조차 못하게 되는 구조인거죠. 그래서 저희가 가장 신경 쓰는 부분은 고용 서비스의 정책 대상이 확대되어야 한다는 부분이라 계속 검토하고 있는 단계이니, 제가 봤을 때는 고용 서비스의 정책 대상으로 들어올 수 있게끔 하는 제도적인 것들이 되는 것과 안 되는 것의 차이가 극명할 수 있다는 거예요. 장애인 고용법상 장애인의 기준이라고 되어 있는 부분에 경계선 지적장애가 들어가냐, 아니냐에 따라서 서비스의 지원이 달라지기 때문에 이런 부분에 대한 지원책이 필요하다는 것들이 계속 어필이 되는 게 더 중요하지 않을까? 그런 생각을 하고 있어요."(기관)

이와 관련하여 이 연구에서는 고용노동부와의 연계 과제를 제안하였는데, 한국장애인고용공단의 서비스 지원 대상 확대를 통한 직업 교육 및 훈련, 실습 기회 마련을 제시하였다. 또한, 경계선 지능인 맞춤형 일자리 개발과 취업 이후에도 직장생활에 적응할 수 있는 프로그램 개발 방안을 제안하며, 구체적으로 직장 적응을 위한 매뉴얼 마련, 고용주 및 직장동료 대상 인식개선교육 실시, 고용 유지를 위한 후속 지원 등을 제시하였다. 한편, 동북권 느린 학습자 생애주기별 어려움에 대한 기초조사(2018)에 참여한 부모 역시 느린 학습자 자녀의 미래에 대하여 가장 크게 고민하는 부분으로 취업과 경제활동(68.4%)을 꼽았다. 이들은 진로 문제에 대한 대안책으로 사회적 경제를 활용한 자립기반 마련을 제안하기도 하였는데, 발달장애인 협동조합과 마을기업의 운영 사례처럼 느린 학습자들로 구성된 사회적 경제 조직을 운영하여 수익을 창출하고 자립을 도모하는 방안을 제시하였다. 그러나 더 큰 경제적 부담을 가져올 수 있고, 참여자 간 갈등이 발생할 위험이 있다는 점에서 현실적으로 고려해야 할 부분이 많다는 우려도 나타났다.

3) 군 관련 지원

우리나라 경계선 지능인과 부모의 가장 큰 고민 중 하나가 군대 문제이다. 이들은 법적인 군 면제 대상이 아니므로 병역의 의무를 다해야 하는데, 현재로서는 이들을 위한 추가적인 관리 사항은 없다(김혜리, 2018). 그러나 군대는 통제된 계급사회로서 상하관계가 분명하고 자유롭지 못한 분위기 속에서 단체생활에 적응해야 하는 등의 이유로 인하여 여러 가지 갈등 상황이 발생할 수 있는데, 이는 스트레스, 우울 및 불안, 자살충동 등의 정신건강 문제로 이어질 수 있으므로(구승신, 2006) 경계선 지능을 가진 청년들은 군대가 가지는 특수한 분위기에 더욱 취약할 수밖에 없다. 2014년 EBS에서 보도한 바에 따르면 실제로 경계선 지능을 가진 군인 중 상당수가 군 생활에 부적응을 보이고 관심병사로 분류되는 것으로 나타났다. 만약 사회복무요원으로 배치된다 하더라도 부족한 업무 또는 대인관계 능력으로 인하여 집단 내 따돌림이나 가혹행위에 노출될 위험이 큰 것으로 나타났다.

한편, 박찬선(2021)에 따르면 경계선 지능을 가진 청년은 보통 5급(전시보충역) 판정까지 가능하다고 한다. 5급은 전시 상황이 아닌 이상 입대 면제와 가까우므로 정신건강이나 직업적 기능에 유의한 어려움이 있는 경우 해당하며, 타인과의 군 복무가 어렵다고 판단될 때 가능하다. 입대 전 신체검사를 거칠 때 정신적인 부분도 점검하게 되어 있고, 만약 생각지 않은 결과가 나왔다 할지라도 경계선 지능인 경우는 재판정을 신청할 수 있다고 한다. 그러나 경계선 지능이라고 해서 모두 5급을 판정받는 것은 아니며, 스스로 입대를 희망하는 사례도 있기 때문에 결국 당사자의 생각과 결정이 중요할 것으로 보인다.

그러나 여전히 경계선 지능 남아를 자녀로 둔 부모들은 군대 문제를 걱정할 수밖에 없다. 엄격하고 통제성이 강한 군대 내에서 위험한 일을 당하거나 반대로 자녀가 돌발행동을 보일까 염려하는 부모 의견이 나타났다(김고은, 김혜리, 2018). 또한, 입대 시기 훨씬 이전부터 자녀가 군대에 들어갔을 때 다른 사람과의 관계나 업무에서 부적응을 겪을 것을 우려하여 대안적인 방법이 있는지 모색해 보고, 결국 장애 등록을 고민하는 부모도 상당수인 것으로 나타났다(김혜리, 2018, 서울시 동북권 NPO 지원센터, 2018). 이러한 점은 김동일 외(2021) 연구에서도 나타났는데, 실제 군대를 다녀온 자녀의 변화를 언급한 부모와 함께 앞으로의 군대 문제를 걱정하는 부모, 교사, 기관종사자로부터 같은 방향성을 띤 의견들이 도출되었다.

"군대는 자기가 원해서 갔는데 거기서도 마찬가지죠. 군대는 군인으로 와 있는 아이들이 직업 군인들에 비하면 소모품에 가깝잖아요. 함부로 말하고 함부로 사용하고. 그런데 경계선 아이들은 자존감이 낮아서 스트레스가. ○○이 같은 경우에는 저항할 능력이 없다 보니까 '나는 이 사람들이 말하는 것처럼 필요 없는 사람이야.' 이렇게 되어버리는 거죠."(부모)

"지금 이 상태로 하면 공익 정도는 될 수도 있을 것 같은데, 사실은 공익도 그렇게 쉬운 건 아니거든요. 그게 지금 고민이에요. ○○이는 (장애인 신청을) 너무 늦게 준비하다 보니까……. 안 되더라고요. 두 번 했는데. 저는 정말 절박하거든요. 지금이라도 또 할 수 있으면 아……. 그런데 그 과정이 너무 힘들어요."(부모)

"일단 군대는 시간이 딱 정해져 있고 무조건 해야만 하는 거잖아요. 그런데 이 아이들이 학교에서도 어려운데, 과연 군대에서 그런 것들을 할 수 있을지 걱정이 되고. 군대 생활에서도 적응이 어렵지 않을까 생각합니다."(교사)

"병역문제. 경계선 아이들은 병역과 관련된 부분들로 인해서 일부러 정신과를 많이 다녀요. 정신병력이 있거나 정신과에서 치료받았던 병력이 꾸준하게 있으면 면제가 되거나 공익이 되는. 훈련소에 가는 게 굉장히 공포스러운 아이들이 있거든요. 그런 병역문제와 관련된 지원도 필요할 것 같고……."(기관)

　따라서 경계선 지능에 대한 사회적 인식 개선안과 함께 국방부 및 관련
부처 간 연계를 통한 군 입대 기준 및 대안 탐색을 제안하며 현실적인 지원
대책이 마련되어야 하겠다.

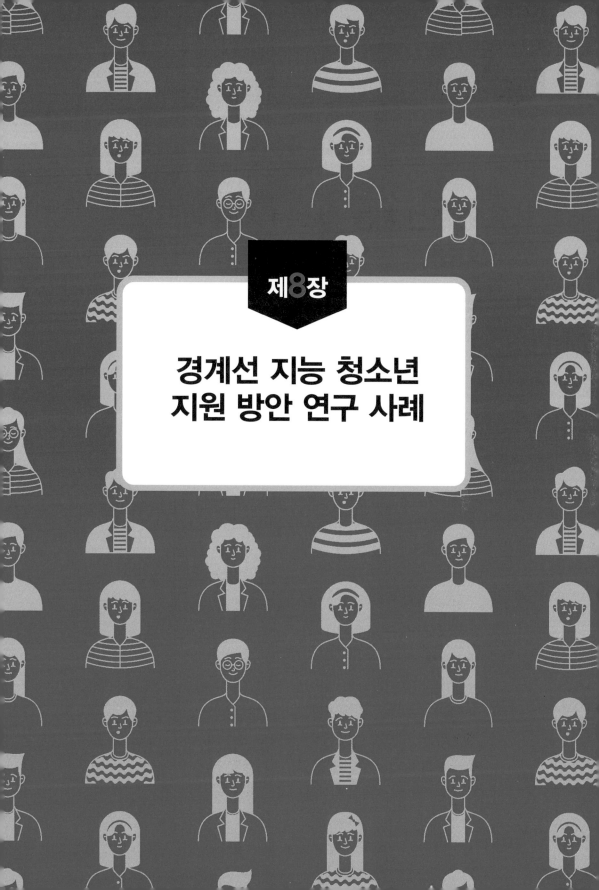

제8장

경계선 지능 청소년
지원 방안 연구 사례

경계선 지능 청소년 지원 방안 연구 사례

1. 개요

1) 배경 및 연구 목적

경계선 지능은 정신질활 진단 및 통계편람(DSM-IV-TR)에서는 'IQ 71~84에 해당하며 지속적인 관심을 가지고 주의해야 할 발달장애군'으로 정의하였으며, DSM-5에서는 구체적인 IQ 수치를 제시하지 않고 경도지적장애와 경계선 지능 간의 차이 및 공병하는 정신적 장애를 언급하고 있다(서해정, 박현숙, 이혜수, 2019). 경계선 지능 청소년의 인지적인 어려움은 지적장애 학생에 비하여 낮지만, 일반학생과 비교할 때 학업, 인지, 사회성, 정서 및 행동 등의 영역에서 이질적인 특성을 나타낸다(강옥려, 2016). 이들은 낮은 주의력, 정보조직의 어려움, 추상적 사고와 같은 고차원적 사고의 어려움, 학습

동기 부족 등의 어려움을 나타내며(강옥려, 2016) 이러한 특성으로 인하여 학습부진, 또래로부터의 고립과 같은 학교 부적응을 나타내기도 한다 (Chauhan, 2011). EBS 뉴스(2014)에 따르면 경계선 지능에 해당하는 학령기 학생은 학급당 3명 수준으로 전국 80만 정도를 나타내지만, 실제적으로 경계선 지능 청소년은 평균지능 보다 낮은 지적 기능 수준을 보이지만 지적장애 기준에는 부합하지 않아 정책적·제도적으로 소외되어 왔다. 경계선 지능 청소년은 S시 청소년 인구의 13.6%를 차지하는 집단으로, 이들이 나타내는 인지적 취약성은 건강한 사회인으로 발달하는 것을 방해한다. 따라서 이들의 개념에 대한 명확히 정의되고 특성을 진단할 수 있는 지원이 제공된다면, 이들이 나타낼 수 있는 어려움을 예방할 수 있어 성공적인 발달을 도울 수 있다(김동일 외, 2021). 하지만 경계선 지능과 관련된 연구의 일부분만 학계 및 관련 기관에서 이루어져 왔으며 연구주제와 영역이 치료방법 등으로 제한적이었으며, 경계선 지능과 관련한 진단 및 정의와 명확한 합의가 부재하여, 이들의 독특한 특징을 설명할 수 있는 구체적인 정의와 지표가 필요하다는 주장이 있다(강옥려, 2016). 따라서 김동일 등(2021) 연구진은 경계선 지능 청소년, 학부모, 교사, 유관 기관 종사자들을 대상으로 경계선 지능 학생들의 생애주기별 요구와 기존 정책 및 지원서비스의 현황 연구를 수행하여 이들의 특성에 따른 종합지원방안에 대한 시사점을 도출하고자 하였다.

2) 연구 특징 및 의의

이 연구(김동일 외, 2021)는 특수교육 관련 전문가를 중심으로 청소년 전문가, 교육상담전문가, 교육심리전문가, 청소년 관련 유관기관 등 다학문적 전문 네트워크를 구성하여 다양한 관련 주체의 의견을 수렴하여 연구를 진행하였다. 또한 조사연구를 수행하여 실증적인 정보를 제공하였으며, 경계선 청소년의 욕구를 파악하고 이들에 대한 이해를 높일 뿐만 아니라 이들을 위한 실제적인 지원과 정책적 시사점에 대한 거시적인 관점의 통찰을 제공하고자 하였다.

3) 연구 주요 내용

S시 거주 경계선 지능 청소년의 실태 및 발달주기별 욕구 파악을 하고 이들을 위한 지원 및 정책 방향성을 제안하고자 하였다. 이에 따라 김동일 등(2021)은 다음의 연구주제와 세부 내용을 실시하였다.

〈표 8-1〉 연구 주요 내용

구분	상세내용
S시 거주 경계선 지능 청소년 실태 및 발달주기별 욕구 파악	종합실태조사, 기초학습능력 특성분석, 고용 다양성 분석
경계선 지능 청소년 지원 현황 조사	문헌분석 및 설문설계, 현황조사, 지원 욕구 조사
정책적 시사점 및 지원 방향성 도출	델파이 조사, 정책적 시사점 도출

2. 연구 사례 소개

1) S시 거주 경계선 지능 청소년 실태 및 발달주기별 욕구 파악

국내에 문헌 고찰을 통해 경계선 지능에 대한 개념을 정의하고 학술적 내용을 분석하고자 하였다. 이를 위해 경계선 지능과 의학적, 학술적, 정책적 정의를 검토하고 학술적 정보를 종합적으로 파악하였다. 또한 S시 교육청 등 유관 기관에 공문을 발송하여 연구대상자를 모집하였으며, 학령기 청소년을 대상으로 학습능력 및 특징을 분서하고 후기 청소년을 대상으로 개별 고용 관련 요구 및 고용 다양성을 분석하였다.

학술정보 종합실태분석을 통해 경계선 지능의 개념, 정의, 효과적인 개입 방법을 탐색하였고, 경계선 지능 청소년의 발달주기별 욕구분석을 통해 발달연령에 적합한 정책 추진 기초자료를 마련하고자 하였으며, 연구 결과는 다음의 〈표 8-2〉와 같다. 결과를 요약하면 현재 경계선 지능 청소년 개념 정의에 대한 국내외 문헌의 명확한 합의가 없으며 실질특성을 반영한 정의가 필요함을 확인하였다. 또한 경계선 지능 청소년의 기초학습기능특성은 5개의 하위집단으로 특성이 도출되었으며, 후기 경계선 청소년의 고용 지원을 위한 고용 다양성 또한 6개의 하위집단으로 특성이 도출되었다.

〈표 8-2〉 S시 거주 경계선 지능 청소년 실태 및 발달주기별 욕구 파악 결과

연구 내용	결과
경계선 지능 청소년 개념 정의 및 심층면담/설문 설계를 위한 국내외 문헌 고찰	1) '경계선 지능 청소년' 정의에 대한 고찰 가) '경계선 지능'의 의학적 정의 • DSM—5 '임상적 주의의 초점이 될 수 있는 기타 상태'로 분류된 경계선 지능의 진단기준 나) '경계선 지능'의 교육적 정의 • '6시간 정신지체 아동'(President's Committee on Mental Retardation, 1969) 다) '경계선 지능'의 정책적 정의 • 서울특별시 경계선지능인 평생교육 지원 조례(2020.10.05. 공포) • 서울특별시 서초구 경계선지능인 지원 조례(2021.02.08. 공포) • 전라남도교육청 천천히 배우는 학생교육 지원 조례(2020.07.02. 공포) • 여주시 경계선지능인 지원 조례(2021.04.13. 공포) 라) '경계선 지능 위기 청소년' 정의 제안 • "경계선 지능 위기 청소년은 지적 능력의 제한(IQ 71~84)으로 인하여, 학업 수행이나 사회 적응에 어려움을 겪는 등 건강한 성장과 생활에 필요한 여건을 갖추지 못하였으나, 적절한 지원이 제공되면 성공적인 성인기 전환이 기대되는 청소년을 말한다."(김동일, 안예지, 2021)

	2) 경계선 지능 청소년 관련 국내외 연구동향 분석
	  가) 일반적 분석 결과
	  • 출판연도, 연구유형, 학교급, 대상 선정 기준, 연구주제
	  나) 세부 분석 결과
	  • 중재 회기 및 기간(중재회기, 중재기간, 회기 당 중재 시간)
	  • 중재 전달 방식(집단크기, 중재자, 중재장소)
	  • 종속변인(신체, 정서 및 사회, 학업, 혼합)

초 · 중기 경계선 지능
청소년의 기초학습능력
특성 분석
	1) 5개 하위집단 도출
	  가) 경계선 지능(BIF)
	  나) 기능적 지적장애 위험군
	  다) 학습장애 위험군
	  라) 전형적 BIF 위험군
	  마) 학습곤란
	  ※제2장 내용 참고

후기 경계선 지능
청소년의 고용지원을
위한 고용 다양성 분석
	1) 연구대상: 31명(고등학생 13명, 성인기~만 24세 18명)
	2) 연구방법 및 연구도구: 조사연구, 장애인 고용다양성검사, BLCT검사
	3) 6개 하위집단 도출
	  가) 기능적 지적장애 위험군
	  나) 경계선 지능 청소년(BIF): 사회 · 정서적 지원 요구 집단
	  다) 경계선 지능 청소년(BIF): 전반적 지원 요구 집단
	  라) 학습장애 위험군
	  마) 전형적 BIF 위험군
	  바) 학습곤란

출처: 김동일, 안예지(2021).

2) S시 거주 경계선 지능 청소년 실태 및 발달주기별 욕구 파악

프로그램을 개발 및 운영을 하는 청소년 유관 기관 종사자를 대상으로 경계선 지능 청소년을 위한 효과적인 개입을 탐색하는 반구조화 개방 설문과 프로그램 운영 전반에 대한 설문조사를 실시하였다. 경계선 지능 청소년에 대한 개념 정의 및 지원서비스의 현황을 파악하고 발달주기별 지원 요구를 조사하여 지원 서비스 제공을 위한 시사점을 도출하기 위하여 실태 및 요구 조사 자료를 개발하고, 면담 및 설문조사를 실시하였다. 결과는 다음 〈표 8-3〉과 같다.

〈표 8-3〉 경계선 지능 청소년 지원 현황 조사 결과

연구 내용	결과
서울시 경계선 지능 청소년 지원 실태 및 지원 서비스 현황 조사	1) 연구대상: 79개소 참여 2) 연구방법: 온라인 반구조화 개방 설문조사 및 프로그램 자료 문헌조사 3) 연구도구: 서울시 경계선 지능 학습자 지원 프로그램 현황 설문지 4) 연구결과 요약 　가) 참여 기관 유형 　　• 기타시설, 활동시설, 복지시설 순으로 많았음 　나) 기관의 주 이용대상 연령 　　• 대부분 고등학생, 중학생이 주 이용대상 　다) 응답 기관의 주 이용대상 　　• 대부분 위기청소년, 비장애 청소년으로 응답 　라) 기관 이용자 수 　　• 11명에서 50명이 가장 많음 　마) 기관의 프로그램 현황 　　• 정서 · 사회성 프로그램이 가장 높은 비율 나타냄 　바) 경계선 지능 청소년의 일반적인 특징 　　• 경계선 지능 청소년 묘사: "맞춤형 교육이 필요한 청소년" 등 　　• 경계선 지능 청소년 외모: "다른 청소년들과 크게 다르지 않다" 등 　　• 경계선 지능 청소년 학습과 인지: "학업 능력이 부족하고 이해력이 낮다" 등 　　• 경계선 지능 청소년 대인관계와 사회성: "관계형성 및 소통능력이 취약해서 또래와 어울리지 못함" 등 　사) 경계선 지능 청소년에 대한 효과적 개입방법 　　• 학업적인 지원: "차분히 한 단계씩 설명하고 이해시키기" 등 　　• 정서적 지원: "지지해 주고 인정해 주기" 등 　　• 맞춤형 프로그램 제공: "긴호흡의 멘토지원 연계" 　　• 부모나 교사 교육: "청소년의 상태에 대한 검사와 부모님의 인정"

발달주기별 지원 요구 조사	1) 연구대상: 총 29명(경계선 지능 청소년 학부모, 교사, 기관종사자) 2) 연구방법: 심층면담 3) 연구도구: 학부모, 교사, 기관종사자 면담 질문지 4) 연구결과 요약 가) 네 가지 면담주제 도출 　• 경계선 지능에 대한 인식 및 진단 과정 　• 경계선 지능 청소년의 생애주기별 지원의 필요성 　• 경계선 지능 청소년을 위한 분야별 지원 필요성 　• 효과적인 지원 경험 나) 경계선 지능에 한 인식 및 진단 과정 　① 범주 1: 경계선 지능임을 인식하게 된 계기 　• 부모는 영·유아기 또는 초등학교 시기에 자녀가 경계선 지능임을 알게 된 경우가 가장 많았음 　• 교사는 경계선 지능이라는 개념을 들어 본 적이 없다는 의견이 가장 많았음 　• 기관의 경우 사회의 느린 학습자 및 취약계층 지원 사업 등을 통해 경계선 지능임을 인식하고 지원 프로그램을 고안한 사례 있음 　② 범주 2: 경계선 지능 진단 및 수용 과정 　• 지능검사 결과에 의한 진단 　• 그 외 사회성숙도 검사, 신경근육운동발달검사(MAND), 직업재활검사, 의사소통검사 등 　• 진단 시기가 다양하며, ADHD 또는 자폐진단 경험 있으며, 진단의 모호성 토로 　• 수용과정은 믿고 싶지 않음, 받아들임, 부모의 삶에 큰 영향을 미치는 것으로 나타남 　③ 범주 3: 경계선 지능의 정의 　• 인지적 어려움, 느린학습, 사회성 및 교육관계에서 어려움 　• 높은 개인내차와 개인간차 　④ 범주 4: 경계선 지능과 학습장애 　• 학습장애로 포함되어 지원받는 방안이 필요함 　• 학습장애와 구분하여야 함 다) 경계선 지능 청소년의 생애주기별 지원의 필요성 　① 범주 1: 영·유아기 　• 신체: 느린 운동발달, 출산 시 어려움 　• 언어: 느린 언어발달 　• 인지·학습: 느린 학습과 행동 　• 정서·행동: 높은 불안, 주의력 부족 및 산만함, 자조기술 부족 　• 사회성: 또래와 어울리지 못함 　② 범주 2: 초등학생 시기 　• 신체: 대근육, 소근육 발달 지연 　• 인지·학습: 국어/언어영역에서의 어려움, 학년이 오를수록 어려움이 심화될 것으로 예상, 수학 연산, 문장제 문제 어려워함, 집중력 부족, 낮은 기억력, 학습된 무기력 　• 정서·행동: 감정 조절 어려움, 상황인지능력 부족, 사춘기 및 자신의 어려움을 인식하면서 정신적 고민 많아짐

	• 사회성: 또래관계 맺기 어려움, 사회성 기술 부족
	• 학교적응: 담임교사 역할의 중요성
	③ 범주 3: 중 · 고등학생 시기
	• 인지 · 학습: 국어/언어 영역에서의 어려움, 일반화의 어려움, 대안학교가 학력 인정이 안 되어 검정고시/온라인 학습을 함, 졸업 이후 갈 곳이 없음, 복지카드가 없어 지원받는 부분이 없음
	• 정서 · 행동: 상황인지능력 부족, 정서적 불안정
	• 사회성: 또래관계의 어려움
	• 학교적응: 학교 부적응
	④ 범주 4: 성인기
	• 신체: 기초체력 부족
	• 인지 · 학습: 여전히 느린 학습
	• 정서 · 행동: 여전히 느린 행동, 정서적 불안정
	• 사회성: 대인관계 맺기 및 유지의 어려움
	• 학교적응: 대학생활 적응상의 어려움
	• 취업 · 자립: 자립능력 다양함, 복지카드 없어 참여하는 곳이나 지원받는 부분이 없음
발달주기별 지원 요구 조사	⑤ 범주 5: 전생애 걸친 특성
	• 인지 · 학습: 높은 개인 내 차이, 낮은 처리 속도, 고차원적 사고의 어려움, 일반화의 어려움
	• 정서 · 행동: 특정 영역에 대한 높은 관심, 정서적 결핍 및 낮은 자존감, 낮은 자율성 및 높은 의존성
	• 사회성: 또래관계 맺기 및 유지의 어려움, 종합적인 상황파악의 어려움, 또래보다 순진한 성향, 범죄에 노출되기 쉬움
	• 언어: 의사표현의 어려움, 의사소통의 어려움
	라) 경계선 지능 청소년을 위한 분야별 지원 필요성
	① 범주 1: 가족 지원
	• 부모 인식 및 자녀에 대한 이해의 중요성
	• 교사는 학생이 경계선 지능으로 보일 때 부모에게 전달하는 과정의 어려움
	• 부모 역할의 중요성
	• 부모 정서적 지원
	• 부모 커뮤니티 활성화
	• 가족구성원 간 관계 개선
	• 형제자매 정서적 지원
	② 범주 2: 교육적 지원
	• 또래관계 및 학교폭력 문제 해소를 위한 지원: 부모, 교사 개입의 어려움
	• 교사교육 및 인식 개선
	• 실효성 있는 성교육
	• 수준별 접근: 교육과정, 지도 및 평가방법 마련
	• 경계선 지능 청소년을 위한 학교 설립
	• 경계선 지능 청소년을 위한 프로그램 운영

발달주기별 지원 요구 조사	• 대안학교에 대한 개선점 요구: 증설, 학력 인정, 교사 역량 강화, 재정지원 등
	• 보조교사제 도입
	• 교사 협력: 특수교사, 상담교사 등
	• 학습보다는 사회성 교육 필요
	• 민주시민교육 강화: 경제교육, 미디어교육 등
	• 특수교육대상자 선정에 대한 고민
	③ 범주 3: 복지적 지원
	  • 경제적 지원: 사설 기관 치료비
	  • 학령기 이후의 사회 참여 네트워크 형성
	  • 장애 등록에 대한 고민: 복지 서비스 요구
	④ 범주 4: 제도적 지원
	  • 경계선 지능인을 위한 통합센터 설립
	  • 군대 입대 및 생활 문제 지원
	  • 취업 지원: 일자리 마련, 직장 적응 지원
	  • 경계선 지능 진단체계 마련
	⑤ 범주 5: 기타 지원
	  • 사회적 인식 개선
	  • 지원의 지속성과 연계성
	  • 정서적 지원
	  • 또래 커뮤니티 및 멘토링
	바) 효과적인 지원 경험
	① 범주 1: 가족
	  • 가족 지지체계
	② 범주 2: 공공기관
	  • 학교 적응 지원: 수업, 또래관계, 교육청 지원 요청
	  • 긍정적인 학급 분위기 형성
	  • 재정적 지원
	  • 성인기 지원
	③ 범주 3: 민간기관
	  • 사설 기관 치료 및 상담
	  • 대안학교
	  • 부모/교사 커뮤니티
	④ 범주 4: 기타
	  • 개인적인 학업 성취감

출처: 김동일, 안예지(2021).

3) 정책적 시사점 및 지원 방향성 도출

연구 결과들의 타당성과 현장 적용성을 검토하여 실질적인 정책적 시사점과 지원 방향성을 도출하고자 하였다. 이를 위해 관련 전문가 10명을 대상으로 델파이 조사를 실시하여 전문가 검토를 수행하였다. 또한 청소년 및 학부모, 교사, 기관 종사자를 대상으로 초점집단면담(FGI)를 실시하여 경계선 지능 청소년 지원 현황조사 결과의 현장 적용 가능성을 탐색하여 정책적 시사점을 도출하였다. 그 결과는 〈표 8-4〉와 같다.

〈표 8-4〉 정책적 시사점 및 지원 방향성 도출 결과

연구 내용	결과
생애주기별 지원 방안	1) 영 · 유아기 • 조기선별, 각종 치료 및 사회성 발달 프로그램 지원 필요 • 부모정보 제공, 교육상담 지원으로 가족지지 2) 초등학생 시기 • 인지 · 학습: 언어와 인지치료, 기초학습지원 필요, 학교 수준에서 수준별 맞춤 교육계획을 수립하고 적용해야 함 • 정서 · 행동: 상담, 행동 중재 매뉴얼 개발 및 보급 필요 • 학교 적응: 교사 대상 연수, 워크숍, 인식개선교육 실시 • 진단: 진단을 통한 교육 · 복지적 지원 이뤄져야 함, 학교 차원의 검사 통한 조기 선별 필요 등 3) 중 · 고등학생 시기 • 인지 · 학습: 기초학습지원과 더불어 대안학교 재학생을 위한 검정고시 준비 프로그램이 개발되고 지원되어야 함 • 정서 · 행동: 상담, 적응행동 프로그램 개발 지원 필요, 또래 멘토링 사회성 기술 중재 프로그램 통한 사회성 증진 중요 • 학교 적응: 중등 교사 대상 연수, 워크숍, 인식개선교육 실시, 학급 차원 상담 . 학업중단 예방 프로그램 개발 보급 필요 • 진단: 특수교육대상자에 포함하거나 학습장애군으로 선별하여 ㅌ그수교육적 지원을 받을 수 있는 근거를 마련해야 함 • 진로: 졸업 이후 진로계획 지원, 직업체험기회 마련, 전문 상담 개입, 자유학기제 또는 자유학년제 지원 및 모니터링 제공 중요

생애주기별 지원 방안	4) 성인기 • 정서 · 행동: 상담 및 적응행동 프로그램 지원 요구 • 사회성: 자조모임 등의 사회적 교류 경험과 사회성 기술 중재 프로그램 지원 통한 사회성 증대 필요 • 진로: 취업을 위한 직업 교육, 훈련 프로그램 필요 • 학교 및 직장 적응: 대학이나 직장생활 적응을 위한 매뉴얼 개발, 고용주 대상 인식개선교육, 팔로우업 프로그램 등의 고용유지 지원 필요 • 기타: 삶의 질 향상을 위한 문화여가생활 지원
분야별 지원 방안	1) 가족지원 • 부모 교육 상담이 필요 • 부모에 인식 개선 및 장애수용 교육과 자녀 교육 방법에 대한 교육 필요 • 부모에 정서적 상담 지원 2) 교육적 지원 • 교수적합화 등을 통한 수준별 접근 필요 • 보조교사제 도입해서 더 체계적이고 맞춤형 교육 지원 • 특수교육적 지원이나 교사와 학생 대상 인식개선 중요 3) 복지적 지원 • 언론 홍보 등을 통해 사회적 인식 개선 • 사설기관 치료비 지원 4) 제도적 지원 • 경계선 지능에 대한 개념과 정의가 확립 • 통합거점센터가 설립되어 컨트롤 타워 역할을 해야 함 • 진단을 위한 검사도구가 개발되고 진단체계가 마련되어야 함 • 군대 입대에 대한 부담감 있어 면제나 공익 판정 등의 지원이 필요 • 의무고용제에 경계선 지능 청소년 포함하여 취업 기회 확대하거나 직장 내 차별예방 지원 필요

출처: 김동일, 안예지(2021).

4) 연구의 의의

(1) 경계선 지능 청소년의 조기 진단 및 지원을 위한 연구의 활성화

이 연구는 경계선 청소년들이 속해 있는 다양한 환경을 체계적으로 조명하여 이들에 대한 이해를 높이고자 하였다. 경계선 지능 청소년 지원 기관을 대상으로 프로그램 현황을 조사하여 현재 제공되고 있는 지원을 파악하고, 부모와 기관 담당자를 인터뷰하여 실태와 지원 요구를 심층 조사하였다. 이러한 연구를 통해 경계선 지능 청소년 개념화를 하고자 하였으며 향후 후속 연구 기반을 마련하였다. 또한 경계선 지능 청소년을 대상으로 한 실태조사는 향후 이들의 학업 및 사회적응을 위한 지원 자원을 파악한 것에 의의가 있다(김동일 외, 2021).

(2) 지원 현황과 요구도 비교를 통한 향후 프로그램 개발 제안

이 연구는 S시에 소재하는 경계선 지능 청소년과 관련된 70여개 기고나의 지원 현황을 조사하였으며, 그 결과 정서 및 사회성 지원 프로그램이 가장 많았고, 청소년 활동지원 프로그램, 학업지원 프로그램, 진로 및 자립 프로그램, 건강 지원 프로그램, 가족지원 프로그램, 생활지원 프로그램, 보호지원 프로그램 순서로 나타났다. 또한 향후 프로그램 개발에 대한 제안으로 진단 검사도구 개발, 특수교육적 지원, 통합거점센터 설립, 군대 입대 문제 지원 등을 나타냈다(김동일 외, 2021).

(3) 경계선 지능 청소년의 다각적인 특성 파악

이 연구는 IQ 점수만을 기준으로 정의되어 온 경계선 지능 개념을 넓혔다는 점에서 의의를 가진다. BASA 검사와 BLCT 검사를 통해 학업적 특성과 학업적 역량을 확인하였으며, 장애인 고용다양성 검사를 활용하여 고용지원 요구도를 파악하였다. 이러한 결과를 바탕으로 경계선 지능 청소년을 세분화된 유형으로 구분하여 현재 교육사각지대에서 적절한 지원을 받지 못하고 있는 경계선 지능 청소년들을 조명하였다. 또한 기존에 학업 영역에만 초점을 맞춘 지원을 정서·행동, 사회성, 학업 적응, 진로 준비등으로 확대해야 한다는 점을 밝혀 향후 이들을 위한 지원과 정책 추진 방향을 제시하였다(김동일 외, 2021).

5) 기대효과

이 연구는 경계선 지능 청소년의 발달주기별 특성에 따른 지원 제공을 위한 시사점을 도출하였다. 따라서 경계선 청소년들이 발달주기별 나타내는 개인의 독특한 특성에 따른 지원을 받아 우리 사회의 건강한 인재로 성장할 수 있는 초석을 제공할 수 있다. 또한 경계선 지능 청소년의 교육, 지원시스템을 확립하는 데 필요한 환경 개선 정책 및 법령의 발전방향을 제언하여 국가적 차원에서의 지원 환경을 디자인하는 데 기여할 수 있다(김동일 외, 2021).

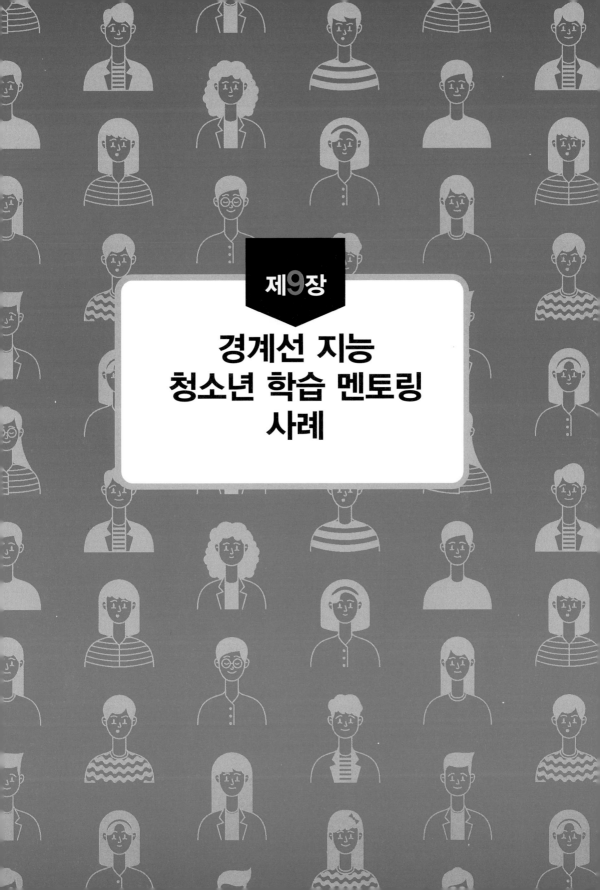

제9장

경계선 지능
청소년 학습 멘토링
사례

경계선 지능 청소년 학습 멘토링 사례

1. 개요

1) 배경 및 연구 목적

경계성 지능, 즉 느린 학습자는 평균지능 보다 낮은 지적 기능 수준을 보이거나 경도 지적장애와 자폐성향에 따라 그동안 교육 제도적 지원에서 소외되어 왔다. 선행연구들을 통해 느린 학습자 청소년의 학업 영역에서의 어려움을 비롯한 다양한 영역에서 어려움이 지속적으로 보고되고 있음에도 불구하고 이들을 지원하기 위한 정책적·제도적 기반은 미비한 수준이다.

느린 학습자가 가지는 특성은 독특하며 이들의 요구를 수용한 교육서비스의 부재는 건강한 성인으로의 발달을 저해함은 물론 다양한 사회·심리적 문제를 야기할 수 있다. 그러나 느린 학습자에 대한 진단·평가와 교육 지원이 제공된다면, 이들이 보이는 문제를 예방하여 성공적인 발달을 지원할 수 있는 특성 또한 가진다. 우리나라의 경우 특수교육과 일반교육에서 느린 학습자에 대한 연구를 진행해 왔으나, 연구의 결과가 개념, 특성, 동향 파악 등 제한된 주제와 영역의 범위에서 연구가 이루어져 왔다는 한계를 가진다. 느린 학습자에게 필요한 교육 지원을 제공하기 위해서는 이들을 진단하고 결과에 따라 학습특성이 반영된 집중적이고 효과적인 프로그램을 제공하는 것이 필요하다. 따라서 본 연구는 느린 학습자 중학생들을 진단하여 이들의 특성을 기초로 중재 연구를 수행하여 느린 학습자 중학생의 특성에 따른 종합적인 지원 방안에 대한 시사점을 도출하고자 함. 또한, 이러한 연구 결과는 향후 정책적 제도적 체계 마련을 위한 기초 자료를 제공하는 것을 목적으로 하였다.

'추론' 능력은 글의 정보와 학습자의 상호작용을 하는 읽기 능력의 핵심기술이다. 읽기는 글쓴이와 독자의 상호작용 과정으로 행간의 의미를 읽는 것이라고 할 수 있으며, 독자는 글쓴이가 제공하지 않은 정보를 파악하여 텍스트의 응집성을 이해할 수 있어야 한다(박수자, 2006; 홍진숙, 1997). 추론은 세부 내용을 추론하기, 중심 생각을 추론하기, 비교하여 추론하기, 원인과 결과 관계 추론하기, 인물의 특성 추론하기 등을 요소로 분류할 수 있다(Barrett, 1976). 추론의 예는 읽기 지문에 나타난 정보를 개인적 경험과 지식 등을 이용해 가설화하기, 이해한 내용을 바탕으로 다음 이야기를 예측하기 내용을 다른 상황에 적용하기 등이다(김동일 외, 2016). 따라서 추론은 읽기이해의 상위기능으로 읽기의 이해뿐 아니라 사회성과 대인관계에서도 상황과 상대방의 마음, 관점을 이해하여 관계를 형성하는 데 필수적인 기술이다.

느린 학습자 청소년의 읽기 이해능력 향상을 위한 프로그램의 부재하다. 느린 학습자는 추상적인 개념 이해의 어려움, 지식 조직의 문제, 일반화의 어려움뿐만 아니라 사회성 및 행동의 어려움, 학습동기부족 등의 특성이 있지만 이들의 특성을 반영한 교육 프로그램이 필요하다(강옥려, 2016). 느린 학습자는 특수교육보다 일반교육에 소속되어 학습지원을 받고 있어 이들은 강도 높은 집중 중재보다는 방과 후 프로그램과 같은 단기적인 서비스를 받게 되어 연속적인 지원을 받지 못하고 있다(양민화 외, 2020). 이러한 실정에 따라 본 프로그램은 느린 학습자 청소년의 개별적 특성을 반영한 읽기 중재를 제공하여 이들의 추론 능력을 향상시키고자 실시되었다. 또한 느린 학습자 청소년의 읽기 능력 향상을 통해 집중 중재 프로그램을 제공하고 그에 따른 효과성 분석을 통해 느린 학습자의 읽기 특성을 탐색하고 이들을 위한 교육 프로그램 제공을 위한 지원방안 논의 및 정책 제안의 기초 자료를 마련하고자 하였다.

2) 연구 특징 및 의의

이 연구는 느린 학습자 지도 전문강사가 학습, 정서, 사회성, 행동 등의 특성을 다각도로 분석하여 느린 학습자의 개인 특성을 파악하고 효과적인 교육 프로그램 제공과 지원의 정책의 방향성을 탐색하였다. 본 사례 연구는 느린 학습자의 학습기능을 진단하여 이들이 나타내는 기초학습기능과 기초학습역량의 프로파일을 분석하여 개별 학습자의 강약점을 파악하여 교육요구를 파악할 수 있다. 본 사례 연구는 읽기이해 영역 중 추론에 중점을 맞추었으며 느린 학습자들의 추론능력 특성을 파악하고 이에 대한 효과적인 교수지원과 필요한 지원을 제안할 수 있다. 본 연구는 학생들의 생활연령뿐만 아니라 학습 수준을 고려한 프로그램과 진전도 평가를 제시하여 프로그램의 효과성을 분석하여 개인 간 비교와 개인 내 강약점과 향상도에 대한 결과를 제공할 수 있었다. 본 연구는 느린 학습자 중학생을 대상으로 실시한 읽기 프로그램의 효과성을 분석한 것으로 느린 학습자 청소년의 사회, 정서, 행동 특성들이 학습에 작용하는 효과적인 읽기 프로그램의 특성과 제언을 제공할 수 있다.

3) 연구 주요 내용

효과적으로 연구를 추진하기 위하여 전문 강사들이 읽기 프로그램을 구성하였으며, 증거기반 교재를 사용하였다. 또한 기간 내에 효과적인 중재 프로그램을 제공하기 위해 과업의 주요 내용을 〈표 9-1〉과 같이 설정하여 체계적으로 운영하였다.

〈표 9-1〉 연구 주요 내용

구분	상세내용	비고
진단 · 평가	느린 학습자 청소년의 기초학습기능 및 기초인지기능 진단 · 평가	중재 시작 전 진단평가 실시
중재 프로그램	느린 학습자 청소년의 추론능력에 초점을 맞춘 읽기능력 향상 중재 프로그램 개발 및 진행	중재 15회기(1회 50분)
학부모상담	학습, 정서 관련 학부모 상담	중재 종료 후
사례회의	진행사항 모니터링, 슈퍼비전 제공	주 1회 온라인 회의

2. 프로그램 소개

1) 프로그램 참여자

지적장애, 자폐 스펙트럼, 경계선 지능 등을 지닌 중학생 1학년에서 3학년 사이의 느린 학습자가 참여하였다.

2) 프로그램 강사

특수교사 자격증이 있거나, 청소년 상담 자격증이 있으며 관련 경력이 3년 이상인 교육학 대학원 석·박사생으로 구성되었다.

3) 프로그램 내용 및 기간

이 프로그램은 진단검사와 중재 프로그램으로 구성되었다. 진단검사는 프로그램 시작 전 2주에 걸쳐 실시되었다. 중재 프로그램은 15회기로 구성되었으며, 1회기(50분)를 제외하고 1번 방문 시 2회기를 제공하여 약 8주간 실시하였다.

〈표 9-2〉 프로그램 내용 및 기간

구분	상세 내용
진단검사	기초학습기능수행평가체제(BASA): 어휘, 읽기이해, 수학문장제, 종합검사(CT), BLCT 검사 5종 실시
15회기 읽기 중재 프로그램 실시	읽기 중재 프로그램 실시

(1) 진단검사

진단검사의 목적은 프로그램 참여자의 사전 능력을 진단하고 결과를 바탕으로 중재를 계획하기 위함이다. 이 프로그램에서는 참여자의 기초학습기능과 기초학습역량을 평가하기 위해 관련 검사도구 5종을 실시하였다(〈표 4-3〉 참고). 진단검사는 1:1 또는 1:3으로 실시되었으며, 1:3일 경우 개별검사 진행은 1명씩 다른 장소로 분리하여 검사를 실시하였다. 검사는 쉬는 시간을 포함하여 약 100~120분 정도가 소요되었다.

〈표 9-3〉 진단검사 종류

구분	상세내용
기초학습능력 종합검사(BASA: CT; 김동일, 2021)	읽기, 수학, 쓰기 영역의 기초학습기능을 종합적으로 진단하는 검사. 학습자의 현재 수행능력과 발달 수준을 각 영역별로 진단할 수 있음. 학습 관련 문제가 누적되기 이전에 진단과 예방에 대한 정보를 제공하여 효과적인 의사결정에 유용함. 본 검사는 만 6세부터 성인을 대상으로 하는 개별검사이며, 검사수행에는 약 25분이 소요됨.
기초학습역량검사 (BLCT)	학습자의 언어, 논리-수학영역, 공간 능력은 물론 각 영역에 대한 흥미를 평가하는 검사로 가드너(Gardner, 1983)의 다중지능 모형에 기반을 두고 있음. 검사는 능력 척도 126문항, 흥미 척도 56문항으로 구성되어 있으며, 검사수행에 약 40분이 소요되는 집단검사이며 개별검사로도 진행할 수 있음.
기초학습기능 수행평가체제 (BASA): 수학문장제(김동일, 2018)	수학문장제 문제에 대한 식과 답, 자릿수 점수를 함께 채점하는 검사로 학생들의 강점과 약점을 파악하여 중재 계획을 세우는 데 효과적인 검사 도구임. 초등학교 3~6학년까지 규준이 있고 그 이상의 학년의 경우 초등학교 6학년 2학기 규준을 적용할 수 있음.
기초학습기능 수행평가체제 (BASA): 읽기이해(김동일, 2019a)	읽기이해와 관련하여 사실적, 추론적, 평가적 이해를 측정하도록 구성되어 있음. 극본, 이야기, 독서 감상문, 설명글, 일기 등의 다양한 지문을 15분 동안 실시하게 됨. 규준은 BASA 수학문장제와 동일함.
기초학습기능 수행평가체제 (BASA): 어휘(김동일, 2019b)	각 학년 교과서에서 출현빈도가 높은 고빈도 어휘와 공통어휘를 기준으로 개발된 검사 도구로 교과 내용을 학습할 때 알아야 하는 어휘, 빈번하게 노출되는 어휘에 대한 이해도를 평가할 수 있음. 15분 동안 실시할 수 있으며, 규준은 수학문장제와 동일함.

(2) 중재 프로그램

중재 프로그램은 15회기로 구성되었다. 읽기 영역 중 추론능력 향상에 중점을 둔 프로그램으로 구성하였으며, 참여자의 읽기능력이 초기 한글능력을 보일 경우 초기문해와 읽기유창성영역을 지도하였다.

① 프로그램 내용

이 프로그램은 참가하는 학생의 다양한 특성과 수준을 고려하여 15회기

기본 지도안 양식에서 학생에 따라 난이도 및 교수 방법 조절하도록 하였
다. 단, 중재 영역이 초기문해 혹은 읽기유창성에 해당하는 학생은 초등학
교 고학년과 중학교 1학년 수준의 어휘를 바탕으로 한글 수업을 진행하도록
하였다. 매 수업 후 강사는 담당 학생의 학부모와의 상담을 실시하였으며,
상담 결과 내용을 반영하여 다음 회기의 세부 중재 방향과 과제의 양, 수업
난이도를 조절하도록 하였다. 형성평가는 각 중재의 두 번째 수업시간마다
실시하도록 하며, '문해력에 날개달기' 교재 또는 각 학생이 사용하고 있는
교재의 평가 문항을 활용하여 검사하도록 하였다. 진전도 검사의 경우,
BASA 읽기이해 검사지의 읽기추론영역 문항만 추출하여 평가하게 했다.

〈표 9-4〉 15회기 내용 구성

중재회기	내용
1	1) 오류분석: BASA, CT, BLCT, 어휘, 읽기이해, 읽기유창성 검사를 통해 오류분석 2) 세부 수준 확인: 아동이 3～5단계 중 어느 수준에 있는지 확인 3) 학생 면담: 라포 형성 및 학생 성향/정서/학습 상태 확인
2	추론의 개념
3	글쓴이의 마음 — 형성평가, 낱말 추론 활동
4	인물의 기분 짐작하기 — 진전도 1, 진전도 오답 풀이 15분
5	인물의 기분 알기 — 낱말 추론 활동, 형성평가
6	인물의 성격 짐작하기
7	인물의 성격 짐작하기 — 낱말 추론 활동, 형성평가
8	글쓴이의 관점과 생각이 같은 것 — 진전도 2, 진전도 오답 풀이 15분

9	글쓴이의 관점과 생각이 같은 것 ― 낱말 추론 활동, 형성평가
10	글 뒤에 이어질 내용 예측하기
11	글 뒤에 이어질 내용 ― 낱말 추론 활동, 형성평가
12	제목으로 알맞은 것 고르기 ― 진전도 3, 진전도 오답 풀이 15분
13	제목으로 알맞은 것 고르기 ― 낱말 추론 활동, 형성평가
14	읽기이해 검사
15	BASA CT 및 어휘검사

② 평가

중재 동안 평가는 형성평가와 진전도 평가로 진행되었다. 수업 중 형성평가는 두 번째 시간에 이루어지며 학년연령 수준에 맞춰 3개 문항을 BASA 읽기이해 검사지를 활용하여 진행하였다. 동형검사로 이루어진 본 검사는 학생의 문항에 대한 이해도를 정확히 파악할 수 있다는 장점이 있다. 학생의 능력을 추가로 확인하고자 할 때는 그날 배운 학습과 관련된 문항을 추가 진행하였다. 진전도 평가는 총 3회 BASA 읽기이해 형성평가 중 추론 문제만 선별하여 10분 동안 실시하였다. 이후 진전도에 대한 오답 풀이를 15분간 수업 시간을 활용하여 진행하였다.

③ 주 교재

이 강의의 주 교재는 『BASA와 함께하는 읽기능력 증진 개별화 프로그램: 읽기 나침반』(김동일, 2017)으로 교육과정을 기반으로 읽기능력을 향상할 수 있도록 구성되어 있다. 읽기 이해력 지도를 위해 관련된 지식 자극하기, 질문하기, 심상 만들기, 비판적 사고하기, 다양한 전략을 사용하기 등 단계별로 다양한 활동으로 구성하여 지도하였다. 대표적인 교수 구성 요소로서 이야기 구성 요소 및 주요 내용 확인하기, 읽기 지문 속의 인물 관계 파악하기, 원인과 결과 파악하기, 글의 짜임 알기, 세부 내용 파악하기와 더불어 추론하기, 이야기 예측하기, 주장과 근거 파악하기 및 내용 평가하기 등이 있다.

[그림 9-1] BASA와 함께하는 읽기능력 증진 개별화 프로그램: 읽기 나침반

3. 프로그램 결과

1) 진단검사 결과

　다음은 프로그램를 시작하기 전 학생의 수준을 파악하기 위해 진행한 진단검사 결과다. 중재를 진행할 강사는 학생의 자료를 분석하고 이에 대한 해석을 토대로 중재 계획을 수립하였다. [그림 9-2]는 느린 학습자 진단검

사 결과 예시다. 검사 결과, 해당 학생의 경우 읽기이해의 경우 사전검사에서 원점수 7점, 백분위 4%로, 5단계에 해당하였다. 어휘의 경우 사전검사에서 원점수 23점, 백분위 3%로, 5단계에 해당하였다. BASA 종합검사에서 읽기유창성 검사는 사전검사에서는 원점수 216점, 백분위 6%로, 4단계에 속하였다. 쓰기의 경우 사전검사에서 원점수 58점, 백분위 9%로, 4단계에 해당하였다.

느린 학습자 진단검사 결과			
BASA 읽기이해 검사			
원점수	T점수	백분위	백분위 단계
7	26	4	5단계
BASA 어휘 검사			
원점수	T점수	백분위	백분위 단계
23	30	3	5단계
BASA 수학문장제 검사			
	원점수	T점수	백분위	백분위 단계
식—자릿수	0	24	1	5단계
식—답	0	24	1	5단계
답	0	26	1	5단계
BLCT 기초학습역량검사			
능력 합	T점수	백분위	수준
능력 합	30	3	부족
	원점수	T점수	백분위	수준
언어	15	35	7	매우낮음
논리수학	6	31	3	매우낮음
공간	1	23	1	부족
흥미합	T점수	백분위	수준
흥미합	32	4	매우낮음
	원점수	T점수	백분위	수준
언어	31	32	4	매우낮음
논리수학	40	39	14	매우낮음
공간	25	26	1	부족
BASA 종합검사			
	원점수	T점수	백분위	백분위 단계

읽기검사	19	59.63	83	3단계
수학검사	40	39.05	18	3단계
쓰기검사	58	36.99	6	4단계
유창성검사	157	34.23	6	4단계

[그림 9-2] 느린 학습자 진단검사 결과 예시

2) 프로그램 효과성 분석 결과

(1) 전체 사전-사후검사 결과

BASA-RC(읽기이해), BASA-VC(어휘), BASA-CT(종합검사)가 사전-사후 검사로 실시되었다. 사전-사후검사 결과를 비교함으로써 프로그램이 참여 학생들에게 효과적으로 작용했는지 확인할 수 있다. 자세한 결과는 〈표 9-4〉에 제시되었다. '.05' 수준에서 효과가 있던 영역은 BASA 읽기이해, 어휘, 쓰기 영역이다. 읽기이해의 경우 사전검사에 비해 사후검사에서 평균 2점이 상승하였으며, 이는 읽기이해 영역에서 평균 2문제를 맞췄음을 의미한다. '.034' 수준의 효과가 있었다. 어휘의 경우 사전검사에 비해 사후검사에서 평균 3.92점 상승하였으며, 이는 어휘검사에서 평균 3∼4점 향상이 있었음을 의미한다. 쓰기 영역은 평균 23.77점 상승하였으며, 이는 평균 24음절을 더 작문하였음을 의미한다.

〈표 9-4〉 사전-사후검사 결과

(N=13)

검사도구		사전검사 원점수		사후검사 원점수		사전-사후 원점수		t	p
		M	SD	M	SD	M	SD		
전체 (n=13)	BASA 읽기이해 (n=12)	7.92	4.68	9.92	5.38	2.00	2.86	2.422	.034*
	BASA 어휘 (n=12)	20.08	8.26	24	8.45	3.91	5.12	2.647	.023*
	BASA 종합 검사 (n=13) 읽기	165.23	6.03	16.46	5.74	1.23	3.85	1.151	.272
	수학	43.62	21.51	48.15	23.18	4.53	23.77	.688	.504
	쓰기	64.38	33.94	88.15	37.97	23.76	37.01	2.315	.039*
	읽기 유창성	279.15	88.51	264.62	103.78	14.53	73.15	.717	.487

*p<.05

(2) 학년별 사전-사후 검사 결과

중학교 1학년의 경우 4명의 학생으로 구성되어 있으며, 모든 영역에서 향상이 있었다. 중학교 2학년의 경우 2명의 학생이며, BASA 종합검사의 읽기 유창성 영역을 제외한 모든 영역에서 향상이 있었다. 다만 2명으로 제한되어 있기 때문에 한 학생의 수행도가 낮아져도 검사에 큰 영향을 미칠 수 있음을 주의하여야 한다. 중학교 3학년의 경우 7명으로 구성되어 있으며, 모든 영역에서 향상이 있었음. 그러나 통계적으로는 전체적으로 유의하지 않았다. 자세한 결과는 〈표 9-5〉와 같다.

〈표 9-5〉 학년별 사전-사후검사 결과

(N=13)

	중재영역		사전검사 원점수		사후검사 원점수		사전―사후 원점수		t	p
			M	SD	M	SD	M	SD		
중학교 1학년 (n=4)	BASA 읽기이해		8.33	3.21	11.33	1.52	3.00	1.73	3.00	.095
	BASA 어휘		23.66	2.08	26.33	2.08	2.66	2.08	2.21	.157
	BASA 종합 검사	읽기	14.00	7.39	15.00	4.54	1.00	6.05	.33	.763
		수학	46.00	32.93	47.75	34.34	1.75	2.75	1.27	.293
		쓰기	59.50	39.61	83.75	8.34	24.25	32.68	1.48	.234
		읽기 유창성	228.75	146.43	260.50	148.01	31.75	76.31	.83	.466
중학교 2학년 (n=2)	BASA 읽기이해		6.00	5.65	7.00	1.41	1.00	4.24	.33	.795
	BASA 어휘		10.00	7.07	13.00	5.65	3.00	1.41	3.00	.205
	BASA 종합검 사	읽기	14.50	2.12	16.00	5.65	1.50	3.53	.60	.656
		수학	27.00	5.65	45.5	26.16	18.50	31.81	.82	.562
		쓰기	24.50	21.92	66.5	41.71	42.00	19.79	3.00	.205
		읽기 유창성	267.50	74.24	218.00	89.09	―49.50	14.84	―4.71	.133
중학교 3학년 (n=7)	BASA 읽기이해		8.28	5.46	10.14	6.93	1.85	3.18	1.54	1.74
	BASA 어휘		21.42	8.54	26.14	8.70	4.71	6.67	1.86	.11
	BASA 종합 검사	읽기	16.14	6.51	17.42	6.90	1.28	3.03	1.11	.308
		수학	47.00	16.38	49.14	19.15	2.14	29.68	.191	.855
		쓰기	78.57	25.65	96.85	47.97	18.28	44.66	1.083	.320
		읽기 유창성	284.28	52.11	307.28	82.82	23.00	78.14	.779	.466

(3) 읽기이해 추론영역 진전도(원점수) 분석 결과

참여 학생들의 사전-사후검사는 6학년 수준의 BASA-RC(읽기이해) 검사의 추론문항으로 평가되었으며, 진전도는 참여 학생들이 실제 수행능력과 비슷한 학년수준의 BASA-RC(읽기이해) 검사의 추론문항으로 평가하였다. 예를 들어, 중학교 2학년 학생의 경우 학년은 중학교 2학년이지만 실제 학생이 보이는 읽기이해 수준은 초등 5학년 수준이었다. 따라서 초등 6학년의 검사 경우 학생이 검사 결과가 바닥효과가 나타날 것을 고려하여 초등 5학년 수준의 검사지를 활용하여 진전도 모니터링을 하였다. 자세한 결과는 〈표 9-6〉에 제시되었다.

진전도 문항은 학년 수준에 따라 3학년 7문항, 4학년 7문항, 5학년 8문항, 6학년 10문항으로 구성되어 있다.

〈표 9-6〉 추론 영역 진전도 결과 예시

ID	학년	학년 수준	진전도 1	진전도 2	진전도 3
1	중1	초6	5	3	6
2	중2	초5	7	3	5
3	중3	초6	3	7	8

4. 중재 참여 학생들의 영역별 특성

1) 학습영역

(1) 읽기이해 특성

학생이 평소 잘 알고 있거나 관심 있는 주제의 내용이 본문으로 제시될 경우, 호기심을 가지고 적극적인 읽기가 이루어지는 경향이 있었다. 그러나 관심 없는 주제의 내용 또는 학생이 가진 어휘력에 비해 비교적 높은 난이도의 어휘들로 구성된 지문이 나올 경우, 대체적으로 읽기 수행에 어려움을 보였다. 읽기추론 능력이 사실적 이해를 바탕으로 한 기초적인 추론단계에 머물러 있는 학생이 많았으며, 보다 고차원적인 추론 활동과 지문에 나타난 정보를 비판적으로 받아들이는 비판적 사고에 어려움을 보이는 공통점이 있었다.

대다수 학생이 글(지문)의 길이에 따른 주의 집중도에 차이가 있었다. 진전도 및 사전·사후 검사에서 학생 수행 모습을 관찰한 결과, 짧은 지문에 비해 긴 지문을 읽는 경우 집중력이 급격하게 떨어지고 산만해지는 모습이 공통적으로 관찰되었다. 프로그램에 참여한 대다수 학생이 글의 구조를 직관적으로 파악하는 데에 어려움이 있었으며, 이로 인해 글의 길이가 길어질수록 문단별 중심문장을 찾아내지 못하는 특성과 연관이 있다.

(2) 쓰기 특성

대부분 맞춤법을 잘 지켜 글쓰기를 수행하는 편이나, 실제 프로그램 참여 학생의 학년 수준에 비해 한정적인 어휘를 사용하거나 표현방식에 있어서 제한적인 것으로 나타났다.

2) 정서·행동 영역

이 프로그램은 매 회기마다 부교재 '오늘의 마음'을 활용하여 학생들의 정서를 파악하였다. 일부 학생의 경우 정서적으로 매우 안정되어 있었으나, 이 프로그램에 참여한 대부분 학생은 불안감과 우울감을 느끼고 있었다. 특히 학습에 대한 불안도가 높은 학생의 경우, 채점을 하는 것에 강박을 보이거나 평가 결과에 큰 부담감을 가지는 것으로 나타났다.

학습에 대해 부정적인 감정을 느끼는 학생이 많았다. 초등학교에서 중학교로의 학교급 전환이 이루어지면서 학습량이 급격하게 증가하고 수업의 난이도가 높아짐에 반해, 경계선 지능의 학생들은 또래보다 낮은 학업 수준으로 학습능력이 뒤처진 채로 학교생활을 하면서 학습과 관련한 부정적인 경험이 축적된 것으로 추측되었다.

3) 사회성 영역

(1) 교우관계 문제

대부분의 경계선 지능의 학생은 기본적인 학교생활 자체에는 큰 어려움은 없는 편이었으나, 또래 학생보다 상대적으로 낮은 사회적 연령(Social age) 때문에 또래 학생과의 소통에 어려움을 겪고 있었으며 원만한 교우관계를 가지는 것에 대한 부담감이 있는 것으로 나타났다. 그러나 일부 심각한 자폐적 특성을 가진 학생을 제외하고는 대부분의 참여 학생은 교사와 라포 형성에 문제가 없었다.

(2) 게임중독 문제

적지 않은 학생이 게임과 인터넷에 과도하게 빠져 있음을 확인하였다. 이는 사회성 발달과도 직접적인 관련이 있는 '자아조절능력'에 지장이 클수록 인터넷과 게임중독에 빠질 위험이 높다는 기존 연구들의 결과와 일치한다고 볼 수 있다.

5. 연구 의의 및 기대효과

1) 연구 의의

이 연구에서 느린 학습자의 기초학습기능과 기초학습역량을 진단한 결과 느린 학습자의 프로파일 특성과 읽기영역의 어려움을 확인한 것에 의의를 가진다. 학생과 학부모 상담지 분석결과를 통해 느린 학습자의 학습 외에도 환경, 정서, 사회성, 행동 등의 특성을 반영한 프로그램의 결과를 확인한 것에 의의를 가진다. 이 연구에서 제공한 추론 중심의 읽기 집중중재프로그램을 제공한 프로그램의 사전-사후 결과를 비교한 결과 향상을 확인하였으며, 특히 어휘영역에서 상대적으로 큰 향상을 확인하여 읽기 집중중재의 필요성과 효과성을 확인하였다는 의의를 가진다. 이 연구에서 제공한 느린 학습자들의 학습 수준을 고려한 추론 진전도검사를 통하여 학습자별 추론능력의 전반적 수준과 추론 영역별 강약점을 분석하였으며, 이에 따른 중재를 제공하여 학생 향상을 확인하였다. 따라서 상위학습기능인 추론과 같은 능력을 진단하기 위해서는 생활연령뿐만 아니라 학년수준의 검사를 함께 진행하여 학습자의 현 수준을 파악하고 이에 따른 진전도 모니터링이 할 필요가 있다.

이 연구에서 제공한 프로그램을 통하여 느린 학습자의 추론적 이해능력이 향상된 것을 확인하였으며, 학습자별로 추론능력의 향상 정도와 강약점이 다양하고, 사례회의를 통하여 추론적 이해 종류 중 상대방의 관점 추론이 공통적으로 어려움을 나타남을 확인하여, 후속연구를 위한 추론능력 향상을 위한 중재 프로그램 개발의 방향을 제시하였다는 의의를 가진다. 본 연구는 사례회의를 통하여 느린 학습자의 개별 특성을 확인할 수 있었을 뿐만 아니라, 다수에게서 나타나는 학습, 정서, 행동적 특성 등을 확인하고 이에 대한 논의를 함께 기록한 사례 연구를 진행하여 이들을 위한 정책 마련을 위한 질적자료를 수집하였다는 의의를 가진다. 이 연구는 사례회의를 통하여 느린 학습자 청소년은 학습적인 부분뿐만 아니라 정서, 사회성, 행동적인 측면을 고려한 지원의 필요를 확인하여 이들을 위한 정책·제도에 다각적인 접근 추진의 실제적 요구를 파악하였다는 것에 의의를 가진다. 이 연구에서는 중등 특수교사 자격증을 가진 강사와 참여 학생 학부모 인터뷰를 통해 느린 학습자 중학생의 읽기특성, 현재 교육시스템에서의 지원현황, 지원요구 등을 도출하여 학교와 가정에서의 느린 학습자 정책에 대한 제언과 기대를 확인하였다는 의의를 가진다.

2) 연구 기대효과

일반학교에 소속되어 일반학급의 교과진도를 따라가는 것에 어려움을 느끼지만 특수학급에서는 학습욕구가 충족되지 않고 정서적으로 적응하는 것에 어려움을 나타내는 느린 학습자들의 독특한 학습·정서특성을 존중받고 지원을 받아 개별 특성으로 인한 어려움을 극복하여 교육에 참여할 수 있는 방향을 제공할 수 있다.

이 연구의 목적은 느린 학습자 청소년의 기초학습역량과 기초학습기능을 진단하여 효과적인 읽기중재를 제공하는 것이었다. 따라서 이 연구의 결과를 바탕으로 이들의 문해력을 향상시켜 읽기의 어려움을 극복하고 건강한 사회구성원으로 성장할 수 있는 초석을 제공할 수 있다.

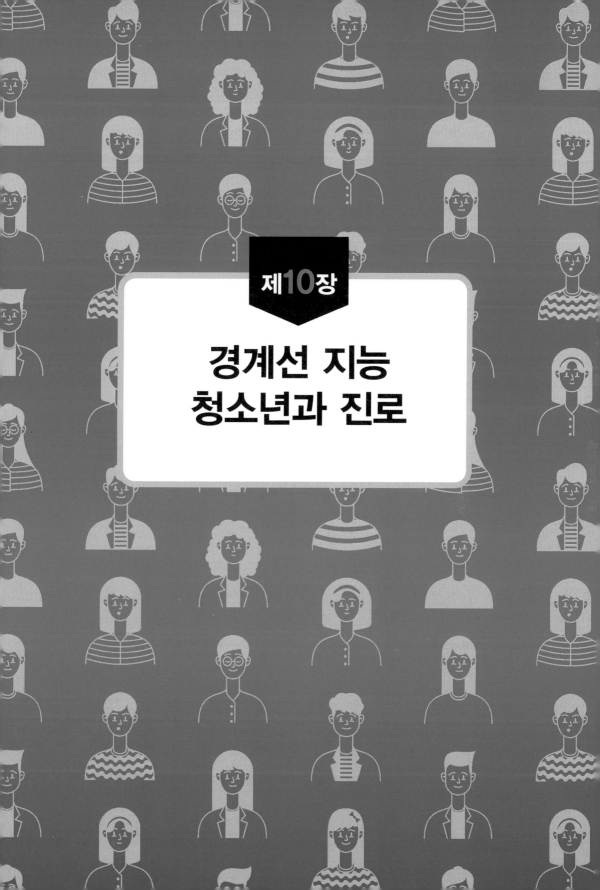

제10장

경계선 지능
청소년과 진로

경계선 지능 청소년과 진로

1. 경계선 지능 청소년의 자립

경계선 지능 청소년의 진로교육 및 직업 교육의 궁극적 목표는 지역사회에서의 자립이다. 자립은 문자 그대로 혼자 독립적으로 살아가는 것이 아니라 지역사회 내에서 만나는 여러 사람과 적절한 관계를 맺고 주변 자원을 잘 활용하여 살아가는 심리적, 경제적, 사회적 독립을 뜻한다(서해정 외, 2019; 신혜령, 2001). 경계선 지능인의 제한된 인지 능력은 이러한 독립을 성취하는 데 어려움을 야기한다. 우선, 심리적 독립은 부모와 떨어져 혼자 지낼 수 있는 상태를 의미한다. 이를 위해서는 자신을 긍정적으로 받아들이고 주체적인 사회인으로서 자립심을 가지며 자신의 일을 스스로 선택하고 결정하는 자기결정능력이 뒷받침되어야 한다. 그러나 경계선 지능인은 부정적인 자아상을 가지고 있는 경우가 많고 작은 실수에도 스스로를 무가치한 존재라

느끼며 실수나 실패를 경험하지 않으려 선택이나 도전을 하지 않고 무기력
하게 지내는 경우도 많다(정희정 외, 2005).

　　경제적 독립은 직장을 가지고 일을 함으로써 스스로 수입을 얻어 부모에
게 의존하지 않는 상태를 의미한다. 이를 위해서는 자신의 능력에 대한 객
관적 판단, 직업준비도, 지속적인 능력 개발, 적절한 대인관계 능력 등이 필
요하다. 경계선 지능인은 대개 스스로의 능력에 대한 객관적인 판단이 미숙
하여 자신의 능력에 적합한 직장을 구하기 어려우며 지속적인 실패로 새로
운 일에 도전하는 것을 꺼린다. 또한 취업을 한다고 하더라도 업무를 숙달
하는 데 시간이 많이 소요되며 직장동료나 상사와의 적절한 관계를 맺지 못
하여 직장생활을 유지하는 데 어려움이 있다(서해정 외, 2019).

　　사회적 독립은 사회의 구성원으로서 구성원 간 정서적 유대감을 바탕으
로 공통의 목표를 가지고 사회에 참여할 수 있는 상태를 의미한다(박형진,
2008). 경계선 지능인은 자신뿐만 아니라 타인의 감정을 지각하고 구별하기
어려우며 대인관계에서 발생하는 문제를 해결하는 능력이 부족하다. 즉, 사
회적 상호작용을 위한 사회적 지각, 사회적 인지가 매우 취약하기에 사회적
독립에서도 어려움을 겪는다.

　　따라서 경계선 지능인의 자립을 위해서는 심리적으로 독립할 수 있도록
긍정적 자아상을 형성하고 성공경험을 많이 가질 수 있도록 도와야 하며 자
기결정을 할 수 있는 기회를 다양하게 제공하는 것이 필요하다. 경제적 독
립을 위해서는 직업을 선택하고 유지하기 위한 역량을 갖추도록 해야 한다.
사회적 독립을 위해서는 사회 인지 능력, 의사소통 능력, 문제해결기술을
갖추도록 해야 한다. 결국 이러한 요소들이 경계선 지능 학생들을 위한 진
로 및 직업 교육의 목표가 된다.

2. 경계선 지능 청소년의 진로 현황

고등학교를 졸업한 20대 경계선 지능인의 현황에 대한 통계조사가 이루어진 바가 없기에 이들의 정확한 수를 파악하기는 어려우나 정규분포를 기준으로 추정해 본다면 20대 경계선 지능인의 수는 약 80~100만 명 정도이다(엄경남 외, 2019). 경계선 지능인의 수는 상당하지만 이들이 성인으로서 어떻게 살아가고 있는지에 대한 연구는 매우 부족한 상황이다. 그러나 현재 보고된 연구 결과나 언론 보도에 따르면 경계선 지능으로 인한 어려움은 학령기 이후 성인의 삶에서도 지속되고 있으며 현재 일반 청년들의 취업이나 자립이 힘든 상황에서 경계선 지능인은 더한 어려움을 경험할 수 있음을 짐작할 수 있다.

[그림 10-1] 경계선 지능 청소년의 고등학교 이후 진로

대개 고등학교 졸업 이후 경계선 지능인의 진로는 [그림 10-1]과 같이 대학 진학, 취업, 실업으로 나뉜다. 먼저, 대학 진학의 경우 소수의 경계선 지능인에 한하며 대다수의 경계선 지능인은 대학 진학이 어려운 실정이다(김동일 외, 2021; 이재경, 2019). 이들은 학령기 학업에서 계속된 실패를 경험하고 중도에 학교를 그만두어 학교 밖 청소년이 되기도 하기에 대학 진학이 어려운 경우가 많다. 대학 진학 이후 이들의 삶에 대해서는 상이한 연구 결과들이 보고되고 있다. 경계선 지능인들이 학교생활에 어려움을 겪지만 일정한

학업성취를 경험하며 졸업을 한다는 결과(엄경남 외, 2019)가 있는 한편, 대학에 진학한다고 하더라도 이들을 지원하는 체계가 마련되어 있지 않기에 학과 수업에 대한 이해가 낮아 교육과정 이수가 힘들고 동기, 선후배로부터 왕따나 괴롭힘을 당하여 학교를 휴학하거나 자퇴하는 경우가 왕왕 있다고 보고하는 연구들도 있다(김동일 외, 2021; 주은미, 최승숙, 2021).

취업의 경우 경계선 지능인들은 적절한 직업 교육의 기회를 갖지 못하여 취업하는 데 어려움이 있으며 주로 최저시급을 받는 아르바이트를 하거나 비정규직 판매직, 주방 보조직, 바리스타, 제과제빵, 자동차 정비 보조 등 단순 직무에 종사하고 있고 이마저도 장기간 근무하는 데 어려움이 있는 것으로 보고되고 있다(엄경남 외, 2019; 주은미, 최승숙, 2021; EBS 심층취재, 2014; Emerson, Hatton, Robertson, & Baines, 2018; Peltopuro, Ahonen, Kaartinen, Seppälä, & Närhi, 2014). 이들의 인지적 능력의 제한으로 인한 미비한 직무 수행, 충분한 직업 교육의 부재가 원인일 수 있지만 대개는 타인과의 관계 맺음 및 적응력, 사회적 문제 해결 능력의 부족으로 인하여 취업 경쟁 및 유지에서 살아남기 힘들다(박현숙, 2018; Seltzer et al., 2005).

실업의 경우 진학도 하지 못하고 취업도 하지 못한 채 가정에 머무르는 경계선 지능인이 다수인 것으로 추정된다. 실업 상태에 있는 경계선 지능인은 부모 또는 가족의 지원으로 살아가거나 그렇지 못한 상황에 있는 이들은 경제적으로 상당한 어려움을 겪는 사회적 취약계층이 될 것이라 추측할 수 있다.

3. 진로 및 직업 교육 요구 및 지원 방향

앞의 경계선 지능 청소년의 진로 현황에서 확인할 수 있듯이 경계선 지능 청소년이 학교라는 울타리를 벗어난 이후 성인기 자립에 상당히 어려움이 있는 위기 상황임을 알 수 있다. 그러나 이들의 진로, 성인기 삶을 지원하기 위한 정책은 아직 제대로 마련되지 않은 상황이다. 장애인들은 「장애인고용촉진 및 직업재활법」에 근거한 의무고용제도로 인해 취업에 대한 법적 보장을 받으며 「장애인평생교육법」 제정을 통해 평생교육센터 설립 및 프로그램 제공 등 다양한 교육과 서비스를 제공받고 있다. 반면, 경계선 지능 청소년은 취업이나 평생교육 관련 지원이나 서비스를 지원받지 못한 채 스스로의 힘으로 자립해야 하며 그렇지 못한 경우 취업을 포기하고 집에 은둔하며 살아가거나 부모에게 평생 의지하며 살아가기도 한다(엄경남 외, 2019). 소넨 등(Soenen et al., 2016)의 연구에서는 경계선 지능 성인들이 불안정한 고용으로 인한 어려운 경제 상황으로 범죄 피해자가 될 수 있으며 불안정한 정서로 인해 자신과 타인에게 위해가 되는 행동을 할 수 있음을 지적하였다. 따라서 성인기 경계선 지능인의 사회적 부적응은 개인과 가족의 문제에서 그치는 것이 아니라 사회적, 국가적 문제로 재생산되기에 이들의 성인기 삶을 지원하기 위한 진로 및 직업 교육 관련 정책과 서비스가 갖추어져야 한다.

서울시동북권NPO지원센터의 느린 학습자 지원정책 수립을 위한 기초연구(엄경남 외, 2019)에 따르면 성인 느린 학습자 부모를 대상으로 자녀들이 이용하는 프로그램과 필요한 지원에 대해 조사한 결과 맞춤직업훈련 프로그램을 가장 많이 이용하는 것으로 나타났고, 가장 중요하고 필요한 프로그램 역시 맞춤직업훈련이라는 응답이 가장 많았다. 이러한 현상은 비단 성인 느린 학습자 부모만이 아니라 전체 부모의 요구로 연구에 참여한 부모들은 직업 교육 및 취업 알선(29.3%)을 사회성 기술 교육(32.7%) 다음으로 절실하게 요구하는 것으로 나타났다. 이렇듯 경계선 지능을 포함한 느린 학습자의 부모들은 학령기 교육에 대한 고민에서 더 나아가 장차 사회에 나아가 적응할 수 있도록 돕는 진로 및 직업 교육에 대한 갈급함을 지니고 있음을 알 수 있다.

현재 국가 차원의 경계선 지능 청소년 자립 지원제도가 마련되어 있으나,

이는 보호 대상 아동만을 대상으로 한다. 또한 보호 대상 아동의 자립을 위한 교육과정은 진로 탐색과 성교육 등 기초적인 내용만을 다루고 있어 실효성이 부족하다는 한계가 있다(유승하, 2021). 한편, 「초·중등교육법」 제28조에 따르면 경계선 지능을 포함한 학습부진 학생들은 학습 및 진로상담 등의 지원을 받을 수 있다고 명시되어 있으나, 이들을 위한 특화된 진로교육 프로그램이 실제 운영되고 있지는 않은 것으로 보인다. 경계선 지능 청소년을 위한 취업 지원 및 보장제도가 없는 상황에서 발달장애인 등록을 통해 복지혜택을 누리고자 하는 이들도 많은 것으로 보고되고 있다(김동일 외, 2021). 따라서 고등학교를 졸업한 경계선 지능인은 현재 무방비 상태로 사회로 나아가고 있는 상황으로 이들을 위한 체계적인 성인기 전환 과정이 필요함을 확인할 수 있다. 즉, 성공적인 성인기로의 전환 과정을 지원하기 위해서는 학령기와 학령기 이후의 진로 설계와 취업을 위한 직업준비 과정 지원이 지속적이며 체계적으로 이루어질 필요가 있다.

한편, 서울시는 2020년 10월 전국 최초로 「서울특별시 경계선 지능인 평생교육 지원조례」를 제정하였고 경계선 지능인 평생교육 지원센터 설치를 앞두고 있다. 경계선 지능인은 전 생애에 걸쳐 교육과 지원이 필요하다는 문제의식에 따라 경계선 지능인 평생교육 지원센터에서는 학교 졸업 후 진로 및 직업 교육, 평생교육 등 필요한 교육과 지원을 제공하는 역할을 담당할 예정이다. 서울시 외에도 광주광역시를 포함한 몇 개 시도에서 경계선 지능인 평생교육 지원조례를 제정하고 있다는 사실은 상당히 반가운 일이다.

경계선 지능 학생을 대상으로 한 진로 및 직업 교육을 본격적으로 실시하기에 앞서서 그 지원 방향을 정확하게 확인하고 설정하는 것이 중요하다. 엄경남 등(2019)은 청년 느린 학습자의 진로 및 직업 교육 지원 방향을 설정하고 방안을 마련하기 위하여 다음과 같은 사항을 고려하여야 한다고 하였다.

- 경계선 지능 학생은 일반학생보다 배움이 느린 만큼 조기에 직업훈련을 시작하여야 한다.
- 적절한 고용지원체계를 구축해야 한다. 취업성공패키지, 국민취업지원제도 등은 느린 학습자에게 부적합한 정책이며 사례관리자, 잡코치, 근로지원인 등 조력자가 필요하다.
- 단순히 취업하는 것만을 목표로 하는 것이 아니라 유지를 고려해야 하며 이를 위해서는 가족, 친구, 동료 등 지지그룹을 형성하는 것이 중요하다.
- 경계선 지능인에게 적합한 다양한 직업군이 발굴되어야 한다. 현재 경계선 지능인 직업 교육은 발달장애인 직업 영역과 상당히 유사하며 단순 직종으로 한정되어 있다. 경계선 지능인은 보다 폭넓은 직종에서 가능성을 펼칠 수 있도록 다양한 직업을 발굴하여 제공하는 것이 필요하다.

주은미, 최승숙(2021)은 경계선 지능 학습자의 진로 설계 및 직업준비 경험에 대해 당사자 및 관련 전문가들을 대상으로 인터뷰를 실시한 결과를 바탕으로 경계선 지능의 생애주기 차원의 진로설계 및 직업준비 지원 요구를 〈표 10-1〉과 같이 제시하였다.

〈표 10-1〉 경계선 지능의 생애주기 차원의 진로설계 및 직업준비 지원요구

상위범주	하위범주	내용
학령기의 충실한 진로 직업 교육과정 운영	개인화된 진로직업 교육 제공	경계선 지능 청년의 개인차를 고려한 진로설계 취업을 위한 필수사항인 사회성 교육
	지역사회 연계 프로그램 운영	학교교육과 연계된 지역사회 기반의 진로직업 교육 지역사회 기반의 또래모임

학령기 이후 맞춤형 취업준비 프로그램	학습자 특성을 고려한 맞춤형 직무기술 필요	청년들의 특성에 따른 취업준비 교육과정 직무기술 학습과정에서의 개별적 지도
	장기 인턴십 과정 운영	충분한 실습 확보를 위한 장기 인턴십 과정 청년들을 밀착 지원해 줄 수 있는 전담 코디네이터
국가차원의 연속적 지원체계 구축	법적 지원체계 마련	대상자의 특성에 맞는 학교교육 지원체계 구축 취업 및 고용유지를 위한 지원체계 구축 및 시행
	경계선 지능 학생 지원을 위한 전문성 증진	해당 분야에 대한 지속적인 연구 교육전문가의 전문성 증진

 이러한 결과를 바탕으로 경계선 지능 학생을 위한 진로 및 직업 교육의 방향을 제시하면 다음과 같다. 먼저, 학령기 진로 직업 교육과정이 충실히 운영되어야 한다. 경계선 지능 학생들은 대학생활 적응이 어렵고 취업을 하더라도 유지에 어려움을 겪으므로 학령기부터 이들의 인지사회적 특성을 고려한 맞춤형 진로설계 및 직업준비 교육을 실시하여야 한다. 즉, 경계선 지능 학생의 특성에 부합하는 기초학습역량 강화와 사회성 기술 훈련이 이루어져야 한다. 그리고 학교 내 진로직업 교육은 경계선 지능 학생들의 성인기 전환 과정을 지원하기에 충분치 않으므로 지역사회 연계 프로그램에 참여하여 이들에게 맞춤형 교육을 실시할 필요가 있다.

 학령기 이후에는 맞춤형 취업준비 프로그램이 마련되어야 한다. 경계선 지능 학생이 참여하는 프로그램은 이들의 특성을 고려하여 교육내용이 세분화되고 개인차를 고려하여야 하며 충분한 시간을 제공하는 것이 중요하다. 또한 이들의 업무 수행 능력을 높이기 위해서는 일시적인 프로그램 참여가 아닌 장기 인턴십 과정이 운영되어야 하며 이들을 지원할 전담 코디네이터가 필요하다.

이러한 교육이 체계적으로 이루어지기 위해서는 국가 차원의 연속적인 지원체계가 구축되어야 한다. 경계선 지능 학생의 특성에 학교교육, 진로 및 직업 교육, 지원체계 마련이 필요하다. 그리고 관련 분야의 전문가 양성도 필요하다.

4. 경계선 지능 청소년을 위한 진로 및 직업 교육

이 절에서는 박찬선(2020)이 제시한 진로 및 직업 교육 내용을 경계선 지능 학생의 생애주기에 따라 구분하여 소개하고자 한다.

1) 초·중·고등학생: 진로 설계하기

진로 설계는 경계선 지능 학생들이 자신의 미래를 준비하는 과정이다. 학생 스스로 자신의 강점과 약점을 파악하여 원하는 진로나 직업을 탐색해 보는 것이 이상적이지만, 자신에 대한 객관적 파악이 어려울 경우 주변의 부모나 교사가 학생에 대해 주의 깊게 관찰한 결과를 토대로 준비할 수 있도록 한다.

박찬선(2020)은 경계선 지능 청소년을 위한 진로 설계를 다음과 같이 2단계로 나누어 제시하였다. 1단계에서는 진로와 관련하여 학생이 가지고 있는 관심이나 흥미가 무엇인지 파악한다. 경계선 지능 청소년의 경우, 초등학교 고학년 시기부터 진로를 준비하는 것이 바람직하므로 이 시기 학생이 보이는 관심이나 흥미가 무엇인지 이야기를 나누도록 한다. 2단계에서는 그와 관련한 정보를 수집하고 경험해 보는 기회를 갖는다. 부모가 먼저 정보 수집을 하고 이에 대해 학생이 관심을 보이면 직접 경험할 수 있는 프로그램을 찾아서 참여하는 기회를 가지도록 한다. 다만 가정의 현실적 여건과 자녀의 흥미를 고려하여 무리가 되지 않는 선에서 프로그램에 참여한다. 부모가 하기 어렵다면 전문가를 찾아 진로 문제에 대해 상담을 하고 다양한 프로그램에 참여할 수 있다. 이러한 경험은 3~4년에 걸쳐 지속적으로 진행한다. 이단계는 다양한 경험을 통해 자신에게 어울리는 직업을 찾는 것이 핵심이므로 학생의 실패에 대해 꾸짖거나 실망하기보다 지속적으로 격려를 해 주는 것이 필요하다. 이처럼 경계선 지능 학생의 진로 설계는 조기에 시작되어야 하며 여유를 가지고 단계적으로 차근차근 준비하는 것이 필요하다.

이러한 진로 설계 시 유의해야 할 점은 학생을 가장 중심에 두어야 한다는 것이다. 학생이 무엇을 잘하고 잘 못하는지, 무엇을 좋아하고 싫어하는지 파악하는 것이 우선되어야 한다. 또한 학생이 가진 능력이나 재능을 우선하여 일을 찾는 것보다 본인이 관심과 흥미를 가지는 일을 찾는 것이 삶의 질을 보다 향상시킬 수 있다. 특별한 분야에서 뛰어난 사람을 제외하고는 대부분 자신의 재능이 무엇인지 잘 알지 못하여 그러한 재능을 살려 직업을 가지는 사람도 드물기 때문이다. 학생이 처음에는 그 일을 수행하는데 어려움을 겪더라도 흥미가 있다면 그 일을 지속하고 노력을 하도록 동기를 부여할 수 있으며 그러한 과정을 거쳐 숙달에 이를 수 있다. 따라서 학생에 대한 지속적인 관찰을 통해 관심과 흥미를 발견할 수 있도록 도와야 한다. 그리고 관심이나 흥미를 현실화시킬 수 있는 방안에 대해서 고민해야 한다. 예를 들어, 그림을 그리는 것을 좋아한다면 그림을 잘 그릴 수 있도록 지원해 주고 휴대폰 이모티콘을 그려서 파는 일을 직업과 연계하여 고려해 볼 수 있을 것이다.

중·고등학교에서는 자유학기제를 운영하여 학생들이 자신의 진로에 대해서 고민해볼 수 있는 시간을 갖도록 하고 있다. 이 시기를 잘 활용하여 학생이 보이는 흥미나 관심을 파악하고 이에 대해 지속적으로 대화를 하고 직업과 관련하여 경험할 수 있는 기회를 제공해 줄 수 있다. 그리고 지역사회의 복지관이나 평생교육기관에서 제공하고 있는 다양한 직업체험 프로그램을 찾아 적극 참여해 보게 한다.

2) 고등학생: 대학 진학을 위한 준비

경계선 지능 청소년들은 대개 5~7등급 정도의 성적을 요구하는 대학에 입학할 수 있다. 대학교마다 입학 전형이 다양하기 때문에 대학에 입학하는 것은 그리 어렵지 않을 수 있다. 그러나 대학 입학 이후 학업 진행, 사회적 관계에서 어려움을 경험하는 학생이 많은 것으로 보인다. 인지능력이 제한적인 경계선 지능 학생이 흥미롭지만 고도의 인지능력을 요구하는 학과에 입학하였을 때는 적응하기 어려울 수밖에 없다. 따라서 자신의 능력을 벗어나는 선택을 하고자 할 때는 현실적인 조언을 해 주어야 한다. 경계선 지능 학생이 자신에 대한 이해와 함께 대학 전공의 특성을 파악하여 잘해 나갈 수 있는 전공을 선택하는 것이 대학 적응에 중요한 변수가 된다. 또한 대학 공부를 해내기 위해 시간 관리 능력, 자기 주도 학습 방법을 익힐 수 있도록 해야 한다. 보다 폭넓은 인간관계를 맺기 위하여 대인관계 관련 기술 역시 충분히 지도하여야 한다.

3) 중·고등학생 ~ 성인: 취업을 위한 준비

경계선 지능 학생이 고등학교나 대학교를 마치고 바로 취업하는 것은 쉽지 않다. 취업을 준비하는 데 있어 도움이 되는 것이 바로 자격증이다. 한 영역에서 관련된 자격증을 따는 것은 관심 분야에 대한 일관성을 보여 줄 수 있다. 경계선 지능 청소년이 자격증을 취득하는 데 시간이 오래 걸릴 수 있지만 해낼 수 있다. 자격증을 따지 못한다면 수료하는 데 의의를 둘 수 있다. 자격증을 준비하고 취득하는 과정은 그 일이 경계선 지능 학생에게 맞는지 아닌지 알아보는 시간이 된다. 그 결과로 자격증을 취득할 수도 있고 그에 따라 성취감과 자기효능감도 높아지게 된다. 따라서 쉽게 딸 수 있는 자격증부터 시도해 보는 것이 좋다. 이후 관련 분야에서 아르바이트를 하면서 경력을 쌓으면 취업 가능성이 높아질 것이다.

4) 고등학생 ～ 성인: 직업 교육

직업 교육은 정규 교과과정과 분리되는 것이 아니다(박현숙, 2018). 직업생활에서 기본적으로 필요한 읽기, 쓰기, 셈하기 등 기능적 학업 기술을 교과와 연계하여 지도하여야 한다. 학교에서 배우는 교과가 실제 생활에서 사용되는 예들을 구체적으로 제시하여 학습의 필요성을 깨닫도록 한다. 또한 직업 교육은 경계선 청소년들의 능력에 적합하고 유용하여 쉽게 성취감을 느낄 수 있는 내용들로 구성되어야 한다. 학생이 하고 있는 것이 즐겁고 가치있는 것이라고 느낄 수 있도록 해야 한다. 직업 교육의 초기 단계에서는 특히 성취감이 중요하다. 성취한 결과가 보여지지 않는 상태에서는 학습에 대한 동기가 낮아 지속하기 어렵기 때문이다.

모싱크(Morsink, 1984)는 직업 교육을 위한 직업 기술의 발달을 다음과 같이 제시하였다.

- 적합한 직업 찾기
- 지원서 작성하기
- 취업 면접에 통과할 수 있게 하기
- 일에 적합한 옷을 입고 개인 위생을 유지하기
- 시간 지키기나 정직하게 행동하기와 같이 좋은 직업 습관 갖기
- 일터에 갈 수 있는 대중교통과 전용교통 이용하기
- 급여와 이익을 이해하고 계산하기

따라서 직업 교육을 실시할 때는 작업 과제뿐만 아니라 과제 수행을 둘러
싼 모든 변인을 종합적으로 고려할 수 있어야 한다. 레디 등(Reddy et al.,
2108)은 이러한 직업 교육을 효율적으로 실시하기 위한 전략으로 적절한 훈
련 환경 보장하기, 구체적으로 단계별 방법이나 시범 제시하기, 성공을 위
한 계획하기, 정적 강화 사용하기 등을 제시하였다. 이러한 점을 고려하여
학생이 배움을 공고히 하고 성취감을 느낄 수 있도록 해야 한다.

취업은 매우 중요한 발달과업으로 경계선 지능 학생들의 성공적입 자립
과 전환을 지원하기 위해서는 고용과 관련된 이들의 준비도와 개별적 요구
를 파악해야 한다. 이를 위하여 장애인 고용서비스 다양성 검사(김동일 외,
2020)를 실시해 보는 것이 도움이 될 수 있다. 장애인 고용서비스 다양성 검
사는 신체 및 인지 수준을 평가하는 직업준비능력(24문항), 직업생활에 요구
되는 직업태도를 평가하는 직업기초태도(28문항), 작업 수행 환경과 관련 적
응도를 평가하는 직업환경(17문항)으로 구성되며 약 20분의 시간이 소요된
다. 고용서비스 다양성 검사 중 1차 고용기초능력에서는 기본적인 인지적
영역에서의 어려움을 파악할 수 있고 2차 고용준비태도에서는 자기관리, 사
회관계, 정서 영엑에서 어려움을 파악할 수 있다. 특히 자기관리에서는 일
정 계획 및 준수, 계획 실천, 시간 내 임무 완수 등, 사회 관계에서는 자기이
해, 협력, 문제 인식, 의사표현, 대인관계, 갈등 대처, 정서에서는 우울, 불안,
삶의 만족도, 자존감 등에 대한 정보를 수집할 수 있다. 이를 통해 경계선 지
능 학생은 인지·사회·정서적 영역 모두에서 전반적인 지원이 필요한지 혹
은 인지적 영역에 비해 사회·정서적 영역에서 더 큰 지원이 필요한지 파악
하고 취업을 위한 준비를 할 수 있다.

5) 성인: 취업 유지하기

경계선 지능 학생들이 직장에서 잘 적응하고 살아갈 수 있도록 하기 위해

서는 일을 잘할 수 있는 방법을 알려 주어야 한다. 직장에서의 문제해결능력을 기르는 일이다. 먼저 일의 우선순위를 결정하는 법을 가르친다. 학생이 해야 할 일의 목록을 떠올려 보고 어떤 순서로 일을 처리해야 할지 정리해 보도록 한다. 가장 급하게 처리해야 할 일부터 처리할 수 있도록 한다. 또한 한 가지 일을 순탄하게 수행하기 위해서 일의 세부 과정을 적어 보고 이를 익힐 수 있도록 한다. 일을 잘 처리하는 경험은 직장에서 자신감을 가지게 하고 원만한 대인관계에도 도움을 준다. 그리고 잘 모를 경우에는 다른 사람에게 질문해야 함을 가르쳐야 한다. 질문에 답해 주는 사람에게 고마운 마음도 표현할 수 있도록 지도해야 한다. 그리고 업무의 효율을 위하여 주변 정리를 잘할 수 있도록 지도한다. 이러한 문제해결능력은 학생이 생활 속에서 직접해 보면서 반복적으로 몸에 익히도록 한다. 학생들에게 이를 지도할 때는 천천히 반복적으로 지도하여야 한다.

이와 같은 체계적이고 일관성 있는 진로 및 직업 교육을 통해 경계선 지능 학생은 성인이 되었을 때 자신의 인생을 스스로 가꾸고 이끌어 나갈 수 있다. 다음은 경계선 지능 학생의 취업 성공 사례이다.

최원재 씨도 졸업 후 사회인으로 첫발을 내디뎠을 때의 막막함을 생생하게 기억하고 있죠. (중략) 최원재 씨는 운 좋게 센터의 도움을 받아 취업에 성공했습니다. 하지만 취업은 또 다른 고비의 시작이었답니다. 그가 일하는 걸 처음부터 지켜본 카페 매니저는 "손님들이 계산 잘못됐다고 따지거나 음료 주문이 밀리는 등 새로운 상황에 직면하면 당황해서 제대로 처리하지 못했다"고 말합니다.

그래도 최 씨는 주저앉지 않았습니다. 반복 훈련과 동료 직원의 조언 등 1년 넘는 노력 끝에 홀로서기에 성공했습니다. 혼자서 카페를 열고 마감도 할 수 있는 어엿한 바리스타로 거듭났습니다. 그의 동료 배규하 씨는 "느린 학습자는 다른 사람보다 상대적으로 느린 것뿐"이라며 "충분한 시간을 주면 책임감 있게 일을 해낸다는 게 장점"이라고 말합니다.

출처: 중앙일보. https://www.joongang.co.kr/article/24064263#home

이와 같은 사례는 경계선 지능 청소년들이 취업에 있어 어려움을 겪는 것이 사실이지만 지속적인 맞춤형 교육과 직업훈련을 통해 원하는 꿈을 꾸고 성공적으로 취업할 수 있음을 시사한다.

현재 경계선 지능 청소년과 관련된 법제도적 지원은 학령기 기초 학력을 다지기 위한 지원에 한정된다. 경계선 지능 청소년의 문제를 학력으로 한하는 것은 이들이 가지는 문제의 지속성을 간과한 것이기에 한계를 지닌다(엄경남 외, 2019). 학교라는 울타리를 벗어나 성인기에 접어든 경계선 지능 청소년은 복잡하고 다양한 문제에 접하게 되며 이들을 위한 지원이 부재한 경우 적응에 상당한 어려움을 겪게 되고 다양한 사회문제로 파생될 가능성이 크다. 따라서 생애주기별 다양한 진로 및 직업 교육 지원 방안이 마련되어야 한다.

박찬선, 장세희(2018)는 경계선 지능 학생들의 성공적인 취업과 자립을 위해서 기본적인 언어적 이해 및 기본 상식 훈련과 알아야 하는 단어와 상식 쓰기 연습을 꾸준히 할 것을 제안하였다. 또한 다른 사람의 말을 여러 번 되묻지 않도록 주의 깊게 듣고 기억하는 등의 능력을 길러 주어야 한다고 하였다. 부모와 교사, 또래들에게 귀찮게 물어본다는 피드백을 받으면 더 이상 묻지 않고 혼자만의 세계에 빠져들 수 있으므로 일상생활 속에서 단어들을 순서대로 불러 주고 따라서 읽거나 외우는 연습 등을 함께하는 것이 좋다고 하였다.

5. 경계선 지능 학생 대상 진로 및 직업 교육 프로그램 사례

김동일 등(2021)은 서울시 79개 기관을 대상으로 경계선 지능 청소년 지원 프로그램 현황을 조사하였다. 조사 결과에 의하면 정서 및 사회성 지원 프로그램이 222개로 가장 많았고, 청소년 활동지원 프로그램이 188개, 학업지원 프로그램이 176개, 진로 및 자립 프로그램은 170개, 건강 지원 프로그램이 134개, 가족지원 프로그램이 95개, 생활지원 프로그램이 64개, 보호지원 프로그램이 50개 순으로 나타났다. 진로 및 자립 프로그램을 구체적으로 살펴보면 주로 학령기 학생 대상 진로 탐색 중심 직업 탐방하기, 다양한 직업의 전문가 만나기 등의 활동을 하고 있었고, 성인기 청소년을 대상으로는 실제적인 문제해결력 향상을 위한 직업체험활동, 인턴십 활동 등이 이루어지고 있었다. 여기서는 경계선 지능 학생을 대상으로 한 구체적인 진로 및 직업 교육 프로그램 사례를 소개하고자 한다.

1) 서울시 동대문구립 장안종합사회복지관: '나눔과 꿈'

서울시 동대문구립 장안종합사회복지관에서는 경계선 지능 청년의 자립역량 강화 및 취업환경 구축 프로그램인 '나눔과 꿈'을 운영하고 있다. 경계선 지능 청년을 대상으로 개인별 맞춤교육을 실시하고, 전문적이고 체계적인 교육을 바탕으로 사회에 나갈 수 있는 체계를 구축하고자 한다. 또한 지역사회 상권 및 도서관 등과 협력하여 경계선 지능 청년들이 실제 현장에 투입될 수 있도록 하여 교육의 효과를 높이며, 나아가 고용됨으로써 고용체계를 구축하는 것을 목표로 한다. 구체적인 프로그램 내용은 〈표 10-2〉와 같다.

〈표 10-2〉 '나눔과 꿈' 프로그램 내용

프로그램명	내용	연간 활동 횟수
사회성 훈련	가. 집단 상담 • 집단심리상담을 희망하는 청년을 대상으로 집단 상담 진행(사회성 향상에 집중) 나. 공공기관 및 지역사회 기관 연계 • 공공기관 및 지역사회 기관 연계 자원봉사 활동 다. 자체 기획 봉사활동 • 경계선 지능 청년이 자체적으로 봉사활동을 기획하여 지역사회 내에 재능을 기부할 수 있도록 함	15회
직업훈련교육	가. 직업에 대한 기본 이해 교육(집단) • 1회: 진로 적성 검사 및 진로 방향 탐색 • 2회~4회: 직무 분야 필요 역량에 대한 기본 이해 • 5회: 자기소개서 작성 및 면접 기술 등 나. 개별 기술 훈련 • 지역 상점에 파견하여 총 12회기 직무기술 훈련 진행	17회 (5회 집단, 12회 개별)
경계선지능청년 워크숍	취업을 위한 심화 교육	1회
부모교육	가. 부모교육 • 성격유형 검사를 통한 자녀 이해 및 진로 적성 검사를 바탕으로 자녀 직무 지원개입 방향 설정 나. 보호자 모임 • 논의를 통해 청년 지원을 위해 필요한 교육을 자체적으로 기획하고 진행	부모교육 3회 부모모임 10회
지역주민 대상 인식개선 교육	강사 초빙으로 경계선 지능에 대한 전문 교육	4회

2) 부산시 협동조합 '매일매일즐거워'

2017년 사회적기업가 육성사업 창업팀으로 선정된 협동조합 '매일매일즐거워'는 경계선 지능인을 위한 맞춤형 교육과 직업훈련을 통해 경계선 지능인의 완전한 사회통합을 실현하고자 한다. 따라사 경계선 지능인을 대상으

로 한 학교를 운영하고 있으며 도심형 스마트팜을 활용하여 직업 훈련을 실
시한다. 구체적으로 학령기 경계선 지능 학생을 위한 주중 학교를 운영하여
302명에게 진로체험여행, 문화예술교육, 생태숲교육 등을 제공하였다. 그
리고 경계선 지능 학생에 대한 인식 개선을 위해 경계선 지능 학생과 일반
인이 함께하는 주말 체험 프로그램을 월 2회 운영하고 있다. 도심형 스마트
팜을 활용하여 경계선 지능인 및 장애인 청년의 직업훈련을 제공하고, 유관
시설 고용 연계 및 직접 고용(2명)을 통해 일자리를 창출하고 있다.

3) 2020 서울시 참여예산제 공모 사업 '청년 느린 학습자의 자립을 위한 프로젝트'

이 프로젝트는 청년 느린 학습자의 자립을 지원함으로써 이들이 청년기
이후에 사회의 한 구성원으로서 자존감을 갖고 삶을 영위해 갈 수 있도록
돕기 위한 것으로, 특히 취업지원에 사업의 초점을 맞추었다. 사업대상은
15~29세 느린 학습자이며 공개 모집을 통해 선정하였으며 2020년 3월부터
12월까지 운영하였다. 구체적인 세부 사업은 〈표 10-3〉과 같다.

〈표 10-3〉 청년 느린 학습자의 자립을 위한 프로젝트 세부 사업

프로그램명	내용
직업적성 검사도구 활용 및 수정	— 대상자를 검사하여 각각의 성격을 파악하고 특성에 맞는 직업 교육 및 취업지원에 활용 — 대상자의 활동을 사업기간 내 관찰함으로써 검사도구를 개선하도록 함 — 개선된 검사기법과 결과물을 공개하여 관련 기관(교육부, 복지기관 등)과 공유
직업소양교육(대상자 유형에 맞는 교육 지원)	— 직장 적응력 향상: 고객응대방법, 직장 예절교육 등 서비스 교육 실시 — 대인관계기술(의사소통)교육: 직장 내 타인과 소통에 어려워하는 대상자 지원. — 신체역량강화: 대상자 대부분은 신체적으로도 취약함(신체 특정 부위 취약: 손, 다리 등). 취업 후에 육체적 피로로 직업수행 힘들어 함. 대상자 맞춤형 신체역량강화 지원 — IT기기 사용방법 교육: 컴퓨터, 휴대폰 사용 방법 및 IT기기를 이용한 대화법 교육.

직업기술 교육	— 대상자의 특징과 강점 등을 고려하여 세 가지 정도의 적합 직업을 탐색하고 구체적인 직업 기술을 교육함. — 세 가지 사업: ① 서비스업(예: 식음료 서비스업 등) ② 단순 제조업(예: 목공, 조립 등), ③ 창업(예: 컴퓨터인쇄업, 세차 등) 중심으로 직업 교육. — 소양교육 및 기술교육을 바탕으로 '현장실습' 기회 제공
취업 연계 네트워크 구축	민간협회(예: 도심제조업네트워크 등), 행정(예: 공공근로) 등과 연계하여 취업 기회 제공 — 민간협회 및 사회적 기업 등과 협약 등을 통해 안정적인 취업 기관 확보에 노력함 — 이 사업의 안내물 발간 통해 사업의 취지 홍보함

　　앞의 사례들에서 제시하고 있는 내용을 종합하자면, 경계선 지능 학생을 대상으로 한 진로 및 직업 교육은 직업 능력 평가, 직업 기술 및 사회성 기술 훈련, 관련자 인식 교육, 취업 연계 네트워크 구축 등 다각적인 측면에서 이루어져야 한다는 것이 보다 전문적이고 체계적인 프로그램들이 개발되고 보급되어 경계선 지능인들의 성인기 삶의 질을 향상시킬 수 있도록 해야 할 것이다.

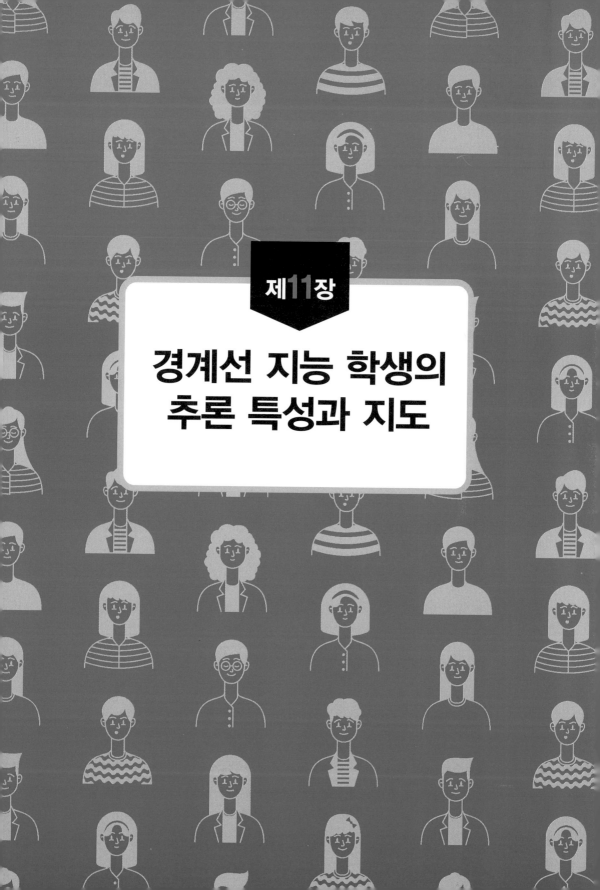

제11장

경계선 지능 학생의
추론 특성과 지도

경계선 지능 학생의 추론 특성과 지도

경계선 지능 학생은 학교라는 환경에 속하게 되면서 본격적으로 학업에서의 어려움이 드러나며 학년이 올라감에 따라 학습의 격차가 점점 커지게 된다(김근하, 김동일, 2009). 그뿐만 아니라 학교 안팎의 사회적 상황에서 또래나 다른 사람과 적절한 관계를 맺고 상호작용하는 데 어려움을 경험한다. 이러한 어려움의 근원은 기초적인 인지 능력의 결함뿐만 아니라 상위인지 능력인 추론 능력의 미숙한 발달에서 찾을 수 있다.

추론은 낯선 상황에서 어떠한 대상을 다른 대상과 관련지어 생각하는 것 또는 상징이나 사건들이 의미하는 개념을 연관 지어 공통점이나 차이점을 인식하거나 인과관계 등 관련성을 인식할 때 작용하는 사고 과정이다 (English, 2009). 즉, 새로운 맥락에서 기존에 가지고 있는 정보를 이용하여 문제를 해결하고자 하는 과정을 추론이라고 할 수 있다. 추론은 흔히 국어, 수학, 과학 교과 등에서 고등사고능력으로 여겨지지만 유추추론, 범주추론, 인과추론 등과 같이 일상생활에서 문제를 해결하거나 대인관계에서 지속적으로 활용되는 기본적이고 필수적인 인지능력으로 볼 수 있다(Koslowski & Masnick, 2002). 만약 인간이 추론을 할 수 없다면 직접 경험에 의해서만 학습을 하게 되어 학습에 제한이 있으며 대인관계에서도 눈에 보이지 않는 다른 사람의 감정이나 의도를 파악하지 못하여 정확한 소통이나 이해가 어려울 것이다. 추론은 이전 경험을 바탕으로 사물 간의 관계를 알아낼 수 있도록 하며 새로운 내용을 학습할 수 있는 기제로 작용하기 때문이다.

경계선 지능 학생은 주어진 정보나 상황적 단서를 활용하여 적절한 추론을 하는 데 어려움을 보이며 이에 따라 학습 문제를 해결하지 못하거나 상황에 적절한 행동을 하지 못하여 곤란에 처하기도 한다(정희정, 이재연, 2005). 따라서 경계선 지능 학생을 지도할 때 기초 인지능력, 학업 능력과 더불어 추론 능력을 향상시키는 접근이 종합적으로 이루어져야 한다. 따라서 이 장에서는 경계선 지능 학생의 추론 능력 특성과 함께 추론 능력을 향상시킬 수 있는 지도 방법에 대해 소개하고자 한다.

1. 경계선 지능 학생의 추론 능력 특성

표준화지능검사(K-WISC-V)는 언어이해, 시공간, 유동추론, 작업기억, 처리속도의 다섯 가지 기본 지표로 구성되어 있다. 경계선 지능 학생의 경우 지능검사 결과 프로파일을 보면 전반적으로 모든 지표와 소검사 점수가 낮고 편평한 분포를 나타낸다. 그러나 이들의 지적 능력의 제한은 추론 능력, 논리력 등 상위인지능력이 요구되는 과제를 수행할 때 더욱 두드러지게 나타난다(정희정, 이재연, 2005; Gabriele, Mara, & Pietro, 1998).

K-WISC-V에서 추론 능력을 평가하는 지표는 유동추론이다. 유동추론은 새로운 문제나 상황에 대해 인간의 사고를 유연하게 적용시키도록 하는

복잡한 인지적 능력이다(노경란 외, 2018). 유동추론은 비교적 환경의 영향을 덜 받고, 정보의 내용보다 사물이나 대상 간의 관계의 패턴을 파악하는 능력이 필요한 수열, 도형 유추 등 비언어적 검사로 측정된다(Cattell, 1963). 유동추론은 일반 지능(g)과 밀접한 관련이 있는 수준 높은 인지과정이지만 읽기이해 및 수학적 추론과 같은 응용 학업 기술과 상관관계가 높다(McGrew & Wendling, 2010). K-WISC-Ⅴ에서는 '행렬추리' '무게비교' '공통그림찾기' '산수' 네 가지 소검사로 유동추론을 평가하는데 불완전한 행렬을 보고 빈칸을 알아맞히기, 저울의 균형을 맞추기 위해 알맞은 것을 찾기, 같은그림찾기 등의 과제를 통해 확인한다. 유동추론 영역이 인지적 약점일 경우 〈표 11-1〉과 같은 어려움이 나타날 수 있다.

〈표 11-1〉 유동추론과 학습

소검사	학습상 어려움
행렬추리	• 순서나 범주와 같은 일정한 규칙을 발견하거나 적용하는 것이 어려움. • 알고 있는 지식을 새로운 상황에 적용하는 것이 어려움. • 개별적 정보나 지식을 근거로 상위개념을 추론하는 활동(예: 스무고개)이 어려움.
무게비교	• 숫자를 양적 이미지로 전환하는 것이 어려움. • 일상생활에서 더하기, 곱하기 등의 개념을 적용하는 것이 어려움. • 그림으로 제시된 수학 문제를 계산식으로 바꾸어 풀이하기 어려움. • 양감이 부족하며 상대적인 크기를 비교하거나 추론하는 것이 어려움.
공통그림찾기	• 사물의 주요한 특성을 찾아내는 것이 어려움. • 유사한 특성을 가진 사물의 관계 파악이 어려움. • 사물들 사이에 내포된 의미와 관계 파악이 어려움. • 사물의 유사한 특성에 따라 분류하는 것이 어려움.
산수	• 암산이 어려움. • 풀 수 있는 수학 문제도 언어로 제시되어 있을 경우 계산이 어려움.

출처: 서울특별시교육청(2021).

유동추론 능력이 저조한 학생의 경우 어떠한 개념을 인식하거나 형성하고 추론을 해야 하는 비교적 새로운 과제를 대할 때 어려움을 겪게 된다. 즉, 경계선 지능 학생은 대체로 유동추론 능력이 저조하기에 새로운 과제를 만나게 되었을 때 기존에 가지고 있는 지식과 관련짓지 못하여 엉뚱한 개념을 형성하거나 미숙하게 문제를 해결하게 된다. 그리고 자신이 알고 있는 개념들을 상황에 따라 융통성 있게 적용하거나 어떤 일을 수행할 때 계획하고 조직하여 실행하는 데 어려움을 가진다. 규칙이나 전략 등을 학습할 수는 있으나 이를 적재적소에 적용하고 일반화하는 데 곤란을 겪기도 한다(정하나 외, 2021). 추론 능력과 같은 상위인지능력은 학업에서의 성과를 가져오는 효과적 전략과 관련되기에(Trainin & Swanson, 2005), 경계선 지능 학생이 보이는 추론 취약성은 학습에서의 반복적인 어려움과 또래와의 학습 격차를 유발하는 요인이 된다고 할 수 있다.

　경계선 지능 학생의 추론 능력을 포함한 상위인지능력 관련 연구는 드물게 이루어지고 있는 상황이며 각 교과나 인지, 정서적 측면에서의 추론 연구가 골고루 이루어지기보다는 대체로 언어적 추론에 한하여 연구가 이루어지고 있다. 따라서 국내에서 수행된 경계선 지능 학생의 언어적 추론 능력 관련 연구의 주요 결과를 살펴보면 다음과 같다. 경계선 지능 학생의 비단어 의미 추론능력을 확인하고자 한 연구 결과(김은지, 황민아, 고선희, 2016)에 따르면 경계선 지능 학생은 텍스트에 있는 단어의 의미를 명시적으로 제시하거나 맥락적으로 제시한 경우 모두 의미를 정확하게 추론하지 못하였으나 단어의 의미를 보다 명시적으로 제시한 경우 과제 수행의 정확도가 높았다. 그리고 경계선 지능 학생에게 일상대화 상황에서 사용하는 은유적 표현의 의미를 파악하는 과제를 제시하였을 때 정확한 의미를 찾지 못하였으며, 특히 맥락을 제시하지 않은 채 의미를 추론하도록 하였을 때 더 어려워하는 것으로 나타났다(곽윤지, 황민아, 정미란, 2016). 2개 이상의 낱말로 구성된 비유적 표현의 한 형태인 관용어의 의미를 추론하는 과제에서도 경계선 지능 학생은 또래에 비해 저조한 수행을 보였지만 문맥 조건에서는 그 의미를 보다 잘 이해할 수 있었고 주로 보인 오류는 관용어 개별 단어의 의미와 관련된 오답 선택이었다(김수진, 황민아, 고선희, 2017). 어휘 주석이 설명글 읽기이해에 미치는 영향을 확인하고자 한 연구에서 경계선 지능 학생은 읽기이해 능력은 또래보다 낮았으나 주석이 제공되었을 경우, 특히 의미예문 주석이 제공되었을 경우 텍스트를 보다 잘 이해할 수 있었으며 추론적 이해보다 사실적 이해 수행 점수가 높았다. 한편, 배경지식의 여부가 경계선 지능 학생의 추론 능력에 영향을 미치는지 알아보고자 한 연구에서는 배경지식이 제시되었을 때 그렇지 않았을 때와 비교하여 나은 수행을 나타냈다. 경계선 지능 학생은 일반 학생과 달리 추론 자체를 시도하지 못하기도 하며 추론을 한다고 하더라도 상황과 배경 정보를 종합하여 적절한 추론을 하지 못하고 상황과 관계없는 엉뚱한 추론을 하는 경향을 보였다(김선경, 황민아, 최경순, 2021). 유머는 타인의 감정, 기대, 의도를 파악하고 공유하는 의사소통기술이기에 사회적 상호작용에 중요한 요인이 되는데(이영미, 2004) 경계선 지능 학생은 일반아동과 언어 연령이 유사한 더 어린 아동에 비해 유머이해 능력이 저조하였다(안혜리, 황민아, 최경순, 2021).

이렇듯 경계선 지능 학생들은 상위인지(언어)능력이 충분히 발달하지 못하여 추론에 어려움을 보이고 있다. 일정 부분 추론 능력이 요구되는 과제인 어휘 습득, 읽기이해, 문법 오류 판단 및 수정에서도 경계선 지능 학생이 어려움을 겪는 것은 이와 같은 맥락에서 이해할 수 있을 것이다(임재현, 황민아, 고선희, 2016).

2. 추론 지도하기

1) 유동추론 능력

유동추론 능력은 학습이나 습득된 지식의 영향을 받지 않는, 즉 선천적으로 타고나는 능력, 유전에 의해 결정되는 것으로 간주한다. 비언어적인 추론 능력의 경우 더 불변하는 것으로 본다. 유동추론 능력 발달에 대한 신경 메커니즘은 현재 연구단계에 있지만 유동추론 역시 발달이 가능함을 시사하고 있다. 유동추론 능력은 뇌 신경의 성장과 발달에 비례하여 유아기에서 아동기 초기까지 급속도로 발달하며 청년기 절정에 이르러 이후 서서히 쇠퇴한다(최종옥, 2005).

경계선 지능 학생의 유동추론 능력을 향상시키기 위한 방법은 K-WISC-V의 유동추론 소검사별로 나타나는 아동의 약점을 고려하여 다음과 같이 실시할 수 있다. 먼저 제시된 그림에서 논리적 규칙을 찾아내는 능력을 측정하는 '행렬추리' 소검사 문항을 활용하여 〈표 11-2〉와 같은 활동을 진행할 수 있다.

〈표 11-2〉 행렬추리

출처: 서울특별시교육청(2021).

다음으로 그림을 보고 수량을 파악하여 비교하는 능력을 측정하는 '무게비교' 검사를 활용하여 〈표 11-3〉과 같은 활동을 진행할 수 있다.

〈표 11-3〉 무게비교 지도하기

지도 방법	활동의 예
	무게 표현하기
• 양팔 저울을 사용하여 무게의 개념을 익힌다. • 무게를 나타내는 표현(—보다 무겁다/가볍다)로 표현한다.	

주어진 그림을 보고 같은 범주에 해당하는 그림을 찾아내는 능력을 측정하는 '공통그림찾기' 검사를 활용하여 〈표 11-4〉와 같은 활동을 진행할 수 있다.

〈표 11-4〉 공통그림찾기 지도하기

지도 방법	활동의 예
	같은 종류 찾기
• 단어, 그림, 숫자 등 다양한 자극을 제시하고 이를 일정 기준에 따라 분류하도록 한다. • 특정 범주에 포함되지 않는 것을 구별해 보도록 한다.	

마지막으로, 이야기를 듣고 머릿속으로 계산하는 능력을 측정하는 산수 검사를 활용하여 〈표 11-5〉와 같은 활동을 진행할 수 있다.

〈표 11-5〉 산수 지도하기

지도 방법
• 문제 상황을 들려준 후 어떤 연산을 해야 하는지 이야기 한다.
• 문제해결과정을 순서대로 이야기하며 풀이과정을 쓴다.

2) 언어적 추론 능력

앞서 언급한 선행연구의 결과에서 보았듯이 경계선 지능 학생들은 일반 학생에 비해 언어적 추론 과제를 수행하는 데 어려움이 있는 것은 명백하나 주어진 정보를 활용하여 제한적으로 추론을 할 수 있다. 그리고 인지적 제한으로 인하여 주어진 상황과 관련한 배경지식이 부족한 경우가 많으며 배경지식이 있다고 하더라도 통합하는 능력이 부족하여 적절한 추론을 하고 있지 못하기도 한다. 그러나 이들에게 읽기나 대화 상황에서 어휘나 배경지식과 관련한 직접적인 정보를 제시할 경우 추론의 정확성이 향상되는 것으로 나타났다.

따라서 경계선 지능 학생의 언어적 추론 능력을 향상시키기 위해서는 실제 학업이나 대인관계 상황에서 구체적이고 명시적인 정보를 추가로 제시하는 것이 필요하다. 학생이 모르는 단어를 파악하고 이에 대한 사전 뜻풀이나 정보를 제공해 주어야 한다. 그리고 기존에 가지고 있는 정보와 새로운 정보를 통합하는 방법을 교사가 명시적으로 모델링해 주면서 학생이 스스로 할 수 있도록 연습을 하는 것이 도움이 된다. 또한 주어진 정보에서 중요한 부분을 선택하는 방법을 지도하여 그러한 단서를 통해 사건의 전후관계를 파악할 수 있도록 도울 수 있다. 일상생활이나 학습 상황에서 경험하는 일들을 순서에 따라서 말해 보는 연습도 언어적 추론 능력을 향상시키는 데 효과적이다. 이와 함께 충분한 배경지식을 획득하고 관용어, 은유적 표현의 의미를 파악할 수 있는 직간접적 경험의 기회를 가정에서나 학교에서 지속적으로 제공해야 할 필요가 있다.

3) 사회적 상황 추론 능력

사회적 상황 추론 능력은 흔히 사회인지라고도 한다. 사회인지란 자기 자신과 다른 사람이 처한 사회적 상황에서 다양한 단서를 통해 분위기나 타인의 감정을 지각하고 해석하며 앞으로의 상황을 예측하는 것이다(정하나 외, 2021). 쉽게 말하자면 다른 사람의 생각이나 감정, 행동의 의도를 추론하고 개념화하는 것이다. 일반적으로, 사회인지를 통해 사회적 상황에서 적합한 행동을 할 수 있다. 그러나 경계선 지능 학생은 개념 이해와 추상적 사고가 어려우므로 사회인지 능력도 저조한 모습을 보인다. 예컨대 상황에 맞지 않는 말과 행동을 하기도 하고, 또래에 비해 미숙한 행동을 보여 주변 사람들을 당황스럽게 한다. 경계선 지능 학생은 제한된 인지능력으로 인하여 자신이나 타인의 마음을 정확하게 파악하는 것이 어렵다. 일상생활에서 어처구니없는 상황에서 웃음이 나오기도 하는데 경계선 지능 학생은 이러한 웃음이 즐거움을 나타내는 웃음이라고 생각하며 겉으로 보이는 행동과 마음이 다를 수 있다는 사실을 인식하지 못한다. 즉, 경계선 지능 학생들은 다른 사람의 감정, 의도를 읽고 대처하는 능력이 부족하여 사회적 상황 판단과 문제해결이 어려워 부적응 행동을 보이기도 한다.

이러한 경계선 지능 학생의 사회인지 능력을 향상시키기 위해서는 단계적인 접근이 필요하다. 원활한 대인관계를 위해서는 사회적 상황에서 자신의 생각과 감정을 지각하고 이해하는 능력이 우선 필요하다. 이후 다른 사람의 감정을 지각하고 행동을 이해할 수 있으며 상황에 적절하게 반응하고 행동할 수 있다. 사회인지 능력 향상을 위한 활동은 정하나 등(2021)이 제시한 정서지각, 사회지각, 인과관계 지각, 타인의 의도와 바람 지각(마음이론)으로 구분하여 살펴보고자 한다.

(1) 정서지각을 향상시킬 수 있는 활동

정서지각이란 타인의 표정, 어조와 같은 다양한 단서를 바탕으로 정서 상태를 인식하고 변별할 수 있는 능력을 말한다. 즉, 정서를 인식하고 구분하는 것은 시각적 정서자극인 표정, 청각적 정서자극인 목소리 크기, 말투, 타인의 자세나 몸짓, 대화 내용을 정확하게 인식하는 것에서 비롯된다.

경계선 지능 학생들은 자신의 감정을 정확하게 인식하기 어려우며 이에 따라 적절하게 표현하는 데도 어려움이 있다. 따라서 감정이 어떠한지 질문을 한다면 '좋다' '나쁘다' 와 같이 단순하게 표현하는 경우가 많다. 자신과 다른 사람의 마음을 인식하기 위해서는 감정이 무엇인지, 어떤 상황에서 어떠한 감정을 느끼는지 파악하는 것이 필요하다. 감정의 차이를 분명히 구분하여 인식하는 것은 자신의 감정을 쉽게 파악하고 조절할 수 있도록 한다. 다양한 감정을 파악하기 위해서는 다음과 같은 활동을 할 수 있다.

① 다양한 감정을 표현할 수 있는 단어와 뜻을 확인하기

시중에 판매되고 있는 감정이나 마음을 표현하는 단어 목록을 제시하는 여러 책, 단어 카드 등을 활용하여 다양한 감정의 종류와 의미를 확인하고 어떤 상황에서 그러한 감정을 느끼는지 이야기해 보게 할 수 있다.

② 감정을 표현하는 그림을 그리거나 감정 일기 쓰기

감정 단어를 익힌 후 감정의 의미를 정확하게 알고 있는지 그림과 글로 표현하는 활동을 진행한다. 교사가 감정을 표현하는 단어를 말하면 학생이 감정에 해당하는 얼굴 표정을 그린다. 그림 대신 감정을 표현하는 휴대폰 이모티콘이나 스티커를 활용하여 배운 내용을 스스로 정리해 보는 활동을 진행할 수도 있다. 글을 읽고 쓸 수 있는 학생의 경우 특정 순간의 감정을 한 문장으로 표현하거나 하루 동안 느낀 다양한 감정을 일기에 담아 보게 한다.

③ 감정 빙고 놀이하기

다양한 감정 단어를 익힌 후 단어를 빙고판에 쓰고 돌아가면서 감정을 선택하고 설명하여 맞추는 감정 빙고놀이를 실시할 수도 있다.

기쁘다	슬프다	우울하다
속상하다	부끄럽다	아쉽다
두렵다	불안하다	자랑스럽다

[그림 10-2] 감정 빙고판

④ 상황에 적절한 감정 찾기

다양한 감정 표현을 익힌 이후 여러 상황을 제시하고 그 상황에서 자신이 어떠한 감정을 느낄 수 있는지 이야기해 보는 활동을 진행할 수 있다. 학생이 일상에서 쉽게 접할 수 있는 다양한 상황을 짧은 문장이나 글로 제시하고 그때 드는 감정을 이야기 해 보도록 한다. 또는 다양한 감정 카드나 이모티콘을 선택지로 제시하여 그 가운데 적절한 것을 찾아보게 할 수도 있다.

⑤ 표정, 몸짓을 통해 타인의 감정, 의도 파악하기

표정과 몸짓이 담긴 사진을 보여 주며 이 사람의 표정, 행동은 어떻게 보이는지, 언제 이런 표정과 행동을 하는지, 무엇을 하려고 하는지 등을 질문하고 추측해 보도록 한다. 이후 표정 그림카드를 보고 제한된 시간 내에 많은 감정을 맞추는 표정 스피드 게임을 진행할 수 있다. 또는 이 활동을 변형하여 학생이 감정 카드를 선택하여 적절한 표정과 몸짓을 하고 다른 학생이 어떠한 감정인지 맞혀 보는 활동을 할 수도 있다.

⑥ 목소리를 듣고 타인의 감정 파악하기

표정, 몸짓뿐만 아니라 목소리에도 우리의 감정은 드러난다. 화가 났을 때, 목소리가 커지며 기분이 좋을 때 목소리 톤이 높아진다. 따라서 목소리를 듣고 다른 사람의 감정을 파악해 보는 활동을 할 수 있다. 반대로 감정단어를 보고 감정에 적절하게 목소리를 변조하는 게임도 할 수 있다.

(2) 사회 지각을 향상시킬 수 있는 활동

사회지각은 사회의 규칙, 규범, 역할 등 사회적 단서를 지각하고 사회적 상황이나 맥락을 이해하여 추론하는 능력이다. 학교, 가정, 지역사회 시설에서 요구되는 규칙이나 규범은 조금씩 다르다. 예컨대 미술관이나 박물관에서는 다른 사람들의 작품 감상에 방해가 되지 않도록 지켜야 할 예절이나 규칙이 있다. 따라서 각 장소나 상황에 적절한 사회적 규범에 대한 학습이 우선되어야 한다. 또래나 주변 사람들과 원만하게 어울리기 위해서는 사회적 맥락을 파악하고 적절한 능력이 필수적이다.

① 사회적 맥락 파악하기

학생이 일상생활에서 자주 가는 장소나 접하는 상황들을 활용하여 문제를 해결하는 경험을 함으로써 실제 생활에서 행동으로 일반화시킬 수 있는 가능성을 높이도록 한다. 이러한 상황을 글로 제시하여 읽게 하기보다는 그림이나 영상을 활용하면 더욱 효과적이다. 예를 들어, 영화관에서 지켜야 할 예절이 무엇인지, 왜 그러한 예절을 지켜야 하는지에 대해 관련 영상을 보면서 대화를 나눌 수 있다.

② 사회적 상황을 제시하는 그림 카드 활용하기

그림을 제시하고 인물들이 있는 장소, 인물들 간의 관계에 대해 질문을 한다. 그리고 전체적인 상황이나 분위기를 파악하는 질문을 한다. 이러한 활동을 통해 경계선 지능 학생이 각 상황의 맥락이나 분위기를 파악하고 중요한 사회적 단서를 찾아 적절한 말과 행동, 지켜야 할 규칙이나 예절을 파악할 수 있도록 한다.

(3) 사건의 인과관계를 파악할 수 있게 하는 활동

사건의 인과관계를 파악하는 것은 일상생활이나 학업에서 상당히 중요한 능력이 된다. 학생 자신이 일상에서 경험하는 것을 소재로 하여 인과관계를 파악하는 활동을 먼저 시도해 볼 수 있을 것이다.

① 한 장의 그림 카드를 보고 전후 상황 추론하기

한 장의 그림 카드를 보며 상황을 파악하고 이전에 어떤 일이 일어났는지 생각해 보도록 하여 사건의 원인이 무엇인지 추론해 보는 기회를 가지도록 한다. 또한 제시된 그림 카드에서 보이는 상황 이후에 어떤 일이 일어날지 이야기를 해 보도록 하여 결과에 대한 추론을 해 볼 수 있게 한다. 이를 통해 상황에 적절한 말과 행동이 무엇인지 확인하고 자신의 생활에 적용할 수 있도록 한다.

② 여러 장의 그림 카드를 순서대로 나열하기

앞의 활동을 보다 확장하여 일이 일어난 순서대로 그림카드나 이야기를 늘어놓는 활동을 진행할 수 있다. 경계선 지능 학생은 인지적 능력과 작업기억이 저조하므로 인과관계가 분명하게 드러나는 사건을 제시하고 사건 간의 시간 차이가 적은 경우부터 시작하는 것이 좋다. 또한 학생들이 자주 접하는 일상생활 사건이나 사회적 규범 또는 쉽게 저지를 수 있는 잘못된 행동과 그 결과를 활용하여 인과관계 파악하기 활동을 진행하며 육하원칙에 따른 질문을 통해 사건을 보다 구체적으로 파악할 수 있게 돕는다.

(4) 다른 사람의 의도와 바람을 파악할 수 있게 하는 활동

다른 사람의 의도와 바람을 파악하는 것은 마음 이론에 뿌리를 두고 있다. 마음 이론은 다른 사람의 지식, 의도, 믿음, 바람에 대해서 추론하고, 더나아가 그의 말과 행동의 의미를 이해하고 앞으로 일어날 상황을 예측하기위해 그의 마음상태에 대한 정보를 활용하는 능력이다(이경숙, 홍정은, 2002). 실상 타인의 마음을 읽는 것은 경계선 지능 학생뿐만 아니라 모든 사람에게어려운 추론 과제이다. 앞에서 다룬 정서지각, 사회인지, 인과관계 파악하기 활동을 충분히 연습한 후 여러 상황에서 다른 사람의 의도와 바람을 파악하는 활동을 진행하여 상황에 적절한 말과 행동을 하는 기회를 가지도록하는 것이 중요하다.

① 이야기 속 인물의 감정을 추론하여 얼굴 표정이나 이야기로 나타내기

다른 사람의 의도와 바람을 파악하기 위한 활동으로 먼저 2명 이상의 인물과 그들 간의 갈등이 있는 이야기를 제시하고 이야기 속 인물의 감정을이야기하거나 해당 인물의 얼굴 표정을 상상하여 그려 보게 할 수 있다. 이러한 활동은 앞에서 제시한 사회적 맥락 파악하기, 인과관계 파악하기 관련질문을 먼저 제시하면서 자연스럽게 전개한다.

② 드라마, 영화, 웹툰의 주인공 마음, 말과 행동 추론하기

학생들이 흥미를 보이는 드라마, 영화, 웹툰을 활용하여 주요 장면에서등장인물의 표정, 말, 행동을 살펴보고 그의 마음을 파악하도록 한다. 이후그 인물이 어떠한 말과 행동을 할지 예측해 보게 한다. 또한 그 상황에서 학생이 주인공이라면 어떤 말과 행동을 했을지, 어떠한 말과 행동이 적절할지이야기해 보는 활동을 진행할 수도 있다.

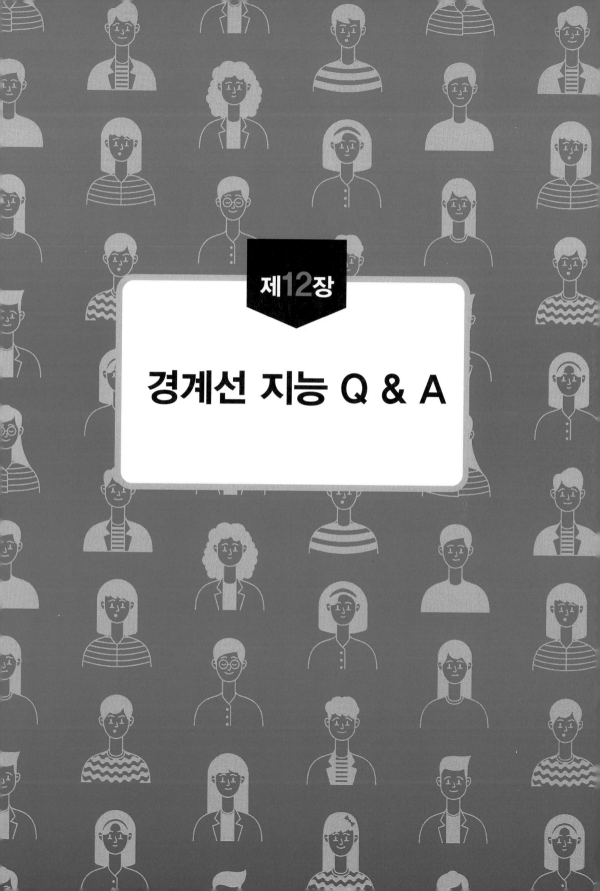

제12장

경계선 지능 Q & A

제12장

경계선 지능 Q & A*

Q 여섯 살 아들이 느린 학습자입니다. 네 살 땐 어린이집에서 발달도 언어도 너무 느리다며 다른 곳 가 보라고 권유하셨어요. 지금은 말도 잘하고 그림도 잘 그리고 그러는데, 한글과 숫자를 가르치려니 받아들이는걸 싫어하는지 느린건지 도통 알 수가 없어요. 이런 아이는 어떻게 해야 할까요?(미취학 자녀 학부모)

기초학습 역량을 쌓기 위하여, 첫째, 기초 인지 능력을 확인할 필요가 있다. 기초 인지 기능 향상 프로그램으로 앞에 소개한 시지각 능력, 주의력, 기억력, 판단 및 추론 능력 영역을 활용할 수 있다.

---

* 그동안 진행했던 경계선지능학습자를 위한 세미나와 워크숍에서 참여자들과 주고받은 문답을 중심으로 간략하게 정리하여 제12장에 제시하였다. 가장 완벽하고 정확한 답은 아니더라도 귀중한 질문에 대한 지금의 생각을 정리하였다. 앞으로도 많은 질문과 그에 대해 응답하려는 노력이 지속되길 기대한다.

시지각 능력이 낮을 경우 한글, 숫자와 같은 대상을 정확하게 볼 수 있는 능력이 상대적으로 부족할 수 있다. 시지각 능력이 약할 경우 대상에 대한 정보처리에 어려움을 느낄 수 있기 때문에 자녀가 시지각 능력에 어려움이 없는지 확인하고, 부족할 경우 해당 기능을 강화할 수 있는 활동을 한다.

또한 주의집중 능력을 확인해 본다. 주의력은 한글, 숫자와 같은 대상을 이해하고 기억하기 위해 필수적으로 선행되어야 할 인지기능이다. 주의력은 시각적 주의력과 청각적 주의력으로 구분할 수 있으며, 대상을 보고 듣고 학습하는 데 두 가지 주의력이 필요하다. 시각적 주의력은 순차적 시각적 주의력과 선택적 시각적 주의력을 확인한다. 자녀가 숫자, 글자와 같은 대상을 순서대로 읽지 못하고 빠뜨리거나, 건너뛰거나, 다른 글자로 잘못 읽거나 수학 계산을 할 때 숫자를 바꾸어 쓰는 것과 같은 실수가 빈번하게 나타난다면 순차적 시각적 주의력을 강화할 필요가 있다. 또한 자녀가 숫자, 글자를 학습할 때 학습내용에 집중하지 못하고 관련 없는 주변 대상에 관심을 두는 모습이 자주 나타난다면 선택적 시각적 주의력을 강화할 필요가 있다. 주의력을 향상시키기 위해서는 자극이 분산되지 않는 환경에서 학습하고, 자녀의 흥미와 수준에 맞는 자료를 처음에 활용하여 관심과 집중을 이끌어 낼 수 있다. 시각적 주의력을 향상시킬 수 있는 상세 지도방법은 앞의 내용을 참고하길 바란다. 자녀가 숫자, 글자를 학습할 때 주의를 기울이지 않고 다른 사람이 말한 내용을 이해하지 못하며 기억하는 데 어려움을 나타낸다면 청각적 주의력을 확인할 필요가 있다. 또한 자녀의 글자, 숫자 소리를 변별하는지 확인하여 자녀가 청각적 변별 능력이 부족하다면 글자 소리를 낼 때 입과 혀 모양, 위치 등을 지도하는 방법을 활용해 본다.

이외에도 자녀가 학습을 할 때 기억을 잘할 수 있는 방법을 알려 주어 학습에 부담을 적게 느끼도록 돕는다. 자세한 지도 방법은 본문을 참고해 주시길 바란다.

Q 사교육을 안 하려고 노력하는데 요즘 학교에서는 한글, 영어뿐 아니라 가르치기보다는 배워 오라는 선생님이 대부분인데 천천히 하는 게 맞는 건지 자꾸 회의가 듭니다.(초등 자녀 학부모)

자녀가 학교 수업을 따라가지 못한다면 보충학습이 필요하다. 보충학습의 방법은 학교 내에서는 기초학력지원프로그램 등이 있을 수 있으며, 학교 밖에서는 사교육 또는 가정지도를 통한 보충학습이 있다. 어떠한 방향이든 자녀에게 맞는 방법으로 학습능력을 향상하도록 한다. 부모님이 사교육을 안 하려고 노력하신다면 담임교사에게 자녀의 상황을 충분히 설명한 뒤 학교에서 받을 수 있는 지원을 안내받을 수 있다. 또한 가정에서 충분히 학교 수업을 복습할 수 있도록 학습 시간을 확보하고 교육환경을 제공하여 자녀가 천천히 가더라도 역량을 최대한 발휘할 수 있도록 지원할 수 있다.

Q 느린 학습자 어휘와 독해 공부방법에 대해 일반적인 조언을 주세요. (초등 자녀 학부모)

어휘와 독해 능력은 서로 영향을 높게 미치는 능력이다. 어휘능력은 듣기, 읽기, 쓰기, 토의하기 등의 활동을 통해 향상시킬 수 있다. 또한 이야기를 크게 읽어 주고 어휘의 뜻을 함께 이야기하기, 어휘에 흥미를 느끼고 탐구하면서 지식을 전달하기, 동의어/반의어/다의어 어휘 쌍을 활용하여 단어 관계를 탐색하여 어휘 확장하기, 의미의 유사점과 차이점 알고 확장하기, 예시와 반례 사용하기, 시각적 이미지를 활용하여 어휘의 개념을 익히고 관계망 형성하기, 앞뒤 이야기를 설명하고 맥락을 통해 어휘의 의미 알기, 다양한 자료 활용하기, 형태소를 알고 어휘 구성 알기 등을 통해 어휘력을 향상시킬 수 있다. 자세한 지도 방법은 앞의 내용을 참고하길 바란다.

독해는 읽기 전, 읽기 중, 읽기 후로 나누어 학습할 수 있다. 읽기 전에는 이야기의 전체적인 내용을 예측하도록 하고, 필수 어휘와 관련된 배경지식을 알도록 한다. 또한 읽기를 하는 목적을 충분히 이해하도록 하고 목적에 따른 전략을 사전에 지도한다. 읽기 과정에는 읽는 내용을 이해하고 있는지 확인하고 사전 경험과 연결하여 새로운 개념을 통합하기 전략을 활용한다. 읽은 후에는 요약하기, 생각 평가하기, 지식 적용하기 전략을 사용한다. 자세한 지도 방법은 앞의 내용을 참고하길 바란다.

Q 느린 학습자라도 꼭 해야 하는 학습부분은 어느 부분일까요? 그 부분을 어느 정도 수준까지 해야 할까요? 중·고등학생 기준 중요도 순으로 부탁드립니다.

중·고등학생 시기로 접어들게 되면 느린 학습자가 학습해야 할 부분은 초등학생 시기와는 다름이 분명하다. 박찬선, 장세희(2018)에 따르면 초등학생 시기 수업시간에 학습으로 인해 어려움을 호소하는 반면, 청소년기 느린 학습자의 경우 누적된 학습부진으로 인해 겪게 되는 이차적인 문제에 보다 초점을 두게 된다고 언급하고 있다. 이들은 청소년기 느린 학습자의 어려움을 크게 네 가지로 보고 있는데 각각 살펴보면 다음과 같다. 첫째, 반복된 학업실패로 인한 인지적 무능감과 부정적 자기효능감 등 자아개념 형성에 어려움을 겪게 된다. 둘째, 학습에 흥미를 느끼지 못하거나 학습에 관심은 있다하더라도 성취가 기대에 미치지 못해 좌절하고, 집중력 약화와 충동성으로 인터넷이나 게임중독을 보이기도 한다. 셋째, 실제 우울감과 스트레스로 인해 야기되는 신체화 증상을 많이 호소하게 된다. 넷째, 이러한 현상이 지속되면 현실과 동떨어지게 되고 자살 충동으로까지 이어질 수 있음을 주의할 증상으로 보고 있다. 따라서 학습의 보완과 함께 이들의 정서적인 측면도 함께 살펴보아야 한다.

앞에서 언급한 정서가 안정될 경우, 중등 시기 기본적으로 배워야 할 능력으로는 크게 기초적 학습을 위한 국어/언어영역, 상황인지능력, 사회성으로 나눠 볼 수 있다. 첫째, 국어/언어영역은 언어이해와 언어표현능력으로 연결되는데, 이에 대한 능력이 발달하지 못하면 학교 학습에서 어려움을 겪게 된다. 특히 수업에 집중하는 주의력 및 기억 능력 등의 기초인지능력이 떨어지면 친구들과의 의사소통에서도 어려움을 겪게 되고, 원만한 학교생활을 하지 못하는 경향이 있다(박찬선, 장세희, 2018). 따라서 적절한 상황에서 알맞은 표현을 할 수 있도록 이끌어 주는 국어/언어영역의 함양이 중요하다고 볼 수 있다.

둘째, 상황인지능력은 국어/언어영역의 연장선으로 김동일 등(2021)의 연구에서 경계선 지능 학생들에게 부족한 영역이고 지원이 필요한 부분으로 언급되었다. 상황인지능력이란 상황에 대한 판단력으로 언어학습뿐만 아니라 대인관계에서도 필수적인 요소가 된다. 경계선 지능 학생은 의도 파악이 어렵고, 상황에 맞는 적절한 반응을 보이는 것을 어려워하는 경향이 있다. 상황에 따라 시의적절하게 약간씩 다른 반응을 보여야 하는데, 이에 대해 판단하는 능력이 떨어지다 보니 이와 같은 현상을 겪게 되는 것이다. 이러한 부분을 보완하기 위해서는 수준에 맞는 읽기 프로그램, 학생의 수준에 적합한 활동을 하는 것을 대안책으로 삼을 수 있다. 경계선 지능 학생을 위한 다양한 증거기반 중재 프로그램이 다양하게 개발되고 있으며, 이를 바탕으로 한 수업이 활성화되어야 할 필요가 있다.

셋째, 사회성을 함양하는 것이 필요하다. 앞서 언급된 국어/언어영역, 상황인지능력과 마찬가지로 사회성은 경계선 지능 학생들이 또래와 상호작용하는 것을 어려워한다는 점에서 길러야 할 요소들이다. 중·고등학생 시기는 아직 학령기지만, 한편으로는 성인기를 준비해야 하는 시기이기도 하다. 성인기 생활은 자기를 표현할 줄 알고, 협동의 중요성이 더 강조되며 대인

관계를 유지할 줄 아는 능력이 갖춰져야 할 필요가 있다. 사회성은 단기간
에 학습되는 것이 아니기 때문에 일상생활에서 꾸준히 이루어져야 한다. 일
상생활에서는 자기관리, 놀이 방법 익히기, 격려와 대화 등을 통해 지도할
수 있다(박찬선, 장세희, 2018).

**Q 통합학급에서 아이가 수업을 이해하지 못하고 앉아만 있는데 어떻게 해
야 할까요? 이런 문제가 있는데도 통합학급에 있는 게 아이에게 의미 있
는 시간일까요?**

아동이 통합학급에서 이루어지는 수업 내용을 이해하지 못하고 앉아만
있다면 몇 가지 준비와 도움이 필요하다.

첫째, 부모가 아동이 학교에서 배울 내용을 미리 확인해 보고 아동에게
간단하고 쉽게 설명해 주는 것이 좋다. 부모님과 함께 다뤘던 내용이라면
아이도 수업 시간에 더욱 집중하고 관심을 가질 수 있을 것이다. 특히 아이
의 학년 수준에서 자주 사용되는 어휘를 미리 익히게 하는 것이 중요한데,
일상생활 속에서 관련된 어휘를 자주 접하면서 익힐 수 있도록 하는 것이
도움이 될 것이다. 아이에게 학습을 지도할 때는 한 번에 오랜 시간 지도하
기보다는 10~20분 정도로 짧게 끊어서 지도하는 것이 아이가 집중하기 좋
을 것이다.

둘째, 학습 외에도 아이가 학교생활에 필요한 예절과 규칙, 개인위생 등
의 영역에서 어느 정도로 준비가 되어 있는지 확인해 보아야 한다. 부족한
부분이 있다면 생활 속에서 다양한 문제 상황을 겪어 보고 기본적으로 필요
한 기능을 갖추도록 지도해야 한다. 학교생활은 수업 외에도 쉬는 시간, 체
육활동, 각종 행사 등의 여러 상황과 환경이 펼쳐진다는 것을 염두에 두고
공동체 생활에 적응하는 데 필요한 전반적인 적응기능을 가르친다는 생각

이 필요하다.

셋째, 부모는 담임교사와 협력 관계를 형성하는 것이 중요하다. 아이를 가장 많이 파악하고 있는 부모가 담임교사에게 자녀의 특성과 주요 정보를 알리고 도움이 필요한 부분을 전하는 것이 필요하다. 이때 부모의 의견을 내세우기보다는 교사의 의견에 귀 기울이며 소통하는 자세가 중요하며, 자녀가 학교에 적응하는 데 도움이 될 수 있는 방안을 함께 모색하는 것이 좋다.

Q ADHD, 학습장애, 지능이 낮은 학습자도 부모가 노력하면 지능과 학습 능력이 올라갈 수 있나요?

ADHD, 학습장애, 경계선 지능 아동 모두 교육적 환경 조성과 노력에 의하여 지능과 학습능력이 향상될 수 있다. 여러 선행연구는 이들의 능력 수준에 대한 적절한 분석을 토대로 적합한 교육 프로그램을 제공하였을 때 인지 능력과 학업 능력이 향상되고 있음을 시사하고 있다.

지능검사는 인간의 일부 능력을 측정하여 환경에 잘 적응하는지 확인하기 위한 목적으로 만들어진 것으로 한 인간이 지닌 전체 능력을 온전히 평가하지 못한다. 지능검사는 선천적으로 타고난 능력만을 측정하는 것이 아니라 후천적으로 학습된 능력 또한 평가하므로 언어 능력이 높거나 학습 경험이 풍부하면 지능지수가 높게 나온다. 한편, 지능지수가 높다고 해서 학업 능력과 사회적 능력이 모두 높은 것은 아니다. 평균 이상의 지능지수는 학습과 생활 속에서 당면한 문제를 해결하기 위한 필요조건이지 충분조건은 아니다. 지능지수는 아동의 문제를 변별하기 위한 하나의 조건이며, 이 조건만으로 아이들의 한계를 규정해서는 안 된다. 이 아이들을 통칭하여 느린 학습자라고 부르는 이유는 배우는 속도가 느리지만 배울 수 있기 때문이다. 단, 천천히 배우는 학습자이므로 많은 인내심을 가지고 지속적으로 학습해 나갈 수 있도록 조력하는 일이 필요하다.

Q 경계선 지능 학생은 중·고등학교 진학을 어떻게 해야 하나요?

현재 경계선 지능 학생들은 특수교육대상자가 아니기 때문에 여느 학생들과 마찬가지로 초등학교를 마치면 일반 중학교에 진학하게 된다. 중학교 이후, 고등학교에 진학할 때는 다수가 학업에 어려움이 있기 때문에 일반고등학교보다는 특성화고등학교에 진학하는 경우가 다수이다. 그러나 경계선 지능 학생이 입학할 수 있는 대안학교도 차츰 마련되고 있는 상황이다. 다음 목록은 현재 서울시에서 경계선 지능 학생들이 소속되어 있는 대안학교들이다(김동일 외, 2021). 단, 대안학교의 경우, 학력인정이 되지 않는 경우가 있다는 점에 유의하여야 한다. 이 목록을 참고하여 사전에 학교에 연락해 보고 정보를 얻어 더 나은 선택을 할 수 있기를 바란다.

꿈꾸는아이들의배움터, 꿈터학교, 내일새싹학교, 단재스쿨, 대안교육기관 창창한, 대안교육위탁교육기관 나우학교, 도깨비, 돈보스코미디어스쿨, 동방학교, (사)교육실험실21, 사람사랑나눔학교, 사랑의 배움터, 성장학교별, 예하예술학교, 이루다학교, 송파청소년센터대안교육기관 한들, 쌍문동청소년랜드, 아름다운스쿨, 영셰프스쿨, 예룸예술학교, 이야기학교, 인디스쿨, 자오나학교, 성장학교 별, 하늘을 품는배움터

Q 경계성 지능청년은 현역으로 군대에 가나요?

경계선 지능은 지적장애와 달리 법적 장애로 분류되지 않기 때문에 군 복무에 면제 대상이 아니다. 군 입대 전 신체검사뿐만 아니라 인지적·정신적 측면에 대한 검사가 진행된다. 이러한 결과를 종합하여 입대 적합 여부를 판정하게 된다. 원칙적으로 병역판정검사에서 3급 이상이면 현역으로 복무하게 된다. 「병역판성 신체검사 능 검사ㅠ직」(국방부령, 2021) 별표 3에 따르면 경계선 지능의 경우 다음과 같이 판정받게 된다.

과목	질병 · 심신장애의 정도	평가기준(단위:급)		
		병역	전역	전시
정신 건강의	103. 경계선 지능 및 지적장애(지적발달장애) 주: 표준화된 개인용 지능검사, 사회적응력검사, 생활기록부 등의 자료와 정신건강의학과적 평가 등으로 군 복무의 적응가능성을 판단한다.			
	가. 경계선 지능			
	1) 향후 일정기간 관찰이 필요한 경우	7	7	7
	2) 경도(사회적 · 직업적 기능장애가 있는 경우)	4	4	4
	3) 중등도(다른 정신건강의학과 질환이 동반되어 치료를 받고 있거나 사회적 · 직업적 기능장애가 상당한 경우)	5	5	5
	나. 지적장애(지적발달장애)			
	1) 향후 일정 기간 관찰이 필요한 경우	7	7	7
	2) 중등도(사회적 · 직업적 기능장애가 있는 경우)	5	5	5
	3) 고도(중등도의 기준을 충족하는 사람 가운데 다른 사람의 도움이 있어야만 신변처리가 가능할 정도로 일상생활에 큰 지장이 있다고 판단되는 경우)	6	6	6

이에서 실시한 지능검사 결과 IQ 71~79로 나오면 사회적·직업적 기능 장애가 있는 경우에 해당하여 4급 사회복무요원 판정을 받으며, 사회적·직업적 기능장애가 상당하거나 일상생활이 불가능한 정신적 질환이 발견되면 5급 전시근로역으로 판정받는다. 전시근로역은 전쟁 또는 이에 준하는 국가비상사태로 동원령이 선포됐을 때 군으로 소집되는 것으로 군 면제와 동일시된다. 경계선 지능일 경우 4급으로 바로 판정되는 것은 아니며 재검사 대상으로 분류되어 몇 달 뒤 다시 정밀검사를 실시하기도 한다. 이때 IQ가 79 이하인 경우 4급 판정을 받게 된다.

부모님들이나 경계선 지능 청년 가운데에서도 '군대생활을 해 보아야 한다' '군대생활에 적응하기 어렵다' 등 의견이 분분하다. 경계선 지능이지만 군 입대를 스스로 지원하여 문제없이 잘 마치고 돌아오는 사례도 종종 있으므로 자녀와 함께 군입대 문제에 대해서 진지하게 이야기를 나누어 보고 다양한 정보를 제공하여 자녀 스스로 선택하고 준비할 수 있게 한다. 군대 생활에서 상급자의 지시를 이해하고 동료들과 소통하기 위해 적절한 인지능력이 뒷받침되어야 하겠지만 그보다 감정 및 행동 조절 능력이 더 중요한 요소라고 할 수 있다. 대인관계에서 정서 및 행동 조절에 어려움을 경험한다면 위계가 분명한 군 생활이 순조롭지 않을 것이다. 자녀를 잘 알고 있는 교사, 치료사, 부모의 의견을 모두 종합하여 군 입대 문제를 결정하는 것이 좋으며 무엇보다도 자녀 스스로의 판단을 존중하여 결정하는 것이 바람직하겠다.

군 입대 영장이 도착하면 신체검사 전 초·중·고 학교생활기록부, 개인용 지능검사 결과, 사회적응력 검사 결과 또는 진단서 등을 준비하여 제출한다. 이는 전문가들이 적합성 결정에 직접적인 영향을 주지는 않으나 검사 결과를 더 면밀히 검토하는 데 참고할 수 있는 자료가 될 수 있다.

Q 느린 학습자를 대상으로 하는 성교육 지도에 대해 궁금합니다.

'성(sexuality)'은 인간의 생물학적 발달이나 욕구에 있어서 반드시 충족되어야 하는 영역이며 사회·심리적으로도 가치, 태도, 신념 등을 구성하는 데 큰 영향을 미친다(차세진, 황순영, 2018). 성은 삶의 자연스러운 한 부분이며 발달에 있어 주요한 특성이다. 하지만 '성'이라는 단어를 들었을 때 사람들은 성관세 혹은 성행동을 연상하기에 주제에 대한 거부감을 지니고 있다. 특히 우리나라처럼 성을 금기시해 왔던 나라에서는 성에 대해 거론하기조차 어렵고 불편한 주제이다(김유리, 2018). 이처럼 성에 대한 제한적인 관점이 존재하기는 하나 성에 대해 올바르게 이해하기 위해서는 포괄적인 (comprehensive) 시각에서의 접근이 필요하다. 장애아동 및 장애청소년을 위한 정보센터(National Information Center for Children and Youth with Disabilities, 1992)는 인간의 성이 성지식, 신념, 행동으로 정의하여 인간의 다양한 측면이 성과 관련이 있음을 강조한다. 이에 포괄적 성교육(comprehensive sexuality education)이란 개념을 적용해 볼 필요가 있다. 포괄적 성교육이란 인간발달, 성정체성과 성적 지향, 사랑, 성건강, 즐거움, 양육, 성권리 등을 바탕으로 비판적 사고, 미디어문해, 원활한 의사소통 할 수 있도록 교육하는 것을 의미한다(Marques, Constantine, Goldfarb, & Mauldon, 2015). 미국 성정보교육위원회 (Sexuality Information and Education Council of the United States: SIECUS, 2021)에서는 포괄적 성교육에 대해 다음과 같이 정의한다.

포괄적 성교육은 과학을 기반으로 하고, 의학적으로 정확하고 완전하며, 연령, 발달적, 문화적으로 민감한 성건강과 재생산 건강의 정보를 포함하며, 개인이 자신의 신체와 고유한 경험을 토대로 미래에 대한 의사결정을 할 수 있도록 한다.

포괄적 성교육은 생식과 같은 생물학적 지식, 성행동 위험 감소에만 초점을 맞추는 성교육이 아니라 성을 누리면서 학대, 의도하지 않은 임신, 질병으로부터 자신의 역량을 강화하는 것이라 할 수 있다(김유리, 2018).

느린 학습자 역시 여타 또래 학생들과 마찬가지로 개인이 지닌 성에 대한 관심과 요구는 유사할 것으로 보인다. 느린 학습자에 비해 지적 수준이 하위에 속한 지적장애 학생들도 성에 대한 관심이 높고, 친밀한 관계와 데이트, 결혼의 의미, 안전한 성적 행동에 대해 배우고 싶어 하기 때문이다(김영숙, 김영걸, 2015). 하지만 관심에 비해 지식 부족으로 겪게 되는 격차로 인해 사회적으로 부적절한 행동을 야기하기도 한다(Travers et al., 2014). 따라서 올바른 성교육에 대한 기준 마련이 필요하다.

느린 학습자에게 필요한 성교육 역시 일반학습자와 크게 다르지 않음을 고려할 때 유네스코에서 제시한 포괄적 성교육의 내용 및 주제는 성교육에 있어 중요한 기준으로 제시될 수 있다. 유네스코에서 발표한 성교육 주제는 다음과 같다(UNESCO, 2018).

- 관계(Relationships)
- 가치(Values), 권리(Rights), 문화(Culture), 섹슈얼리티(Sexuality)
- 젠더(Gender) 이해
- 폭력과 안전
- 건강과 복지를 위한 기술
- 인간의 신체(body)와 발달(Development)
- 섹슈얼리티(Sexuality)와 성적행동(Sexual Behavior)
- 성과 재생산 건강(Sexual and Reproductive Health)

다음의 여덟 가지 주제에 대해 각각 자세히 살펴봄으로써 성교육을 지도할 때 확인해야 할 사항을 정리해 볼 수 있다(UNESCO, 2018, 서지은, 양성은, 2021 재인용) 먼저, '동의와 건강한 관계'에서는 크게 가족구성원의 역할, 책임 및 욕구, 우정의 가치와 종류, 이를 긍정적으로 표현하는 방법, 가족 및 또래

관계 안에서 관용, 포용, 존중, 결혼의 개념에 대해 이해하고 교육할 것을 제시하고 있다. '가치, 권리, 문화와 성'에서 가치는 중요한 문제의 강한 신념이며 이에 따라 삶이나 행동이 결정이 결정된다는 것을 학습하도록 하고, 모든 사람이 인권을 지니고 있으며, 이러한 가치는 존중받아야 한다는 것을 중점적으로 지도할 수 있다.

'젠더 이해'에서는 젠더가 사회적 규범의 영향을 받고, 고정관념과 편견에 대한 재이해가 필요함을 학습할 것을 제안하고 있다. '폭력과 안전'에서는 모든 폭력은 유해하며 몸에 대한 관리를 지키는 것의 중요성, 인터넷과 소셜미디어의 장점과 위험에 대해 학습하는 것에 대해 말하고 있다. '건강과 복지'에서는 성적 행동의 규범과 나쁜 또래집단의 압박에 대한 대응방법, 자신의 의사결정 권리와 결과에 대한 인지, 미디어에 대한 올바른 해석, 신뢰할 수 있는 어른에 대한 이해 및 도움 요청의 방법에 대해 교육할 수 있도록 제시하고 있다.

'신체와 발달'에서는 성, 생식기, 월경 등 자신의 신체에 대해 궁금한 내용에 대해 이해할 수 있도록 하고, 임신과정, 착상과정, 임신 40주 동안 일어나는 신체 변화에 대해 학습할 수 있도록 하고 있다. 사춘기 역시 정상적이고 건강한 일이라는 것을 교육하는 것이 필요하다. 또한 모든 신체는 특별하고 자부심을 가져야 함을 강조하고 있다. '섹슈얼리티와 성적행동'에서는 사람이 평생 동안 육체적 즐거움을 느끼고 타인과 가까워지는 것은 자연스럽다는 것을 학습하고, 신체접촉과 친밀감을 통해 타인에게 사랑을 보여줄 수 있으며, 신체접촉에 있어 적절한 행동과 그렇지 않은 행동에 대해 이해할 수 있도록 교육을 권장하고 있다. 마지막으로, '성과 임신을 위한 건강'을 통해 임신은 선택하고 계획할 수 있으며 HIV 감염자도 동일한 권리를 가지고 있고, 에이즈에 대한 낙인보다는 올바른 돌봄과 치료가 필요함을 교육해야 한다고 제시한다.

성교육은 단순히 생물학적 성에만 국한된 것이 아니라 사회문화적인 상황을 고려하여 정보를 제공해야 함을 확인할 수 있다. 포괄적 성교육을 지도하기 위한 방법 중 하나로 여성가족부(2019)의 나다움어린이책 자료집을 활용할 수 있다. 나다움어린이책은 자기긍정, 다양성, 공존의 가치를 기반으로 젠더감수성 향상을 위해 성평등, 성 고정관념을 다루는 책들을 포함한다.

참고문헌

강옥려(2016). 경계선급 지능 아동의 교육: 과제와 해결 방안. **한국초등교육**, 27(1), 361-378.

강진령(2016). **상담연습: 치료적 의사소통 기술**. 서울: 학지사.

곽윤지, 황민아, 정미란(2016). 경계선 지능 아동의 문맥 유무에 따른 은유 이해 능력, Communication Sciences and Disorders, 21(3), 451-461.

곽진영(2021). 경계선 지능 아동의 애착 및 자아존중감 증진을 위한 미술치료 사례연구. **정서행동장애연구**, 37(1), 235-264.

구본용(2011). 2011 청소년동반자 보수교육-해결중심상담기법 워크숍, 한국청소년상담원.

구승신(2006). 신세대 병사의 정신건강 실태와 영향요인에 관한 연구. **정신보건과 사회사업**, 24, 64-93.

권회연, 전병운(2016), 신경발달장애를 중심으로 한 DSM-5의 변화: 특수교육적 함의를 중심으로. **지적장애연구**, 18(2), 117-139.

기우열, 연석정, 강민경(2022). 경도 지적장애와 경계선 지적발달 초등학생을 위한 그림상징 사용 낱말 해독 중재 사례연구. **학습자중심교과교육연구**, 22(6), 881-893.

김계현(2009). **학교상담과 생활지도**. 서울: 학지사.

김고은, 김혜리(2018). 경계선 지능 청소년 어머니의 양육경험에 관한 연구. 한국
가족복지학, 61, 137-168.

김근하(2007). 경계선급 지능 초등학생의 학년별 학업성취 변화: 초등학교 저학
년을 중심으로. 서울대학교 대학원 석사학위논문.

김동일(2017). BASA와 함께하는 읽기능력 증진 개별화 프로그램: 읽기 나침반 읽기
이해편. 서울: 학지사.

김동일(2018). 기초학습기능 수행평가체제(BASA): 수학 문상세. 서울: 학시사.

김동일(2019a). 기초학습기능 수행평가체제(BASA): 읽기이해. 서울: 학지사.

김동일(2019b). 기초학습기능 수행평가체제(BASA): 어휘. 서울: 학지사.

김동일(2020). 교육사각지대 학습자 부모 상담. 서울: 학지사.

김동일(2021). 기초학습능력 종합검사(BASA: CT). 서울: 학지사.

김동일(2022). 교육사각지대 학습자 부모 교육(한국아동청소년상담학회 상담역량 강
화 프로그램 시리즈 2). 서울: 학지사.

김동일, 김희은, 조은정, 전유라(2021). 문해력에 날개달기 보고서. 서울: 느린 학
습자 시민회.

김동일, 김희주, 고혜정(2016). 빈칸채우기검사의 연구 동향: 척도유형과 특성을
중심으로. 학습장애연구, 13, 29-54.

김동일, 신재현, 김은삼, 장세영(2022). 경계선 지능 학생 지원 방안 탐색. 충청:
한국교육과정평가원.

김동일, 안예지, 이연재, 최서현, 박지현, 한은혜, 황지은, 최가람(2021). 서울시
경계선 지능 청소년 실태 및 지원방안 연구 용역 최종보고서. 서울특별시 연구
보고서, 1-182.

김동일, 이대식, 신종호(2016). DSM-5에 기반한 학습장애아동의 이해와 교육 3판.
서울: 학지사.

김동일, 이연재, 한은혜, 안예지(2022). 지능과 학업성취 준거에 의한 느린 학습
자 집단 분류 탐색: 지적장애, 학습장애, 경계선 지능을 중심으로. 학습장애연

구, 19(1), 25-53.

김선경, 황민아, 최경순(2021). 학령기 경계선 지능 언어발달지연 아동의 배경지
　　식 유무에 따른 추론 능력. **특수교육논총**, 37(1), 185-200.

김수진, 황민아, 고선희(2017). 학령기 경계선급 지능 아동의 관용어 이해 능력.
　　언어치료연구, 26(1), 57-66.

김성길, 김채안(2016). 경계선 지능 청소년의 자기인식 및 자기표현 향상 상담사
　　례의 배움학적 함의. **미래교육연구**, 6(2), 1-20.

김애화, 김의정, 김자경, 정대영(2018). 학습장애, 난독증, 학습부진(경계선 지능
　　포함) 및 학습지원대상 학생은 누구이며, 교육적 지원은 이대로 괜찮은가?:
　　특수교육의 역할과 과제에 대한 소고. **특수교육학연구**, 53(1), 1-21.

김애화, 김의정, 김재철(2020). 초등학생의 읽기 어려움의 이질성 연구. **교육혁신**
　　연구, 30(2), 125-149.

김영숙, 김영걸(2015). 발달장애인의 성인식과 성태도에 따른 성교육 지원 연구.
　　지적장애연구, 17(3), 161-184.

김유리(2018). 발달장애 청소년을 위한 성교육 프로그램 분석. **특수교육**, 17(3),
　　77-102.

김윤옥, 강옥려, 우정한, 변찬석(2015). 난독증 선별 체크리스트 표준화 및 한국
　　난독증 학생 통계추정 연구. **학습장애연구**, 12(1), 21-45.

김은주(1996). 수학과 학습부진아를 위한 보충학습자료 효과에 관한 연구. 한양
　　대학교 교육대학원 석사학위논문.

김은지, 황민아, 고선희(2016). 경계선급 지능 아동의 정의제시 조건과 문맥제시
　　조건에 따른 비단어 의미 추론 특성. Communication Sciences and Disorders,
　　21(2), 262-270.

김정숙(2005). 장애아 통합교육에 대한 일반교사와 특수교사간의 인식비교 연
　　구. 대구대학교 교육대학원 석사학위논문.

김주영(2018). 학령기 경계선 지적 기능 아동의 언어 및 읽기 능력. **학습자중심교**

과교육연구, 18(2), 139-157.

김진아(2017). 경계선급 지능 아동에 대한 초등학교 교사들의 인식: 포커스 그룹 인터뷰 방법을 통하여. 서울교육대학교 교육대학원 석사학위논문.

김태연, 이나련(2021). 자조모임 참여 부모의 양육 스트레스에 영향을 미치는 요인. 아동학회지, 42(6), 755-764.

김태은(2016). 경계선 지능 청소년의 사회성 향상을 위한 무용교육 프로그램 개발. 국민대학교 대학원 석사학위논문.

김혜리(2018). 경계선 지능 청소년 어머니의 양육경험에 관한 연구. 광운대학교 대학원 석사학위논문.

김호연(2005). 시사주간지에 나타난 장애인 관련 기사 보도의 내용 분석: 1991-2003년까지의 Time지를 바탕으로. 특수교육연구, 12(1), 99-118.

노경란, 박현정, 안지현, 전영미(2018). 웩슬러 지능검사의 치료 및 교육적 활용(인지기능 향상 가이드북 1). 서울: 학지사.

류수린, 박현주, 정동규, 백경선, 윤홍옥(2018). 경계선 지적 기능 아동을 위한 언어기반 인지강화 기능성 게임 구현. 디지털콘텐츠학회논문지, 19(6), 1051-1060.

미야구치 코지(2019). 케이크를 자르지 못하는 아이들(부윤아 역). 서울 인플루엔셜.

박수자(2006). 추론적 읽기 지도의 내용 연구. 국어교육, 120, 169-200.

박숙자(2016). 경계선 지능 자녀를 둔 어머니의 양육경험 연구: Giorgi의 현상학적 연구방법을 활용하여. 놀이치료연구-한국아동심리재활학회, 20(1), 1-17.

박용준(2022). 서울, 전국 최초 '경계선 지능' 지원 조례. 뉴스토마토. https://www.newstomato.com/ReadNews.aspx?no=993013

박찬선(2020). 경계선 지능과 부모: 지치지 않고 자녀와 행복하게 성장하는 법. 경기: 이담북스.

박윤희, 박승희, 한경인(2022). '경계선급 지적기능성' 통일된 용어 제안 및 교육지원 쟁점과 과제: 국내 최근(2010-2022)연구 문헌분석. 특수교육학연구,

57(2), 31-69.

박은미, 임성미(2021). 학교적응 프로그램이 경계선 지능 아동의 실행기능 및 적응행동에 미치는 효과. 인지발달중재학회지, 12(4), 23-47.

박찬선(2020). 느린 학습자의 공부. 경기: 이담북스.

박찬선, 장세희(2018). 경계선 지능을 가진 아이들: 느린 학습자와 발맞춰 걷기. 경기: 이담북스.

박현미, 장석진(2013). 가족지지와 청소년 진로태도성숙과의 관계에서 자기효능감의 매개효과. 한국가족치료학회지, 21(1), 1-21.

박현숙(2018). 경계선 지능 아동 선별 체크리스트: 타당화와 하위특성 연구. 성균관대학교 대학원 박사학위논문.

백민(2022. 02. 03). '경계선 지적장애인을 도와주세요' 국민청원. 에이블 뉴스. http://www.ablenews.co.kr/News/NewsContent.aspx?CategoryCode=0014&NewsCode=00142022020315184681 9993

백희연, 박건(2021.05.23.). 나 혼자 느리게 산다……… IQ 편견과 싸우는 한국판 검프 2인. 중앙일보. https://www.joongang.co.kr/article/24064263#home

변관석, 신진숙(2017). 경계선 지능에 관한 국내연구 동향. 특수아동교육연구, 19(1), 79-109.

변우식(2015). 체육 부진아 교육을 위한 놀이형 검사도구 개발. 경북대학교 과학기술대학원. 제주대학교 교육대학원 석사학위논문.

보건복지부(2020). 2020 아동사업 분야안내[2]. 경기: 보건복지부.

보건복지부(2021). 장애인복지법. 경기: 보건복지부.

서우경, 김도연(2013). 어머니의 불안, 양육 태도 및 심리적 안녕감이 양육 스트레스에 미치는 영향: 일반아동과 장애아동 어머니 비교를 중심으로. 한국심리학회지: 발달, 26(1), 121-136.

서울시 동북권 NPO 지원센터(2018). 동북권 느린 학습자 생애주기별 어려움에 대한 기초조사.

서울특별시교육청(2021). 경계선 지능 학생 지원 가이드북 II.

서지은, 양성은(2021). 포괄적 성교육 개념에 근거한 나다움어린이책의 젠더감수성 분석. 한국콘텐츠학회논문지, 21(8), 593-607.

서해정, 박현숙, 이혜수(2019). 아동양육시설 퇴소 후 경계선지적기능 아동의 지원방안연구. 한국장애인개발원.

서희정(2013). 신문사설을 통해 살펴본 장애인에 대한 미디어 담론 분석: 조선일보와 한겨레신문을 중심으로. 장애의 재해석, 1, 48-90.

손성민, 곽성원, 전병진(2018). 경계선 지능 아동을 대상으로 전자매체를 활용한 그림책 읽기 훈련 프로토콜의 적용 및 읽기 능력에 미치는 영향. 대한지역사회작업치료학회지, 8(3), 25-35.

송지환, 김중형(2017). 매트운동프로그램이 경계선 지능의 협응능력 및 정서행동 발달에 미치는 영향. 한국체육교육학회지, 22(2), 99-108.

신남철, 박정화(2005). 초등학생의 체육 학습부진의 원인에 따른 유형 분류. 한국초등체육학회지, 11(1). 73-85.

신재현, 정평강(2021). 학습장애 진단 및 선정 절차의 현황과 과제: 특수교육 지원센터를 중심으로. 학습장애연구, 18(1), 1-25.

심정민(2016). 경계선 지능 문화예술교육의 정착과 발전을 위한 소고. 영상문화, 29, 197-218.

안혜리, 황민아, 최경순(2021). 학령기 경계선지능아동의 수수께끼 유머 이해 능력. 특수교육논총, 37(4), 27-41.

양대중, 박희석(2017). 수중재활운동 프로그램이 경계선 지능 아동의 운동능력에 미치는 영향. 한국체육과학회지, 26(2), 1091-1102.

양민화, 손승현, 나경은, 최승숙, 민수진(2020). 특수교육법 개정을 위한 학습장애 관련 법령 분석과 제안. 학습장애연구, 17, 1-25.

양지희, 황민아, 최경순(2020). 경계선 지능 언어발달지연아동의 직유의미이해 능력. 학습장애연구, 17(1), 207-221.

여성가족부(2019). 2019-2020 나다움어린이책 자료집.

우정한, 강옥려, 김소희, 김요섭, 김윤옥, 허승준(2016). 난독증/경계선지능 학생 지원 요구에 대한 집단 간 비교 분석. 2016년 한국학습장애학회 춘계 학술세미나 자료집, 49-106.

유승미(2015). 학령기 경계선급 지능 아동의 어휘적 중의성 이해. 단국대학교 대학원 석사학위논문.

유승하(2021. 10. 03). 경계에 서서 묻는다 우리는 어디로 가야 합니까. 고대신문. https://www.kunews.ac.kr/news/articleView.html?idxno=32984

유영은, 박영애(2019). 경계선 지적장애 청소년의 창의성 계발을 위한 기독교 무용/움직임 프로그램 연구. 한국무용연구, 37(1), 249-267.

윤나네, 김승미, 이은주(2017). 초등학교 저학년 경계선 지능 아동과 일반 아동의 보조사(은/는, 만/도) 전제 이해 특성. 특수교육학연구, 52(2), 133-147.

이경숙, 홍정은(2002). 아스퍼거 장애 중학생의 사회인지 향상 프로그램 적용 사례. 놀이치료연구, 6(2), 75-91.

이금진(2011). 학령기 경계선 지능 아동의 사회성숙도와 자존감향상을 위한 멘토링 효과성 분석-대학생 멘토와 경계선 아동의 상호효과를 중심으로. 한국가족복지학, 34, 137-165.

이금진(2017). 학령기 경계선 지능 아동의 학교에 대한 주관적 인식 유형 연구. 한국콘텐츠학회논문지, 17(2), 348-393.

이기정(2016). 마인트맵을 활용한 일기쓰기 활동이 경계선급 지능 학생의 쓰기 능력에 미치는 영향. 학습장애연구, 13(1), 107-126.

이미래, 황민아, 고선희(2017). 학령기 경계선급 지능 아동의 다의 동사 이해. 언어치료연구, 26(3), 55-65.

이바름(2019). 경계선 지능 청소년의 자기표현력 증진을 위한 미술치료 단일사례연구. 한양대학교 대학원 석사학위논문.

이봉주(2013). 지역복지기관의 사회서비스 관리와 평가: 무엇을, 왜, 어떻게. 한

국사회복지행정학, 15(1), 197-221.

이수덕, 김승미, 이은주(2017). 어휘 주석이 경계선 지능 아동의 설명글 읽기이 해와 어휘학습에 미치는 영향. 특수교육학연구, 51(4), 209-228.

이수진, 김화수(2016). 설명담화에 나타난 경계선지능 언어장애 아동의 화용특성. 지적장애연구, 18(2), 49-68.

이윤주(2009). 가족지지, 부모와의 의사소통 및 친밀감이 중·고등학생의 자살행동에 미 는 영향. 가족과 문화, 21(3), 57-71.

이재경(2018). MI 집단음악치료가 경계선 지능을 가진 청소년의 자아개념 향상에 미치는 영향. 순천향대학교 대학원 석사학위논문.

이재연, 한지숙(2003). 아동과 부모, 가족환경 특성에 따른 아동학대 실태 연구. 아동학회지, 24(2), 63-78.

임재현, 황민아, 고선희(2016). 학령기 경계선급 지능 아동과 일반 아동 간 음운 수수께끼 풀이와 음운인식 능력 비교. 언어치료연구, 25(4), 133-143.

임희진, 구자경(2019). 경계선 지능 자녀를 둔 어머니가 양육과정에서 경험한 어려움과 대처에 관한 내러티브 탐구. 독서치료연구, 11(1), 63-84.

정하나, 유선미, 김지연, 임행정, 정혜경, 허성희(2021). 경계선 지능 아동의 정서·사회성. 경기: 이담북스.

정희정(2006). 경계선 지능 아동의 특성 연구. 숙명여자대학교 대학원 박사학위논문.

정희정, 이재연(2005). 경계선급 지능 아동의 인지적, 행동적 특성. 아동복지연구, 3(3), 109-124.

주은미(2017). 경계선 지능 중학생의 학교생활 현황 및 지원 요구에 대한 학생과 학부모 인식 연구. 강남대학교 대학원 석사학위논문.

주은미, 최승숙(2018). 경계선급 지능 중학생의 학교생활 경험 및 교육 지원 요구에 대한 학생과 학부모 인식. 학습장애연구, 15(3), 315-344.

진현정(2016). 경계선 지능 성인의 자립과정에 관한 연구. 가톨릭대학교 대학원 석사학위논문.

차세진, 황순영(2018). 발달장애학생 성교육 실태 및 부모의 요구 분석. 특수아동
교육연구, 20(1), 107-141.

최말옥(2014). 경계선 지적기능 아동을 둔 어머니의 양육 경험에 관한 연구. 한국
사회복지학, 66(1), 191-219.

최윤미(2016). 집단놀이치료가 경계선 지능 시설아동의 사회기술 증진에 미치는
영향. 한양대학교 대학원 석사학위논문.

최인경(2020). 게임 중재가 경계선 지적 기능 아동의 인지능력 변화에 미치는 효
과에 관한 사례연구. 인지발달중재학회지, 11(1), 107-128.

최재성, 김명일(2014). 장애인의 사회복지서비스 이용 패턴과 삶의 질에 관한 연
구: 잠재계층분석(Latent Class Analysis)을 중심으로. 한국장애인복지학, 26,
147-171.

최종옥(2005). KEDI-WISC에 나타나는 유동적 지능과 결정적 지능의 관계: 저
소득층 결손가정 아동을 중심으로. 이화여자대학교 석사학위논문.

하정숙(2018). 경계선 지능아동을 위한 읽기 중재의 효과. 특수교육학연구, 52(4),
25-48.

하정숙(2020). 경계선 지능아동을 위한 연산 프로그램의 중재 효과: 초등학교 저
학년을 대상으로. 초등교육연구, 33(4), 273-296.

하정숙, 김자경(2017). 느린 학습자의 읽기를 위한 다각적인 중재의 효과. 학습자
중심교과교육학회, 17(24), 135-155.

하정숙, 김자경(2018). 느린 학습자를 위한 소집단 직접교수의 효과: 초등 2학년
수와 연산 영역 중심으로. 특수아동교육연구, 20(3), 23-44.

한국교육과정평가원(2020). 두드림학교 및 학습종합클리닉센터 역할 제고 방안. 서
울: 한국교육과정평가원.

홍경숙(2021). 미숙아로 출생 후 경계선 지능으로 진단받은 초등학생 부모의 양
육경험. 인문사회 21, 12(2), 1755-1770.

홍점표(1998). 교사·학생 간의 친밀한 인간관계가 학습습관·학업성취에 미치는 영향. 창원대학교 대학원 석사학위논문.

홍진숙(1997). 언어 능력과 글 제시 방법 및 질문 성격이 추론에 미치는 영향. 한국교원 대학교 대학원 국어교육과 국어교육전공 석사논문.

American Psychiatric Association. (2013). *Diagnostic and Statistical Manual of Mental Disorders (Fifth ed.)*. Arlington, VA: American Psychiatric Publishing.

Barrett, T. C. (1976). Taxonomy of reading comprehension. In R. Smith & T. Barrett (Eds.), *Teaching reading in the middle grades*. Mass: Addison–wesley.

Burke, P. (2010). Brothers and sisters of disabled children: the experience of disability by association. *British Journal of Social Work, 40*(6), 1681–1699.

Burke, P., & Montgomery, S. (2000). Siblings of children with disabilities: A pilot study. *Journal of Learning Disabilities, 4*(3), 227–236.

Cattell, R. B. (1963). Theory of fluid and crystallized intelligence: A critical experiment. *Journal of Educational Psychology, 54*(1), 1–22.

Cooter, K. S., & Cooter, R. B. (2004). One size doesn't fit all: Slow learners in the reading classroom. Reading Teacher, 57, 680–688.

Dekker, M., & Koot, H. M. (2003). DSM–IV disorders in children with Borderline to Moderate Intellectual Disability. I: Prevalence and impact. *Journal of the American Academy of Child*, 42, 915-922.

Dunham, M. D., Schrader, M. P., & Dunham, K. S. (2000). Vocational rehabilitation outcomes of adults with co–morbid borderline iq and specific learning disabilities. *Journal of Rehabilitation, 66*(4), 31.

EBS(2014). 「특집방송, 느린 학습자를 아십니까?」. <EBS> 2014년 12월 19일. https://youtu.be/pPLlR7TYYGo

EBS(2014). 뉴스 심층취재: 경계선 지능.

Ellis, E. S., Worthington, L. A., & Larkin, M. J.(1994). Effective teaching principles and the design of quality tools for educators. A commisioned paper for the National Center to Improve the Tools of Education (NCITE). Eugene, OR: The University of Oregon.

English, L. D. (1997). *Mathematical Reasoning Analogies, Metaphors, and Images Studies in Mathematical Thinking and Learning.* 권석일, 김성준, 나귀수, 남진영, 박문환, 박영희, 변희현, 서동엽, 이경화, 장혜원, 최병철, 한대희, 홍진곤 역(2009). 수학적 추론과 유추, 은유, 이미지. 서울: 경문사.

Fenning, R. M., Baker, J. K., Baker, B. L., & Crnic, K. A. (2007). "Parenting children with borderline intellectual functioning: A unique risk population", *American Journal on Mental Retardation, 112*(2), 107–121.

Gigi, K., Werbeloff, N., Goldberg, S., Portuguese, S., Reichenberg, A., Fruchter, E., & Weiser, M. (2014). Borderline intellectual functioning is associated with poor social functioning, increased rates of psychiatric diagnosis and drug use-A cross sectional population based study. *European Neuropsychopharmacology, 24*(11), 1793–1797.

Grossman, H. J.(Ed). (1983). *Classification in Mental Retardation(Rev. ed).* Washington, DC: American Association on Mental Deficiency.

Hassiotis, A., Tanzarella, M., Bebbington, P., & Cooper, C. (2011). Prevalence and predictors of suicidal behaviour in a sample of adults with estimated borderline intellectual functioning: Results from a population survey. *Journal of Affective Disorders, 129*(3), 380–384.

Heber, R. (1961). Modifications in the manual on terminology and classification in mental retardation. *American Journal of Mental Deficiency, 65*(4), 499-500.

Hihi, S., & Harachiewicz, J. M. (2000). Motivating the academically unmotivated: A critical issue for the 21st century. *Review of Educational Research, 70*, 151-179.

Husemann L. R., Eron, L. D., Dubow, E. F. (2002). Childhood predictors of adult criminality: are all risk factors reflected in childhood aggressiveness? *Criminal Behaviour and Mental Health, 12*(3), 185-208.

Karande, S., & Kulkarni, M. (2005). Poor school performance. *The Indian Journal of Pediatrics, 72*(11), 961-967.

Kavale, K. A., & Forness, S. R. (1996). Social deficits and learning disabilities: a meta-analysis. *Journal of Learning Disabilities, 29*(3), 226-337.

Knoff, H. M. (1987). Slow learner. In C. R. Reynolds & L. Mann (Eds.), *Encyclopedia of special education* (Vol. 3)(pp. 1444-1445). New York: John Wiley & Sons Inc.

Koslowski, B., & Masnick, A. (2002). The development of causal reasoning, In U. Goswami(Ed.), *Blackwell handbook of childhood cognitive development.* Malden, MA: Blackwell Publishing.

Lokanadha Reddy, G., Ramar, R., & Kusuma, A. (2008). *Slow learners: their psychology and instruction.* 박현숙 역(2013). 경계선 지적 기능 아동 청소년을 위한 느린 학습자의 심리와 교육. 서울: 학지사.

MacMillan, D. L. (1989). Mild mental retardation: Emerging issues. In G. A. Robinson, J. R. Patton, E. A. Polloway, & L. R. Sargent (Eds.), *Best practices in mild mental disabilities* (pp. 3-20). Reston, VA: The Division on Mental Retardation of the Council for Exceptional Children.

Mardis D. Dunham, Michael P. Scharder & Karen S. Dunham (2000) Vocational rehabilitation outcomes of adults with co-morbid borderline IQ and specific learning disabilities. *Journal of Rehabilitation, 66*, 331-36.

Marques, S. S., Constantine, N. A., Goldfarb, E. S., & Mauldon, J. (2015). Sexuality education. In *International Encyclopedia of the Social & Behavioral Sciences: Second Edition* (pp. 825-832). Elsevier Inc..

Marzano, R. J., Pickering, D. J., & Pollock, J. E. (2001). *Classroom instruction that works.* Alexandria, VA: Association for Supervision and Curriculum Development.

Masi, G., Marcheschi, M., & Pfanner, P. (1998). Adolescents with borderline intellectual functioning: Psychopathological risk. *Adolescence, 33*(130), 415.

McGrew, K. S., & Wendling, B. J. (2010). Cattell-Horn-Carroll cognitive-achievement relations: What we have learned from the past 20 years of research. *Psychology in the Schools, 47*(7), 651-675.

Mueller, T, G., Milian, M., & Lopez, M, I., (2009). Latina mother's views of a parent-to-parent support group in the special education system. *Research & Practice for Persons with Severe Disabilities, 34*(3-4), 1-10.

Orsmond, G. I., Kuo, H. Y., & Seltzer, M. M. (2009). Siblings of individuals with an autism spectrum disorder: Sibling relationships and wellbeing in adolescence and adulthood. *Autism, 13*(1): 59-80.

Peltopuro, M., Ahonen, T., Kaartinem, J., Seppälä, H., & Närhi, V. (2014). Borderline intellectual functioning: A systematic literature review. *Intellectual and Developmental Disabilities, 52*(6), 419-443.

Rosenthal, R., & Jacobson, L. (1968). Pygmalion in the classroom. New York: Holt, Rinehart & Winston.

Schweinle, A., Meyer, D. K., & Turner, J. C. (2006). Striking the right balance:

Students' motivation and affect in elementary mathematics. *The Journal of Educational Research, 99*(5), 271-294.

Shaw, S. R. (2010). Rescuing students from the slow learner trap. *Principal Leadership, 10*(6), 12-16.

Trainin, G. & Wsanson, H. L. (2005). Cognition, Metacognition and Achievement of College Students with Learning Disabilities. *Learning Disability Quarterly, 28*(4), 261-273.

Travers, J., Tincani, M., Whitby, P. S., & Boutot, E. A. (2014). Alignment of sexuality education with self determination for people with significant disabilities: A review of research and future directions. *Education and Training in Autism and Developmental Disabilities, 49*(2), 232-247.

Trimble, D. (2001). Making sense in conversations about learning disabilities. *Journal of Marital and Family Therapy, 27*(4), 473-486.

Turnbull, A., Turnbull, H. R., Erwin, E. J., & Shogren, K. A. (2015). *Families, professionals, and exceptionality: Positive outcomes through partnerships and trust.* Pearson.

UNESCO (2018). International Technical Guidance on Sexuality Education.

Verguts, T., & DeBoeck, P. (2001). On the correlation between working memory capacity and performance on intelligence tests. Learning and Individual Differences, 13, 259-272.

Weiser, M., Zarka, S., Werbeloff, N., Kravitz, E., & Lubin, G. (2010). Cognitive test scores in male adolescent cigarette smokers compared to non-smokers: a population-based study. *Addiction, 105*(2), 358-363.

Wendling, B. J., & Mather, N. (2008). Essentials of Evidence-Based Academic Interventions. 김동일 역(2022). 기초.기본학력보장 증거기반 교육의 실제. 서울: 학지사.

Yalom, I. (1985). *The theory and practice of group psychotherapy through the group process.* New York: Basic Books.

찾아보기

2020년 대한민국 교육부와 한국연구재단의 지원을 받아 수행됨
(NRF-2020S1A3A2A02103411)
SSK 교육사각지대학습자연구단 경계선지능연구팀

참여연구원 김은삼
김희은
장세영
조은정
주소현
황지은

김동일(Kim, Dongil)

서울대학교 사범대학 교육학과 교육상담전공 교수 및 대학원 특수교육전공 주임교수, 서울대학교 대학생활문화원 원장, 장애학생지원센터 상담교수, 서울대학교 특수교육연구소 소장으로 재직하고 있다.

서울대학교 교육학과를 졸업하고 교육부 국비유학생으로 도미하여 미네소타 대학교 교육심리학과에서 석사·박사학위를 취득했다. Developmental Studies Center, Research Associate, 한국청소년상담원 상담교수, 경인교육대학교 교육학과 교수, 한국학습장애학회 회장, (사)한국교육심리학회 회장, 서울대학교 사범대학 기획실장, 국가 청소년보호위원회 위원, BK21 미래교육 디자인연구사업단 단장 등을 역임했다. 국가수준의 인터넷중독 척도와 개입 연구를 진행하여 정보화역기능예방사업에 대한 공로로 행정안전부 장관표창 및 연구논문/저서의 우수성으로 교육부 학술상(상장 20-1075), 한국상담학회 학술상(2014 - 2/2016/2022)과 학지사 저술상(2012)을 수상하였다.

현재 BK21FOUR 혁신과 공존의 교육학연구사업단 단장, SSK교육사각지대학습자연구단 단장, 한국아동·청소년상담학회 회장, 여성가족부 학교밖청소년지원위원회(2기) 위원, 국무총리실 사행산업통합감독위원회(중독분과) 민간위원 등으로 봉직하고 있다.『하워드 가드너 심리학 총서 1: 지능이란 무엇인가』(역, 사회평론, 2019),『DSM-5에 기반한 학습장애아동의 이해와 교육』(3판, 공저, 학지사, 2016),『한국아동·청소년상담학회 연구총서 1: 청소년 상담학 개론』(2판, 공저, 학지사, 2020)을 비롯하여 50여 권의 저·역서가 있으며, 300여 편의 등재 전문학술논문(SSCI/KCI)과 기초학습기능 수행평가체제(BASA)를 포함하여 30여 개의 표준화 검사를 개발했다.

한국아동·청소년상담학회 연구총서 14

경계선 지능아동 · 청소년의 이해와 교육 지원
Children and Adolescents with Borderline Intellectual Functioning

2023년 2월 20일 1판 1쇄 발행
2024년 3월 25일 1판 2쇄 발행

지은이 • 김 동 일
펴낸이 • 김 진 환
펴낸곳 • (주) **학 지 사**

　　　　04031 서울특별시 마포구 양화로 15길 20 마인드월드빌딩 5층
대표전화 • 02) 330-5114　　　팩스 • 02) 324-2345

등록번호 • 제313-2006-000265호

홈페이지 • http://www.hakjisa.co.kr
인스타그램 • https://www.instagram.com/hakjisabook

ISBN 978-89-997-2832-7 93370

정가 18,000원

출판미디어기업 **학 지 사**

간호보건의학출판 **학지사메디컬** www.hakjisamd.co.kr
심리검사연구소 **인싸이트** www.inpsyt.co.kr
학술논문서비스 **뉴논문** www.newnonmun.com
원격교육연수원 **카운피아** www.counpia.com